规划历史与理论研究大系·理论卷

李百浩主编

体 国 经 野
中国城乡关系发展的理论与历史

叶 超 著

东南大学出版社
SOUTHEAST UNIVERSITY PRESS

南京·2014

内容简介

城乡关系不仅是涉及国计民生的重大现实问题,而且是多学科研究的焦点。当前学界对中国城乡关系长期历史演化及其动因的研究相对欠缺。本书从历史和地理相结合的视角出发,在梳理四千年城乡关系的基础上,提出了解释中国城乡关系长期历史演变的理论框架。通过系统分析中国城乡关系历史,将其划分为对立、融合、再对立三个阶段,并论证了政策—文化和临海—贸易两组变量是制约从历史时期至今中国城乡关系演变的主要动因。

本书可供城市与乡村研究、经济学、地理学、城乡规划等领域的研究者阅读和参考,也可作为相关科研院校教师、研究人员和学生的教学参考书。

图书在版编目(CIP)数据

体国经野:中国城乡关系发展的理论与历史/叶超著. 一南京:东南大学出版社,2014.9
(规划历史与理论研究大系/李百浩主编. 理论卷)
ISBN 978-7-5641-5149-2

Ⅰ.①体… Ⅱ.①叶… Ⅲ.①城乡建设-研究-中国 Ⅳ.①F299.2

中国版本图书馆 CIP 数据核字(2014)第 189815 号

书　　名：体国经野:中国城乡关系发展的理论与历史
著　　者：叶　超
责任编辑：孙惠玉　　　　　　编辑邮箱：894456253@qq.com
文字编辑：徐一娇
出版发行：东南大学出版社
社　　址：南京市四牌楼2号　　邮编：210096
网　　址：http://www.seupress.com
出 版 人：江建中
印　　刷：江苏凤凰扬州鑫华印刷有限公司
排　　版：江苏凤凰制版有限公司
开　　本：787 mm×1092 mm　1/16　印张：12.25　字数：201千
版　　次：2014年9月第1版　2014年9月第1次印刷
书　　号：ISBN 978-7-5641-5149-2
定　　价：39.00元
经　　销：全国各地新华书店
发行热线：025-83790519　83791830

* 版权所有,侵权必究
* 凡购买东大版图书如有印装质量问题,请直接与营销部联系(电话:025-83791830)

自序

迅速扩大的城乡差距是制约当今中国发展的突出难题,城乡关系研究因而显得非常重要。城乡关系涉及诸多方面,是地理学、历史学、经济学、社会学、政治学、建筑学等多学科共同关注的领域。从不同透镜观察事物的好处显而易见,但最大的困扰是难以形成一个相对"统一"的理论。而且,现实问题是不分学科的。因此,以问题为导向的学科交叉与整合成为治学的一条必然路径。基于此,本书从历史和地理相结合的视角出发,在梳理城乡关系理论的基础上,提出一个解释城乡关系演变的理论——斯密框架,并以中国城乡关系长期历史演变进行实证。

本书是在我撰写的中国科学院博士论文的基础上修订而成的。按我的禀赋和兴趣,我一直都很乐于思考理论、哲学、文化等"形而上"的问题。虽然我在硕士阶段就开始关注城乡关系问题,但直到攻读人文地理学博士学位期间,才对这一问题逐渐有了比较全面和深刻的理解。经济学背景使我关注到斯密的经典理论,(人文)地理专业使我了解到地理要素与其他要素的相互作用,历史提醒我注意时间尺度和材料的重要性。种种机缘巧合使我最终得以完成论文,并有了这本书。

我很庆幸选择了人文地理学作为自己的专业领域。这倒并不是仅仅因为人文地理教学研究成为我后来的工作,更重要的是人文地理学的包容及其思想与方法的多样非常契合我的兴趣爱好。作为一门典型的交叉学科,人文地理学与很多学科都有交集,并衍生出经济地理、社会地理、城市地理、文化地理等子学科。第二次世界大战之后的人文地理学更是经历了从计量革命到后现代地理学的诸多变革。对城乡关系以及类似的社会问题的理解与解决,人文地理学提供了非常新颖的理论思想和极其丰富的知识养料,这本书只是吸收了其中的一部分。

本书标题"体国经野"一词出自《周礼·天官》,原意是划分和界定城乡范围和边界,引申意为治理国家。这说明城乡关系在中国历史长河中的地位。历史并不遥远,只是人类善忘。在这个一切快速向前的信息时代,过去,尤其是遥远的过去,常常是被遗忘的对象。博尔赫斯曾说:"所有过去都只是我们对它的记忆而已。"每个人对过去的记忆与理解是不一样的,因此有了各种关于历史的"理论"。我所理解的中国城乡关系史并非若干断裂的片段。所以,本书极为大胆地将四千年城乡关系历史勾连起来,并试图为它寻找一个"统一"的理论线索。这是我对过去的一种"记忆",现下我愿与读者诸君分享。

叶超

2014 年 5 月 4 日于随园

目录

自序　/1

1　绪论　/1
  1.1　背景　/1
    1.1.1　现代化、意识形态和城乡关系　/1
    1.1.2　全球化和信息化　/5
  1.2　问题　/7
    1.2.1　如何看待城乡关系　/7
    1.2.2　如何选择主要变量　/10
    1.2.3　选择什么理论　/12
  1.3　方法论　/14
    1.3.1　方法论的概念　/14
    1.3.2　本书的方法论：历史和逻辑相结合　/17
    1.3.3　本书研究思路与框架　/18

2　城乡关系：概念、方法和理论　/20
  2.1　概念　/20
    2.1.1　三个要点　/20
    2.1.2　界定　/21
  2.2　方法　/23
    2.2.1　对已有研究的简要评述　/23
    2.2.2　本书的理论研究方法　/24
  2.3　理论　/25
    2.3.1　1940年代以前　/25
    2.3.2　1940—1980年代　/37
    2.3.3　1980年代以后　/40
  2.4　小结　/44

3　斯密框架　/46
  3.1　第三篇在《国富论》中的地位　/46
    3.1.1　第三篇是"令人遗憾的失败"吗　/46
    3.1.2　承上启下的第三篇　/47

3.1.3　阐释因果的第三篇　/48
　3.2　斯密框架　/48
　　　3.2.1　自然顺序　/49
　　　3.2.2　演变过程　/52
　　　3.2.3　斯密框架　/57
　3.3　斯密对中国发展问题的分析　/57
　　　3.3.1　疑问　/57
　　　3.3.2　建议　/59
　　　3.3.3　预期　/59
　3.4　斯密框架的补充与延伸　/60
　　　3.4.1　自然顺序是一种理想状态　/60
　　　3.4.2　临海—贸易和政策—文化在不同阶段有不同的作用方式　/61
　　　3.4.3　临海—贸易和政策—文化的影响是双向的　/61
　3.5　小结　/62

4　中国城乡关系的缘起　/63
　4.1　城乡关系的发源　/63
　　　4.1.1　从农业革命到城市革命　/64
　　　4.1.2　中国城乡关系的发源　/67
　4.2　城乡关系发源的一般性　/72
　　　4.2.1　透视城市起源的假说　/72
　　　4.2.2　由乡村到城市的演化逻辑　/74
　4.3　中国城乡关系发源的独特性　/75
　　　4.3.1　乡村与城市：文化与文明　/75
　　　4.3.2　中外城乡关系的文化地理差异　/76
　　　4.3.3　文化对政策的选择依附　/81
　　　4.3.4　文化的区域分异与整合　/82
　　　4.3.5　城乡关系变革的价值取向　/83
　4.4　小结　/84

5　中国历史时期的城乡关系　/86
　5.1　中国城乡关系演变的阶段　/86
　　　5.1.1　阶段划分的主流范式与本书的取舍　/86
　　　5.1.2　划分依据　/87
　　　5.1.3　中国城乡关系演变的三个阶段　/88

5.2 三代城乡对立的形成与确立 /89
    5.2.1 夏商时期城乡对立的逐步形成 /89
    5.2.2 周代城乡对立的确立 /93
5.3 春秋战国时期城乡融合的形成 /98
    5.3.1 城乡关系变化的背景 /98
    5.3.2 城乡融合的驱动力 /100
    5.3.3 城乡融合的形成与确立 /102
5.4 秦汉以来城乡融合的发展与变化 /110
    5.4.1 "编户齐民"体制的发展与演变 /110
    5.4.2 制度演变的文化效应 /120
    5.4.3 一面临海与对外贸易政策的反复 /121
    5.4.4 一面临海主导对外贸易政策的反复 /126
    5.4.5 政策—文化与临海—贸易共同影响下的城乡关系 /128
5.5 小结 /129

6 中国近现代的城乡关系 /131
6.1 近代城乡对立的形成 /131
    6.1.1 近代城乡关系变化的动力与原因 /131
    6.1.2 近代城乡对立的形成 /137
6.2 现代城乡对立的确立与变化 /142
    6.2.1 二元结构体制的建立与固化 /142
    6.2.2 二元结构体制形成的主要原因 /146
    6.2.3 改革开放后二元结构体制的松解 /148
    6.2.4 二元结构体制的文化效应 /150
6.3 二元结构体制下的城市化 /153
    6.3.1 逐渐扩大的城乡差距 /153
    6.3.2 快速演进的城市化 /155
    6.3.3 城市化与城乡差距的共变特征和趋势 /156
    6.3.4 一面临海与贸易发展对城乡关系的影响 /159
6.4 小结 /162

7 结论 /164
7.1 斯密框架是理解中国城乡关系长期历史发展的钥匙 /164
7.2 形成新的城乡融合制度与文化是中国实现现代化的关键 /165
7.3 历史研究的启示 /166

参考文献 /168
图片来源 /184
表格来源 /185
后记 /187

1 绪论

人类社会经历了从原始聚落到现代大都市的巨大变迁。纵观东西方历史,城乡关系既是关乎国计民生的重大问题,也是很多学科研究的焦点。城乡关系研究文献的庞杂与实际问题的复杂对应而生。最为关键的问题或许正如恩代格瓦(2004)所说:"了解城乡共生关系形成和发展的背景、机制,以及在国家发展进程中所处的阶段。"

1.1 背景

对"现代性"的探索和现代化的追求,是贯穿近代以来中国发展的一条主线。近现代历史表明,城乡关系不但是现代化的关键问题,而且体现并反映了不同的意识形态目标。全球化和信息化的快速演变也对城乡关系产生了很大影响。

1.1.1 现代化、意识形态和城乡关系

1) 现代化与意识形态

现代(Modern)原本指文艺复兴时期人文主义者所表述的与中世纪相对立的新的观念体系,它既是一个时间尺度概念,也是反映新时代精神与特征的价值尺度概念(罗荣渠,2004)。现代化至今还没有一个确定的概念,这或许因为它本身具有不确定性。日本学者富永健一 2004 年曾列举了现代化的八种含义,如"崭新的"、"进步的"、"工业文明的"、"资产阶级的"等。"现代"往往意味着符合并追求"先进",所以在价值观层面,"现代化"这个词代表了人们追求"发展"的理想和诉求,隐含着"与时俱进"的涵义。就其内容来看,现代化涵盖甚广,涉及不同层面,并且随着人们的认识而不断增添。

近 30 年来,随着全球化的进程加快,中国工业化、城市化、信息化也高速演进,加之扑面而来的"后现代"浪潮,使得传统与现代的关系处于一种前所未有的紧张状态。正如张志伟(2006)所言:"在某种意义上,正是因为'古、今、中、外'的时空交错,使得原本存在时空差距的问题突然间同

时出现了……中国的市场经济试图通过几十年的时间来达到西方经过几百年而达到的成果,这自然而然就使原本应该在几百年间逐渐暴露出来的问题集中体现在这几十年中,解决这个矛盾的方法往往会激化另一个矛盾。"所以,虽然对现代化概念仍然存在着多种不同理解,但现代化一词因其集中反映了这种时空矛盾,而受到学者们的青睐。

就现代化与意识形态的关系来看,对现代化的认识经历了从单一地强调城市化和"西方化"到强调意识形态的转变。如罗杰·李(Roger Lee)认为:"发展地理学把现代化看作定位于外部市场的城市增长极网络的创建和扩展过程,创新和发展因而会在全国性的中心地等级体系扩散。"(约翰斯顿等,2004)这种观点把城市化等同于现代化,但是城市化仅是实现传统社会向现代社会转变的一个重要方面。如果要全面概括这种转变,这个词无疑是现代化。罗杰·李认为现代化是"富有的、表面上更先进社会的特征在表面上不先进社会的扩散和接受而产生的社会变化过程"(约翰斯顿等,2004),这无疑将"西方化"等同于现代化,而忽视了在这个过程中传统和现代的矛盾及其斗争的复杂性。正如塞缪尔·亨廷顿(1998)指出:"现代化并不一定意味着西方化,非西方社会在没有放弃它们自己的文化和全盘采用西方价值、体制和实践的前提下,能够实现并已经实现了现代化。"奈特·毕乃德(1996)认为广义的现代化指"一种过程,社会通过这一过程更换了人们认为不再适用的制度、思想和习惯"(西里尔·布莱克,1996)。经济学家西蒙·库兹涅茨(1996)则直接强调了现代经济增长应该"基于不断进步的技术以及它所要求的制度和意识形态调整之上"。这必然将现代化与意识形态联系起来。

意识形态是一种群体认识或道德意识,它强调思想观念与价值观的根本决定性(比如资本主义与社会主义的根本区别),属于文化的一个重要层面①。实际上,马克思很早就注意并强调了这种关联,并在《德意志意识形态》等著作中做了深度阐发。一篇总结马克思与现代化的论文指

---

① "意识形态这个术语最初被启蒙运动哲学家德斯蒂·德特拉西在1796年用来描述一种新的、严谨的'观念的科学',它克服宗教和形而上学的偏见,可以作为公共教育的新的基础;19世纪才被赋予消极和贬低的含义,对此,马克思是有贡献的"(约翰斯顿等,2004)。道格拉斯·诺思(1994)阐述了意识形态值得注意的三个方面:一种节约机制,人们能通过这种"世界观"认识他所处的环境,从而使决策过程明了;不可避免涉及价值和道德判断(对收入分配的"恰当"评价是任何一种意识形态的重要组成部分);当人们经验与其思想不符合时,就会改变其意识观点,但会有一个矛盾的积累过程。意识形态可以被定义为"关于世界的一套信念,它倾向于从道德上判定劳动分工、收入分配和社会现行制度结构"(科斯等,1994)。

出:"(西欧)现代化的根源,马克思认为是城市'公社'运动……在具有个人主义伦理观的自主、自治群体创立基础上的'市民社会'是现代化所必要的先决条件;即使在其他方面都非常有利的情况下,如果没有这样的城市市民文化,现代化也是要失败的。"(什洛莫·阿维内里,1993)

在近代中国的政治实践中,对现代化与意识形态的关系认识经历了一个曲折的过程。一个值得注意的现象是,将现代化与社会主义并列为国家发展目标的思想自中华人民共和国建国初期就已孕育,但是将二者结合为一个奋斗目标却是在改革开放后。1954年6月,毛泽东(1977)在《关于中华人民共和国宪法草案》中提出:"我们的总目标,是为建设一个伟大的社会主义国家而奋斗。"在同年9月的一届人大一次会议上(中华人民共和国第一届全国人民代表大会第一次会议的简称,后文同),他又将该目标细化为:"准备在几个五年计划之内,将我们现在这样一个经济上文化上落后的国家,建设成为一个工业化的具有高度现代化程度的伟大的国家。"这种工业化和现代文化相结合的目标与马克思和库兹涅茨等对于现代经济增长及其基础的诠释是契合的。1963年1月,周恩来在上海科学技术工作会议上第一次将实现工业、农业、国防和科学技术四个现代化与把我国建设成为一个社会主义强国结合起来;在同年9月的中央工作会议上,"四个现代化"的国民经济体系蓝图被重申(金冲及,1998)。从1964年的三届人大一次会议到1975年的四届人大一次会议都把"四个现代化"作为主要奋斗目标,但是直到1979年9月中共十一届四中全会(中国共产党第十一届中央委员会第四次全体会议的简称,后文同),才把党在新时期的奋斗目标概括为建设"现代化的、高度民主的、高度文明的社会主义强国",而此后的政府工作报告、涉及国家发展的重大决议文件中无一例外地将"社会主义现代化(事业或国家)"作为一个整体的奋斗目标提出,并且往往固定出现在文本末尾号召性的语句中。这个变化或许可以理解为:改革开放前我们至多将现代化理解为建设社会主义的一个条件和途径,而之后现代化和社会主义则被作为一个不可分割的整体奋斗目标。"中国特色社会主义"的一个重要特征,就是将意识形态整合在现代化的发展要求和过程之中。因为,仅从时间上看,中国追寻现代化要远远早于追寻社会主义。

2) 现代化、意识形态与中国的城乡关系

纵观近代以来的历史,无论是作为整个国家的奋斗目标,还是个人的发展要求,现代化是贯穿中国发展历程的一条主线。在此过程中,传统和现代的矛盾斗争一直存在并且仍在继续。城乡关系是这种矛盾的集中体现。现代化理论家西里尔·布莱克(Cyril Black)、吉尔伯特·罗兹曼(Gilbert Rozman)等都着重强调了城乡关系是现代化的一个重要内容。西里尔·布莱克等(1983)指出:"考察一下正在实现现代化的社会中的居住形式就可以看出,城市化的速度是截然不同的……城市人口的增长速度和变化是区分过渡性社会的另一个根据。"吉尔伯特·罗兹曼等(1998)认为:"(中国的现代化是)一个以农业为基础的人均收入很低的社会,向着重用科学和技术的都市化和工业化社会的巨大转变",但"随着中国日趋现代化,城乡差异并没有呈现出缩小的苗头……城乡差别似乎变得更为显著了"。中国科学院国情分析研究小组(1996)的报告强调"城乡矛盾是中国现代社会的基本矛盾之一"。国务院发展研究中心主任王梦奎(2004)更鲜明地指出:"城乡差距和区域差距是两个突出的问题,也是中国现代化进程中的两大难题。"

意识形态是影响中国城乡关系发展变化的重要因素。"中国正如其他以农业为主的国家一样,没有什么社会问题比先进城市和落后农村之间存在着差别的问题更紧迫了;这一差别,不仅表现在经济方面,而且表现在政治和文化方面,还表现在观察问题的态度上(它对于公共政策的各个方面都具有重要的含义)"(莫里斯·迈斯纳,2005)。这段话在强调中国城乡关系的重要性和复杂性的同时,尤其暗示了意识形态对城乡关系问题的影响。

在《共产党宣言》中,马克思和恩格斯(1997)如此勾勒资本主义城乡关系的面貌:

"资产阶级使乡村屈服于城市的统治。它创立了巨大的城市,使城市人口比农村人口大大增加起来,因而使很大一部分居民脱离了乡村生活的愚昧状态。正像它使乡村从属于城市一样,它使未开化和半开化的国家从属于文明的国家,使农民的民族从属于资产阶级的民族,使东方从属于西方。"

城市化大发展是资本主义的一个重要特征。它既是文明和历史的进步,又带来城乡对立、东西方对立等不可调和的矛盾。所以,马克思和恩格斯(1997)对无产阶级和共产主义社会的主要任务做出了指示:

"把农业和工业结合起来,促使城乡对立逐步消灭。"

资本主义和社会主义国家不仅城乡关系的历史基础和特征不同,而且发展历程和目标取向也不一致。因此,消除资本主义发展中形成的"城乡对立"就自然成为社会主义中国一直要达到的主要目标。正如林(Lin,2002)指出:"自从1921年成立之日起,中国共产党就认识到城乡关系的重要性,并将其并入政治战略……新中国成立后,尽管国际和国内环境变化使城乡关系的侧重点随之改变,但政府始终把城乡关系作为一个整体而纳入发展战略。"早在1949年,很多中共高层领导人(如周恩来)就认识到"在中国,城乡关系是一种非常重要的关系",并确立了以农业和乡村为基础,城市领导乡村,工业领导农业的方针(中共中央文献研究室,1997)。1950年,毛泽东(1977)宣布把党的工作由农村转向城市,并在1956年的《论十大关系》中将农、轻、重的关系放在很重要的地位。其后户籍制度的出台、农村公社以及两次城镇向农村的人口倒流被西方学者认为是具有"反城市化"性质的(Kirkby,1985)。但是不管这些政策的效应如何,对城乡关系问题的重视一直延续至今。针对日益扩大的城乡差距,继中共十六大(中国共产党第十六次全国代表大会的简称)提出了"缩小城乡、工农、地区三大差别"的目标之后,中共十六届三中全会把"统筹城乡关系"置于"五个统筹"之首,"十一五"规划(中华人民共和国国民经济和社会发展第十一个五年规划纲要的简称)对"统筹城乡发展"和"建设社会主义新农村"做了专门部署,并且开始付诸实践。

综上所述,城乡关系不但是中国实现现代化的关键问题,而且体现并反映了不同的意识形态目标。近代以来,以"消除城乡对立"为主要目标之一的社会主义道路选择和建设,在中国是整合在以工业化和城市化为主要内容的现代化过程中的。因此,城乡关系必将成为未来中国实现现代化和建设"中国特色社会主义"的重要内容,城乡关系是否协调将是"社会主义现代化"能否成功实现的主要检验标准。

1.1.2 全球化和信息化

除了受现代化和意识形态影响的历史特征,城乡关系也面临新的环境,其中最突出的就是全球化和信息化。全球化和信息化是近年来世界范围内的两种重要思潮和变化趋势。对于它们到底是扩大还是缩小了城乡差距等问题,学术界一直存在争议。一个共识是它们对城乡关系已经并且必将产生深远影响。

全球化"是一种思考现代和当代社会的普遍方式……它已成为一个'关键词',并反映了某种思潮"(Johnston et al,2002)。全球化概念不仅代表着一种"世界性"认识的形成趋势,而且是人们对跨国界、区域乃至空间界限的经济、社会、政治和文化等活动的综合刻画。然而,它"并非某种不可避免的终结状态,而是一组复杂、不确定的过程,很不均衡地发生在时空之中"(彼得·迪肯,2007)。

1980年代以来中国通过改革开放也积极参与了全球化的过程(陆大道等,1997)。全球化对城乡关系的影响是多层面的,但总体效果的评价一般分为两种。多数研究倾向于全球化将拉大城乡差距。如万广华等(2005)的实证研究认为全球化对中国地区差距的贡献显著为正,并且随时间加强;资本和非国有化经济改革对地区差距的影响显著,且重要性在增加;地理、教育、城市化对地区收入差距的相对贡献在减弱。实际上,他们分析的指标如城乡居民收入、非农业人口数等反映城乡关系状况。

一些少量的但值得重视的研究认为全球化将缩减城乡收入不平等。魏等人(Wei et al,2001)对中国1988—1993年一百多个城市贸易开放度和城乡收入比的数据分析证明全球化与收入不平等是一种反向关系。他们指出:这是他们引入基于地理的工具变量方法去纠正区域贸易开放度可能的内生化的结果。虽然一个比较苛刻的评论认为他们的"研究所控制的变量太少,而中国不同的城市之间在经济发展水平和经济体制改革进程等各方面的差异性是非常大的,这就使得其所得到的结论的可靠性下降了"(陆铭等,2004)。但是研究者们将地理、贸易和城乡差距结合研究的做法却与亚当·斯密(Adam Smith)的思想契合。虽然他们在地理上只采用了与(上海和香港)出海港的距离这一指标来刻画地理对贸易的影响程度有些单一,但是从(包含农村的)大城市这个区域尺度去看可能更贴近(城市和乡村组成区域的)现实。这种思路和视角非常值得借鉴。另外,克鲁格曼等人(Krugman et al,1996)认为封闭式的国内贸易易导致中心大都市的巨型化,开放和自由贸易将会缩减这种程度。

最近十多年信息化(国外称之为信息和通讯技术,即ICTs)的快速推进,极大地改变了经济和社会生活(刘卫东等,2004)。信息化对于城市和乡村的影响,主要可分为两个方面。首先是信息化对城市的影响。1980年代初的一些未来学家[如艾尔文·托夫勒(Alvin Toffler)]提出的城市将被"电子村庄"代替的观点,近年来更以"地理的终结"、"地理的死亡"等比较耸人听闻的提法复活(Graham,1998)。但有更多的研究证据表明电话、网络、手机和其他通讯技术的发展与城市化也呈正相关关系(阿瑟·

奥沙利文,2003)。这些研究大部分都是针对发达国家。在大多数发展中国家,信息化还对乡村发展和城乡关系有重大影响。

关于发展中国家的很多研究倾向于信息化将拉大城乡差距。联合国信息与通讯技术任务小组的一份关于"非洲的信息和通讯技术发展特征"的报告指出:"由于城市的信息基础设施远优于农村(如非洲超过75%的电话线集中于城市),人口在城市的集聚和农村的散居使得信息技术在农村很难扩散,电力及其他动力设备供应不正常甚至缺乏,信息产品的高额进口关税,交通不便等成为信息化发展的共同特征和主要障碍。"(Jensen,2002)这似乎是大多数发展中国家城乡信息化面临的普遍问题。但通过对上述基础设施和体制方面的改善,信息化对城乡协调发展应该有一种促进作用。

总之,全球化趋势下自由贸易度加强,从而加强了贸易对城乡发展的影响;而信息化也将从技术层面对城乡关系产生重大影响。在历史和现代诸多要素及其变化影响和制约下的城乡关系问题,需要新的思考和认识。

1.2 问题

1.2.1 如何看待城乡关系

不同学科和领域对于城乡关系,以及城乡关系中最引人注目的问题——城乡差距及其影响因素的看法不同。

大多数经济学家把城乡关系问题主要归结为城乡差距,关注劳动力由农村向城市的转移以及在此过程中的发展战略和经济政策的影响(林毅夫等,2002;蔡昉等,2000;蔡昉,2003;2007;陆铭等,2004)。他们普遍认为重工业优先发展的战略和与此匹配的计划经济体制是制约城市化并导致城乡差距的主要原因。这些理论的根源是阿瑟·刘易斯(1989)的城乡二元结构模型和利普顿(Lipton,1977)的城市偏向理论。但是,在具体解释城乡差距产生和扩大的原因时,却存在着截然相反的观点。堪布尔等人(Kanbur et al,1999)以及万广华、陆铭和陈钊(2005)认为全球化或开放会扩大城乡收入差距,但是魏等人(Wei et al,2001)则认为全球化会缩减城乡收入不平等。对城市化与城乡差距变化关系的结论也模棱两可。如陆铭、陈钊(2004)分析1987—2001年省级面板数据认为城市化会降低统计上的城乡收入差距,但是他们同时认为中国城市化也可能扩大城乡收入差距。

社会学家更多地从微观角度,以村镇为主要考察对象,强调阶层、身份、社区、家庭、权力、宗教信仰等在城乡的不同特征及其联系,以及由此产生的效应。这方面最具代表性和有影响力的是因《江村经济》等一系列社会学著作而知名的费孝通,他特别指出"由于中国传统市镇发展已经有几千年的历史,而近年来的巨大变革使城乡关系已脱颖而出,成了一个特别引人注意的理论和实际问题……城乡关系不但把分散的自成一个社区的许多农村联系了起来,形成一种有别于农村的市镇社区"(费孝通,2001);同时它的社会文化内容既与农村有联系又有所区别。基于此,他提倡并坚持重点发展小城镇的城市化战略。

城乡关系也是经济地理学和区域经济学研究的重要命题。经济地理学家普遍认为城市化进程中的城乡关系演变存在发展阶段的差异和空间差异。埃德加·胡佛(1990)曾引证美国城乡收入相对变化,城市与乡村相对收入比(以城市为100),1929年为100∶43,1940年为100∶46,1950年为100∶62,1960—1970年代为100∶67;而同期的城市化水平,由1930年的56%上升到1950年的64%,1970年则增长到74%。可见,城市化水平与城乡差距之间不但存在阶段性的共同变化的趋势,而且从长期来看,随着城市化水平达到较高程度,城乡差距会随之缩小。

虽然研究侧重点不同,但是由于现实的城乡关系问题及其影响因素不可分离,所以上述研究视角经常交织在一起。而且,"国内研究还以经济角度为主,社会角度为辅;国外研究重点已转移到社会地理"(马远军等,2006)。现实的城乡关系问题是复杂的,单一视角妨碍了我们更加全面和深刻理解城乡关系问题的实质。在上述认识的基础上,本书试图提出新的认识角度和方法。

首先,城乡关系是个历史问题。从图1-1可见,1952—2011年,中国城市消费水平一直是乡村的两倍以上,而且波动很大。虽然1980年代中期以来城乡消费比在逐年扩大,1990年代后更是一直处于三倍以上,但较大的城乡差距在中华人民共和国建国之初就已存在,并且一直处于不平稳演进的状态。这种状态甚至可以追溯至中国近代史的发端时期[①]。

[①] 鸦片战争后,以往均衡的城乡关系被打破,通商口岸城市快速地接受了西方文明并发展起来,然而传统乡村发展极为缓慢,逐渐形成了二元结构。费正清等(1994)敏锐地看到了这个问题,并指出中国现代化所要解决的正是这种二元结构,而非只注重少数大城市。

而在此之前漫长的历史中,中国社会是城乡融合的,"城市与乡村文明的清楚的分野很早就消失了,城乡连续统一体既可看作景观和组织的现实,也可看作中国人的心态"(牟复礼,2000)。所以,要完全和彻底理解城乡差距扩大的根本原因,必须将城乡关系及其演变视为一个具有"历史延续性"的问题。历史不但是我们研究的基础,而且也决定着我们的出发点乃至结论。正如费尔德曼(Friedmann,2006)指出:"全球化虽然影响了城市化,但是中国城市化应该是包含在现代化进程中的内生过程。"从这个意义上讲,向自己(的历史)学习比向别的国家学习重要。

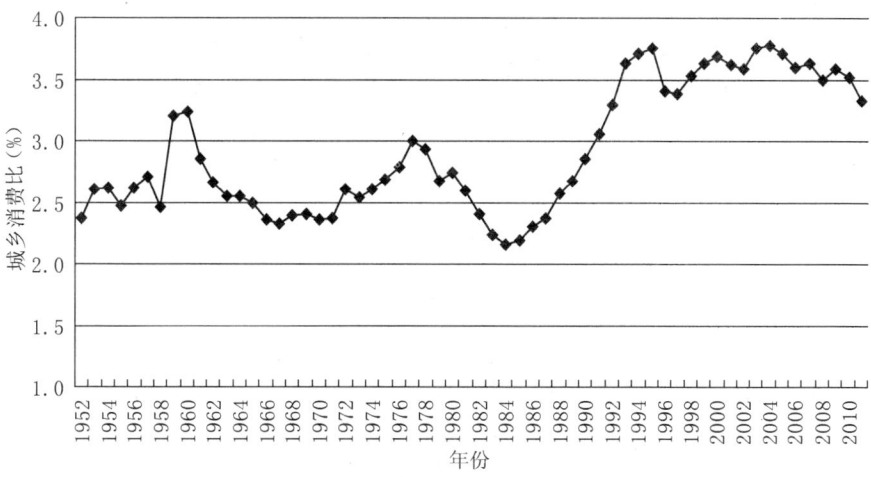

图1-1 1952—2011年的城乡消费比

其次,城乡差距是个地理问题。从东、中、西三大地带的划分及其经济指标来看,各地区的城乡发展水平与其地理特征、经济发展水平存在高度吻合。"我国现阶段各地区人口密度、经济密度、经济实力的差异,最根本的原因是由于我国国土有三大自然区,地势上有三大阶梯"(中国科学院《中国自然地理》编辑委员会,1985)。除此而外,气候、地理位置、地缘政治等也是影响区域城乡差距的重要因素。

这种时空观(历史+地理)是理解和解释中国城乡关系演变的必然视角。但是本书并不准备像历史学家那样考证城乡关系的演变历程及其细节,也不准备全面阐述地理要素的分布特征及其影响,这些工作各自领域的专家都已经进行过。更为重要的问题,已经不是判断哪种要素影响城乡关系,而是判断哪种要素的影响更加长远以及它怎样与其他因素结合而产生作用。

1.2.2 如何选择主要变量

因为历史和地理是两个大的范畴,所以本书将选择其中最具代表性的、对现今的城乡关系仍然具有重要影响的变量。正如阿尔夫雷德·赫特纳(1983)所说:"从某种程度上,科学的历史必须是目的论的,就是说必须归结于现代,因为问题在于从发展中来理解现代。"

在历史长期积淀所形成的事物中,对人影响最大的是文化。文化地理学家迈克·克朗(2005)视文化为导致不同生活方式的思想和价值观,王恩涌(2010)认为文化包括物质、社会(制度)与思维(价值观等)三个层面;但正如塞缪尔·亨廷顿和劳伦斯·哈里森(2002)所说:"文化如果无所不包,就什么也说明不了。"所以他们从影响社会发展的角度出发,定义文化为"一个社会中的价值观、态度、信念、取向以及人们普遍持有的见解"。这个文化的定义约等于意识形态。如此,这种作为群体特征和标志的文化,就成为一个相对的"虚体",显示出极大的弹性。如何使其"落到实处"?这不能不提及政策(或制度)。就文化和政策的关系来看,文化是政策(或制度)①的沉淀。著名人类学家马凌诺斯基(2002)也曾指出:文化的具体单位是制度,制度是一套有组织的风俗与活动体系,是传播与推进文化演进的主要力量。如果我们把文化的内涵主要限定在价值观、意识和精神层面,那么制度是文化最主要的载体和媒介。

就城乡关系文化与制度之间的关系来看,那些谴责城乡分割政策的学者,固然看到了它的危害,但是却忽视了另外两个值得深入思考的问题。一方面,更大的危害在于这种政策形成了一种城乡分割或城乡对立的文化,否则,我们很难理解它为什么难以改变;另一方面,在城乡对立的制度和文化形成前长达2000多年的时间里,中国的城乡人口可自由流动,城乡差别不大,城乡文化是融合的。"亚细亚的历史是城市和乡村无

---

① 本书取制度、体制、政策的共通含义,而淡化其区别。三者共通性在于都是一种正式的规则,一般都和国家或政府(或大的政治决策活动)紧密联系,主要反映政府行为状态及其变化。其区别在于侧重点不同,如制度(Institution)是"一系列被制定出来的规则、守法程序和行为的道德伦理规范"(道格拉斯·诺思,1994),具有宽泛性和基础性;体制(System)是制度的主体框架,强调系统性和根本性;政策(Policy)是主要来自政府的制度规定,强调制度的权力机构来源与针对性。由此可见,三者的最大共通性质——"规则"+"政治"的意义远大于其歧异。因此,对政策—文化这一组变量中的政策,应该从广义的角度理解,它也蕴含制度和体制的内容。在本书中,一般情况下三者通用,如需要区别的环境,会特别指出。词语的变换仅是根据语境,以不影响实质性的内容为准。

差别的统一"(马克思,1995)。赵冈(2006)认为中国自战国时期开始,"城乡居民已可自由择业,政治上趋于平等,城乡由严格对立到打成一片"。牟复礼(2000)则更鲜明地提到了中国城乡文化与西方的差别:"中国的文化活动既包括城市,也包括乡村,城乡是浑然难分的……中国文明的独特之处,可能在于其'农'字是不含鄙视之意的;城乡之分的消失——在社会心理方面,当然不是在日常生活方式的所有方面——无疑是与伴随周代古典文明的崩溃而来的社会结构变化有关……这与前现代的欧洲少数大城市垄断一种较为'封闭'的文化生活截然不同。"施坚雅(William Skinner)肯定了牟复礼的这种观点。吉尔伯特·罗兹曼等(1998)更是将其定性为"从前现代城乡协调交换的观点看,中国就是一种稳定的样板"。在城乡差距日益扩大的今天,古代的城乡状态和管理体制,尤其是那种自由交流的无差别的城乡文化,对于现代城乡发展的目标和途径,有更多值得取法和借鉴之处。

近现代史最富有戏剧性的一幕是:中国由城乡交流最自由的国家成为城乡隔离最严重的国家。很少有人能解释清楚这种突变的原因。尤其不能解释的是:城市偏向政策竟然生成于城乡一体的文化土壤中。大多数学者把城乡差距看作新中国成立以来城乡分割体制和城市偏向政策的结果(蔡昉等,2000;蔡昉,2003;2007;陆铭等,2004),而不再继续追问这些政策形成背后的驱动因素。本书将进一步探寻这种矛盾产生的深刻原因。在这个过程中,"必须看到社会其他方面(地理、政治、经济体制)的作用,若不看到这些变数,那么文化发挥重要独立作用的余地就会大大缩小"(杰弗里·萨克斯,2002)。

除了地势上的三大阶梯,如果考察经济社会发展程度与地理之间的对应程度,那么最重要的特征应该是沿海与内陆。陆大道、薛凤旋等(1997)认为:"国家对宏观区域经济格局划分的四次变动,即沿海和内地—'一线、二线、三线地区'—沿海和内地—东、中、西三大地带,前两次主要受军事和国防安全目标支配。"那么不言而喻,在四次变动中,沿海和内地无论从政治、军事还是经济角度都是划分的主要模式。在比较经济社会发展时,沿海地区与内陆地区也经常用表示方位的东部地区和中西部地区来替代,而且往往与宏观上的发达地区与欠发达地区相对应。这种区域格局主要受中国大体上是一个一面临海的大国的地理特征所决定。

从历史发展角度来看,一面临海的地理格局在秦朝时基本奠定,之后随着对外贸易的发展,沿海地区也逐渐发展起来,经济地理中心也出现了南移的趋势。宋朝以后中国经济地理中心已经转向南方,并且在近代直接转移到沿海地区,现代则强化了这一格局和态势。从世界范围看,国家力量角逐和竞争的中心从陆上转移到海上,是资本主义政治经济发展的一个重要特征。中国一面临海,面临广阔内陆腹地的地理格局易产生强大的内向性偏好,所以,明清时期海外贸易政策摇摆不定,进而使此时期的城市化进入历史低潮。美国著名历史学家费正清等(1994)也强调了这种一面临海的地理格局对中国历史的极大影响。

从经济发展角度看,临海性往往与贸易结合起来影响经济社会的发展。相比陆上贸易,海洋贸易成本低但收益高(费正清等,1994)。近代以来的世界历史可以说是海上的历史。"在将近一百年来世界的发展中,证明临近海洋是有利的地理位置……由于现代经济受海洋的吸引是长期趋势,濒临海洋或靠近海洋,可以较易参与大范围的社会经济活动,更易进入大范围(乃至全球范围)的经济核心区;这类地区与国家经济有较大的可能比内陆国家和地区发达"(陆大道,1995)。这种经济社会活动更多指贸易,沿海地区主要由于运输成本的节约,易吸引生产要素聚集,更易于进行国内外贸易,因而相比内陆地区具有天然优势。在全球化和信息化的快速推动之下,临海地区的这种贸易优势被强化。盖洛普等人(Gallup et al,1999)对人均GDP(国内生产总值的英文缩写,后文同)、GDP密度和人口密度与全球气候带、临海性相关性的实证分析表明"近海生态带GDP密度是离海地区的10倍",临海性与经济发展紧密关联。因为贸易、经济发展与城市化之间的紧密关系,进一步考虑临海性与城乡发展之间的关系就变得非常必要。

1.2.3 选择什么理论

从影响城乡关系长期历史演变的角度出发,本书选择政策—文化和临海—贸易作为两组主要变量。政策—文化与临海—贸易之间紧密联系,因为政策有开放和封闭、贸易保护和自由贸易、重农和重商之分。不同的政策形成的文化以及其与地理要素结合而导致的结果不一样。本书将二者联系起来考察中国城乡关系的演变历史,将会避免"地理决定论"和"文化决定论"的偏颇。

变量整合需要一个完整的理论框架。"科学的理论是一个以自然现象间的有序关系为出发点的说明。理论为研究提供框架,指导研究者去解决一定种类的问题,并引导他们去获得一定的结果,但要以他们能够选择实际已获得的结果为背景"(普洛格等,1988)。斯密的城乡关系理论恰好为本书提供了这样一个出发点。实际上,斯密不但第一个阐释了城乡之间分工互利的关系,而且从历史角度分析了地理、贸易、产业、制度、文化变迁与城乡关系演变的机制。本书抽象出来的两组变量源自斯密的思想,所以,斯密框架将成为本书的总指引。

斯密的城乡关系理论并没有引起现今经济地理学家和城乡关系研究者的重视。大多数经济学家忽视了斯密分析城乡关系时的地理和制度视角。一些研究者提出,斯密的学说是属于"古典"经济学的,是否适用于当代呢?但是正如发展经济学的奠基理论,至今仍被广泛引用的刘易斯模型也是"按照古典学派的传统写的,做出古典学派的假设,并提出古典学派的问题"(阿瑟·刘易斯,1989)。衡量理论是否"正确"或"适当"的标准并不是其"新旧"程度,也许与现实的"符合"程度或对现实的刻画程度是一个重要的方面。就连以数学模型见长的著名经济学家保罗·克鲁格曼(2005)也开始内省:"(新经济地理学)在一定程度上深受一种诱惑之害,即集中关注最容易建模的东西,而不是在实践中最有用的东西。"诺贝尔经济学奖得主冈纳·缪尔达尔1992年就指出:"没有纯粹的'经济'问题,只有问题,所以,'经济'和'非经济'因素充其量是人为的……唯一值得区分的——并且唯一能在逻辑上完全站得住脚的——是贴切和较不贴切的因素之分,其分界线将随着所研究的环境特征而变化。"

因为现实世界实际上是不可分的,所以跨学科交叉研究变得非常重要。对一些综合性很强的学科(如人文地理学)来讲,学科交叉往往是理论创新的源泉。赫特纳1983年就已指出:"没有一种科学是孤立发展起来的,而都是基于思想的普遍进步和别的科学的进步而发展的。但是,在地理学上,这种依附关系尤为显著,因为它的一切部分都必须依靠有关的系统的科学,并需要它们作辅助科学。知识的一切巨大进步,即使那些相去很远的知识的进步,也都促进了地理学,并导致它向前进步。"麦金德(1985)也表达了类似的观点:"实际情况是所有科学的界限,必然是天然地折中的。正如我们以前说过的,只是统一的整体,它被划分成各个学科是对人类软弱的一种让步。"二战以后人文地理学理论的频繁更迭反映了这一特征趋于强化。现代人文地理学者意识到"科学研究正在成为一个跨学科的事业"(Barnes,2001),并倾向于认为"知识与社会生活完全是从同一块现实之布裁剪出来的"(Scott,2000)。因为,"学科之间的界限很难划分清楚,被研究的现实世界是由相互关联的一个总体组成,而不是一些分离的部分。把知识分解为各种学科是人为的,而且在某种程度上是武断的,其目的在于把某些显然可研究的论题从其他论题中分离出来,尽管前者事实上并非独立于后者"(约翰斯顿,2000)。

本书以斯密框架来引领对中国城乡关系发展史的分析,不仅力图唤醒人们关注经典理论和学科交叉,而且希望在方法论上动摇或改变人们追逐"新"理论的思维定势,从而增进对现实问题的理解,并由此发展理论。

1.3 方法论

1.3.1 方法论的概念

1) 方法论与方法

方法论是很多学科研究的关键问题(蔡运龙等,2011)。很多学者之所以对学科发展产生深远影响,正是因其在方法论上的贡献(叶超等,2009)。赫特纳1983年就一直致力于地理学方法论研究,指出"比划清科学任务的界限更重要的是关于科学的方法论研究";大卫·哈维坚称他"对地理学最根本的观点是方法论与哲学二者必须兼顾"(Harvey, 1969)。

方法论具有辨明学科地位和核心概念的任务(Schaefer,1953)。叶超和蔡运龙(2009)较细致地区别了方法论与方法:

"方法是确定的、具体的、可以依循的解决问题的途径、程序或某种逻辑,方法论是有原则性和整体性的方法,还应该力求解释或论证科学或学科的内在逻辑……方法论的整体性意味着方法相互关联而形成一个有机整体……方法侧重操作性和技术性(如何?),方法论的原则性意味着考虑准则或原理(为何?凭何?)……方法是研究中具体的实现程序,方法论是贯穿学科或研究过程始终的哲学立场和逻辑线索……方法的范围比较宽泛;方法论则属于哲学层面,受本体论和认识论的双重制约。"

方法与方法论之间的区别与联系也应辩证看待。"在一些情况下,需要严格区别二者;在另一些情况下,要把它们视作相互联系、互相参照和互动的整体。具体来讲,对学科的上层目标(比如发展一种理论)来说,方法研究要上升到方法论的层次,使方法研究整体化、理论化、系统化;对学科的基础(初学者、实践工作者)和学科之外(其他学科、政府、大众等)而言,方法论研究要普及和应用到方法层次,以夯实学科基础、获得更广泛的认知和扩大社会影响"(叶超,2010)。最新版(第5版)的《人文地理学词典》(*The Dictionary of Human Geography*)对方法论进行了很好的诠释:

"方法论就是那些支持构建和分析信息时所选择技术的原则和假定。它不应该和方法混同:方法论是用哪种方法、怎样用概念的合理性解释。方法论将一项运用恰当技术进行的研究与其潜在的哲学和概念的基础汇集并联系起来。因此,好的方法论应该与它如何将世界概念化的本体论研究,以及它宣称如何对世界认知的认识论紧密结合……方法论是关于所研究问题适用技术的元问题(Meta-Level Issue),而不是简单的方法学习……方法论也与相关概念的研究实践的组织有关。没有单一的实践方法,方法论也不是方法的简单应用。它通过那些一个研究计划必然地不同于另一个计划的相关概念、论题、信息收集和展示的联系而考察它们。"(Crang,2009)

2) 方法论:主客观之间

方法论是科学发展的一般规则与研究者个性和目的相结合的产物。赫特纳1983年就指出:"一种科学的方法论必须在这样两重基础上发展起来,即根据自己在科学的各个不同部分的研究和记述,以及根据对一般科学的方法论进行深刻的研究。"现代地理学家莫里尔(Morrill,1987)的观点与赫特纳的并无二致,他认为"方法论之争仍然制约地理学发展。方法论涉及两个层次——科学本身的方法论以及分析、证明和描述过程中所使用的方法"。这两个层次对应于客观和主观两个角度。从客观角度,科学发展规律和趋势不但在总体上影响、制约并塑造着我们的认识,而且对认识的进一步扩展和深化也提出了要求;从主观角度,个体研究者所选取的对象和他(她)想达到的目的也规约着方法的选择。

二战后的科学哲学理论或科学方法论主要经历了从范式、研究纲领到多元主义的转变。它们对整体科学和哲学(包括地理学)发展产生了很大的影响。学科内部的专业化、学科发展的交叉化、哲学理念的多元化、研究目标的人本化(叶超等,2010)成为(人文)地理学发展的要求和趋势。

如果把研究视为一个展现新认识的过程,那么,在规定和考察研究对象时,跳出固有思维和研究定式的限制和制约,实现从强调学科界限到问题本身出发的转变就变得重要和必然。学科界限会因而变得模糊,但正是由于此,新思想和方法才得以出现。它最重要的意义在于,研究者不但借此更清楚地认识了研究对象,而且通过这一认识过程返回并达到对自身,也就是"人"的真正认识。后者甚至比前者更重要。所以,对于那些意图把握事物本质的求知者,康德(1988)谆谆告诫:"(他们)要做的没有别的,只有从对象那里回复到自身,不是为了研究和规定事物的最后边界,而是为了研究和规定自己固有的、自己所凭借能力的最后边界。"

在城乡关系研究上,不同于一些"技术性"的模型和理论,它们侧重于解释某个重要细节、局部或环节性的问题,而本书则希望考察城乡互动发展的过程及其深层动因。但是限于这个问题的复杂性,这种考察是有重点的。对这些重要因素的提炼和抽象体现了笔者对城乡关系理论与现实问题的主观看法[①],但这种主观看法因其缘于大的视角,所以部分避免了个人主观带来的狭隘和偏颇之病;而且为了防止大而无当,本书选择了最能体现这种视角的变量并进行了组织。虽然研究出发点,也就是研究视角——"历史+地理"是发散的,但在具体论证时却是有针对性的,那就是根据逻辑和经验,选择和采取一种变量组合的方法使其凝练。这种综合和分析相结合的灵活变通的方式是本书论证方法的特色。

---

① 主观与客观问题是社会科学,甚至是自然科学方法论讨论的焦点。一般来说,"主观"与"客观"的主要区别在于有无价值判断。对于社会科学,具有代表性的是韦伯提出的"价值中立"原则,马克斯·韦伯(1998)认为:"无论何时,科学工作者引进个人的价值判断,那么对事实的完整理解就停止了。"但韦伯本人似乎也并没有完全遵守这个原则,其对资本主义的动力解释是"新教伦理",渗透了个人的价值判断成分(当然是审慎的)。在新经济地理学上,如杨(Yeung, 2003)在一篇讨论新经济地理学方法论的文章中指出伦理问题是方法论的主要难题之一。在人文地理学上,也因此发展出若干方向(比如伦理地理学、环境伦理学等)。西方经济地理学五十多年来的演变历史和发展趋向显示价值判断已经成为不能回避的重要命题,这方面,以"计量革命"的衰落,人文主义、政治经济学派、"文化转向"以及后现代思潮的不断勃兴与更替为标志。缪尔达尔(1992)也指出:"研究的客观性问题不能仅仅通过试图排除价值观念来解决。相反,社会问题的每项研究,无论范围多么有限,都是且一定是由价值观念决定的。'无偏见的'社会科学从来就不存在,将来也不会有。努力逃避价值观念是错误的,并且注定是徒劳和破坏性的,价值观念和我们在一起,即使把它们打入地下,它们仍然指导我们的工作。"自然科学如海森堡的"测不准原理"。价值判断是非常重要的,不可能排除和"中立"于研究者和研究对象之间,但研究者应该审慎地提出和对待自己的价值判断。虽然本书将城乡关系演变的动因归结为文化,认为研究城乡关系离不开价值判断(比如对城乡对立或城乡不平等的道德评价),并强调它的重要作用;但是通过历史过程的推演,使这种文化在与实际的地理条件和政策的互相作用过程中得到体现和印证。因此,当价值判断是以审慎的态度、可行的方法以及较为确证的历史(事实)为依托而体现时,它就非常必要和重要。

1.3.2 本书的方法论:历史和逻辑相结合

研究对象的性质和笔者想要达到的目的也决定了本书所选取的研究方法。就研究对象而言,城乡关系不但在横向上涉及经济、社会、地理等学科,在纵向上还存在历史延续性。对于这种错综复杂的研究对象的研究方法,马克思(1975)指出:"既不能用显微镜,也不能用化学试剂。二者必须用抽象力来代替。"因此,先形成一个分析框架是非常必要和重要的。框架是一种理解和解释问题的逻辑思维形式,属于规范性思维(区别于分析性思维)。从这种既定的认识出发,结合研究对象的动态变化(历史的视角),从中抽象出相对不易变的法则和规律。这实际上就是历史和逻辑相结合的研究方法。

本书的分析和论证思路就是根据这种方法设计的。在开篇提出城乡关系面临的内外和新旧"环境";然后在综合分析各种理论的成就与不足的基础上,提出本书的认识框架;最后将其置于历史过程中进行分析和验证。这个过程,正如马克思(1995)所说:"在第一条道路上,完整的表象蒸发为抽象的规定;在第二条道路上,抽象的规定在思维行程中导致具体的再现。"

历史和逻辑相结合是古典学派的优秀方法论传统。作为古典经济学理论的奠基人,斯密也是这一方法的践行者。在城乡关系问题上,斯密不但第一次提出了自然顺序的概念,而且通过欧洲历史有力地论证了从自然顺序到反自然顺序的演化过程。因此,斯密的理论不仅为理解和解释城乡关系演变提供了依据,而且兼具方法论的重要意义。

需要强调的是,这种研究方法并没有过时,在现代经济学、社会学、经济地理学等领域仍然被广泛使用。在经济学中著名诺贝尔经济学奖得主道格拉斯·诺思等(1999)的代表作——《西方世界的兴起》不但继承并恢复了古典学派制度解释的传统,而且在方法上也沿用了古典学派的做法,从而实现了"经济史与经济理论的统一"(厉以平等,1999)。同样,作为社会学巨人的韦伯,不但构建了经济、社会、政治与文化综合分析的理论体系,而且在方法论上更是强调历史与逻辑结合的重要性。比如,他指出:"所建立的理想类型越是精确和严格,从而在某种意义上它越是抽象和非现实,那么,它就越能较好地在阐述术语、分类和假设方面发挥其功能……凭借想象建构每一方将如何行动的概念,是绝对必要的。这样,便有可能把这一观念与行动的实际进程相比较,有可能对所观察到的背离做出某种因果

说明。"(马克斯·韦伯,1998)

在城市地理学领域,理论奠基者之一——克里斯塔勒毫不讳言他的方法论构思源于韦伯和斯密的方法论的事实。他不但借鉴并应用了这种方法,而且更加鲜明地强调了这种方法的演绎法实质:

"首先从理论入手的理由在这里是很实际的,那就是要形成一些概念,对客观现实进行描述和分析时,这些概念是不可缺少的……按照人文科学的原则,理论的建立只能是演绎式的,而非归纳式的。理论的有效性完全不在于具体的事实怎么样,而是依靠它逻辑的正确,以及'判断恰当',随后再将这个'理所当然'有效的理论与实践相比照。在这一比照中可以看出,实际情况在多大程度上同理论一致,并能得到理论的解释;在哪些地方实际情况同理论不一致,从而也不能得到理论的解释。不能被解释的事实,必须用历史的和地理的方法去弄清楚,因为这涉及一些人为的、历史的和自然条件的干扰因素,由于这些原因使这些现实与理论相偏离,这些因素与理论本身无关,不能作为反对该理论有效的证据。"(沃尔特·克里斯塔勒,1998)

对于城乡关系这一研究对象,首先提出属于逻辑思维形式的"斯密框架"这一概念是有重要意义的。它将孤立的单要素解释通过经验判断联系起来,并按其影响力程度,主要划分为两组变量,因而兼顾了全面和重点。这个分析框架建立在笔者对城乡关系理论重新发掘和梳理的基础之上,是对现代城乡关系问题深入和拓展思考的结果。通过斯密框架,本书试图阐明:被人为分割成社会、经济、空间、文化等不同层面和单个要素影响下的城乡关系问题实际上是有机联系的,而且这种联系只有通过历史演变过程才能得到清楚和深刻的展现。

综上所述,历史和逻辑相结合是本书的方法论。据此,对于城乡关系从缘起到历史时期的演化状况,笔者主要通过借助考古发掘资料、历史文献进行阐释;在有统计资料的时期,尽可能进行相应的数量分析;另外,还将辅之以比较分析的方法,通过对比中外城乡关系发展的异同而归纳总结城乡关系发展变化的一般性和特殊性。总之,在具体分析和论证时,本书通过将历史文献和统计资料相结合,将横向比对和纵向追溯相结合,试图发掘和阐明影响和制约城乡关系历史演化的深层原因。

1.3.3 本书研究思路与框架

基于历史与逻辑相结合的方法论,本书旨在发掘和构建一个基于斯密城乡关系理论的分析框架,通过分析中国城乡关系从起源到现代的演变历程,希望能验证该框架,从而揭示影响城乡关系演化的主要动因。具体可分解为以下四个方面(图1-2):

首先,提出问题和确立研究框架。从中国城乡关系发展面临的内外环境出发,提出问题。选择历史和地理相结合的研究视角,确定影响城乡关系的主要变量,寻找理论线索,从而形成研究的整体框架。

其次,厘清城乡关系理论演变的脉络。在联系多学科研究背景的基础上,较系统地梳理城乡关系研究文献,综合评价已有的研究成果,归纳贯穿理论演化的主线。

再次,提出并完善斯密框架。从城乡关系学说史的角度确定斯密的城乡关系理论的地位及其意义。进一步总结、提炼斯密对城乡发展的核心观点,阐释"自然顺序"及其演变过程。提出斯密框架并分析其可能存在的不足,并吸收其他相关理论进行补充和修正。

最后,验证斯密框架。结合历史文献和统计资料,揭示中国城乡关系从起源到现代的演变动因,阐释临海—贸易和政策—文化变化对城乡关系的影响。

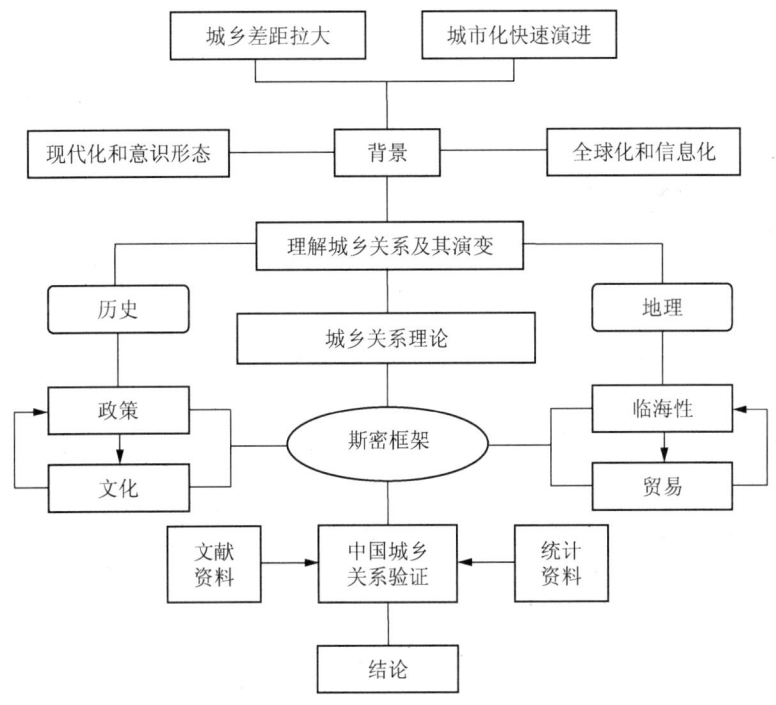

图1-2 本书研究思路与框架

2 城乡关系:概念、方法和理论

本章首先尝试对城乡关系概念进行界定,然后确定理论研究的方法,最后在系统梳理城乡关系研究文献的基础上,综合评价已有的研究成果,归纳贯穿理论沿革的主线。

2.1 概念

概念是反映所要认识对象的一般、本质特征的思维形式。城乡关系是一个复合型概念,所以,定义城乡关系,实际上就是理解和把握城市与乡村的关系或联系。从理解复合型概念的三个重要方面出发,可以给出符合本书内容和目的的城乡关系定义。

2.1.1 三个要点

在英国哲学家休谟(1982)看来,组成复合型概念的简单观念(如本书要讨论的城市和乡村)之间存在某种结合的线索、某种能联结的性质,使一个观念自然引起另一个观念。而"产生这种联结,并使心灵以这种方式在各个观念之间推移的性质共有三种:类似,时空接近,因果关系"。这三种关系提示我们把握城乡关系概念的三个主要方面。

"任何对象如果没有几分类似,就不能被人比较"(休谟,1982)。对城乡关系而言,这种"类似"意味着城市和乡村是聚落类型的两种有区别的形态,是在"同"(类似)前提下的"异"。而且正是因为"同类",所以它们之间才具有可比性。城市和乡村还有很强的对应性,即除了城市,很难再找到一个与乡村同类的、能相提并论的概念,反之亦然。而且,随着人类社会经济活动和人口自由流动程度的增强,城市和乡村的"类似"程度也在增强,城乡关系趋于复杂。那种城市与乡村判若两分的状况有其时空背景。

时间角度实际上就是强调城乡关系的历史性,主要侧重于城市和乡村产生的先后顺序、不同的发展阶段与特征以及在此影响下的相互依赖或分离的关系。空间角度则侧重于城市和乡村在经济社会活动分布、聚落形态、景观生态、建筑等方面的联系和区别。

寻求城乡关系在时空中演变的因果解释是大多数城乡关系理论的着力点。比如经济史学家强调历史时期农业生产对城市化以及城市人口分布的制约作用(赵冈,2006);发展经济学家,如刘易斯的二元经济模型认为发展的关键在于实现农村无限供给的劳动力向现代部门城市的转移,利普顿的城市偏向理论则指出城市利益集团导致了城乡分割的政策的产生(阿瑟·刘易斯,1989;Lipton,1977)。

将城市和乡村综合考虑,用城乡关系这个词概括的隐含之意是两者之间的联系比它们的区别更重要,而且由于这种联系在当代趋于复杂,严格划分其界限是困难的。正如一位学者所指出:"在人口普查或类似的统计中,乡村和城市通常被定义为某种受人口规模左右的定居点。农村居民从事农业,城市居民则从事工业和服务业,然而,事实往往更复杂:不同国家定义城市和乡村存在很大差异,城市的边界通常比行政划定的更模糊,特别是利用农村资源的城镇;人口流动,特别是短期的和季节性的人口迁移未被计入,使城乡人口的普查和统计数字不可靠。"(Tacoli,1998)

总之,不同时期有不同的城乡关系状态和结构特征,城乡聚落形态变化与人类活动改变密切相关。对城市与乡村发展因果关系的解释越来越趋向于将城乡联系起来,而不是单纯地视一方为另一方的条件和原因。

2.1.2 界定

城乡关系现实问题是复杂的,在研究中涉及多学科领域,这导致不同角度的观察者甚至在对同一问题的认识上也存在分歧和混乱,所以,定义一个准确的、广为接受的城乡关系概念基本上是不可能的。但从本书研究主题和目的出发,给出一个大概的界定和说明是非常必要的。

1) 城乡关系是城市和乡村这两种客观实体的关系,通过人的活动形成和维系

城市和乡村首先不是一种抽象的存在,而是我们居于其中、能够感受、由于人的活动变化所产生的联系,是对具体对象及其活动的抽象。当我们居住在城市或乡村,以这两者之一的生活方式去看待它们之间的联系时,个人经历、经验、掌握的信息、价值观等成为首要的判断依据。这种判断往往是先入为主的。不论我们关注的是"农民工"、"打工妹"等在城市的生产活动和生存状态以及由此形成的特殊聚落(如"城中村"、城乡边

缘区等),还是直观的城乡居民的生活状态和水平的差距等,这些我们都能通过一些具体的人或事将抽象的城市与乡村概念联系起来,因而这种关系是能够被感知的。"城乡关系的存在意味着有些地方被称为'城市',有些地方被称为'乡村',它们的性质、特征和功能决定它们的联系,但是,'城市'和'乡村'不是人类活动和兴趣之外的独立实体,城市和乡村的性质是由人定义的"(本斯,2004)。

城乡关系是城市和乡村这两种客观实体之间的关系,通过人的活动形成和维系。这个定义虽然有些宽泛,但已经指出要点。"客观实体"意味着虽然人的思想意识和价值观对城市和乡村的形成与发展有着重要作用,但是城市和乡村并不依赖于人们的认识而存在,因而这种关系既不是两种观念的联系形式,也不是某种"虚拟"形式。"通过人的活动形成和维系"不但指出了人对城乡关系的塑造作用,而且强调了人的联结作用。对于这种塑造和联结作用,当前人们大多从产业、人口、土地三方面进行界定和分析。但是,"人的活动"意味着更为丰富的内涵,人并不仅是"经济人"或大量的被城市化的"人口",也并不仅仅是作为一个城市或乡村的居住者。从本书的角度看,"人的活动"强调了文化在城乡关系演化过程中的决定作用,这种文化通过不同的城乡关系制度得以体现。所以,这个定义既包括当前理论热衷的三个方面,又符合本书的立意。

2) 理解城乡关系

概念仅仅提供一个概括理解问题的角度,与人的生活、认识活动变化密切相关,这一点说明城乡关系概念具有随着人们认识改变而改变的特点。但是,人们不可能也不愿意放弃获得确定认识,以求把握问题的努力。这种相对确定性的认识,一般通过分析城乡之间的结构特征获得。本斯(2004)认为:"定义城乡关系主要在于明确它的主要特征。"

城乡关系的结构特征主要体现在产业、人口、土地三方面。与发达国家相比,中国和其他大多数发展中国家的城乡关系研究虽然侧重点不一样,但在结构上还是可以主要归结为城市和乡村之间在产业(或部门)和产品、人口、土地三个方面的关系。它们的主要表现如农村将农产品或初级产品供应给城市,城市为农村提供制成品;农业剩余劳动力涌向城市,城区居民迁往郊区或农村;城市扩张和城市化使大量农村土地被开发,农田和农村的保护和限制开发等。

在城乡关系问题的上述三个方面都存在相应的数量指标,因而城乡关系的变动状况便于刻画。但在根据城乡之间的产业、土地、人口结构特征把握城乡关系问题的同时,我们还必须注意那些难以量化或不能量化的因素,它们的影响甚至是决定性的,比如文化、意识形态、突发事件(如战争、地缘冲突、疾病)等。

2.2 方法

在第 1 章开篇笔者就已指出:城乡关系研究文献的庞杂与实际问题的复杂存在很强的对应性。所以,甚至可以撰写一本关于城乡关系学说史的专著。但是本书的目的不是如此。本书阐述城乡关系理论的目的是:概览城乡关系理论并把握其演变的主线。因此,必须预先设定一个理论研究方法,以做到既反映其全貌,又不失重点。

2.2.1 对已有研究的简要评述

自 1990 年代以来,国内外总结归纳城乡关系理论的文章增多。主要如:胡必亮、马昂主(1993)对国外城乡联系理论的类型和模式进行划分;塔科里(Tacoli,1998)对城乡关系概念、理论框架以及与空间规划关系的探讨;阿德尔(Adell,1999)从半城市化(Peri-Urban)角度总结了城乡关系理论的演变;王振亮(2000)将城乡空间关系划分为共生、分立、对立、平等、融合五个阶段;王华、陈烈(2006)主要总结了 1950 年代以来的理论进展,提出了大致相同的观点,即认为国外研究"经历了朴素城乡发展整体观、城乡分割发展观、城乡融合发展观"三个阶段;夏安桃、许学强、薛德升(2003)主要从城乡协调的角度对国内研究文献进行了综述;马远军、张小林等(2006)从经济和社会地理角度对国内外城乡关系研究进行了比较;段娟等(2006)对近 15 年来国内外城乡互动发展(Urban-Rural Interaction)进行了评述;陈明生(2005)从马克思主义角度分析了城乡统筹的内涵;安虎森(2004)也阐述了城乡联系的部分理论、模式和途径;还有一些文章从城乡一体化、城市化的角度对城乡关系进行了论述。

在研究方法上,著名的区域和城市规划学者弗里德曼(Friedmann,2006)的一篇总结中国城市化问题的论文对城乡关系的研究也有很好的启示,他认为应该从人口、社会、文化、经济、生态、物理(建筑)、管理七个方面进行中国城市化的跨学科研究。当前对中国的研究中,侧重于人口、经济、物理、社会和管理等方面,而在文化、生态环境方面是比较薄弱的,而且跨学科的交叉研究也比较少。

上述文献在引用和总结国内外城乡关系理论的基础上,或进行比较研究,或归纳出理论演变的阶段特征,而且总体上都宣传和强调了城乡关联发展的重要性,基本上概括并反映了近年来对以往城乡关系研究的认识。但是,在理论研究方面,尚存在以下问题:

(1) 缺乏对理论演变主线的提炼

主要是因为批判性的思考和分析较少,多为对国外理论的引介,缺乏对理论演变的深刻反思和哲学透视,所以理论演变的脉络不清晰。

(2) 方法上缺乏综合和整合

城乡关系涉及多学科和多领域的知识,大多数文献综述侧重于列举法,对理论之间的内在联系不够重视;跨学科的交叉研究缺少有效地整合概念的框架。

(3) 忽视理论的源流之分

多强调"新"的研究成果,缺乏对"源头性"理论的追溯和考证,因而没有将历史与现实结合起来。

2.2.2 本书的理论研究方法

针对上述问题,本书尝试采取一种类似于"谱系"的研究方法。这种方法的要点在于确定枢纽性的人物[指该人是所属领域(甚至几个领域)的开创者,其所提出的理论是源头性的];然后通过其理论及一系列的分支和变种厘清理论演变的脉络;最后在分析它们的核心观点和研究方法的基础上,进行综合,并选择和确定较能整合多数观点的概念框架。

在城乡关系理论上,这些枢纽性的人物有:莫尔(Thomas More)、斯密、杜能(Von Thünen)、马克思(Karl Marx)、霍华德(Ebenezer Howard)、芒福德(Lewis Mumford)与刘易斯(Arthur Lewis)。另外,近40年来一些比较著名的研究者有弗里德曼(John Friedmann)、利普顿(Michael Lipton)、麦基(McGee)等。相应的城乡关系理论有:乌托邦、孤立国模型、田园城市、二元结构、核心—边缘、城市偏向、城乡一体化(Desakota)以及流与网络结构等理论。考察其学派和学科背景,主要有空想社会主义、经济学、经济地理学、马克思主义、城市规划、发展经济学、区域经济学、城市地理学等。根据理论演变的总体特征,我们可以按照先后顺序大致将其划分为三个阶段:1940年代以前、1940—1980年代、

1980年代之后。

2.3 理论

2.3.1 1940年代以前

作为分界线，1940年代是一个大概的划分。本书划分的理由是：1940年代以前的大多数城乡关系理论家有几个共同特征：普遍将城市和乡村结合起来看待；更进一步，在发展目标上提出消除城乡分离和对立；并基于各自立场提出了相应的对策。由于斯密的城乡关系理论将在下一章论述，故本节略过。

1) 莫尔与乌托邦

现在虽然距1516年《乌托邦》的出版已经接近500年，但是托马斯·莫尔的思想及其理论产生的影响却没有消退，反而伴随社会快速发展引发的一系列问题被重新提起。法国地理学家保罗·克拉瓦尔(2007)将乌托邦作为规范性思维的典范，认为莫尔代表了城市规划中的"模式"学派（区别于"法则"学派）。不仅如此，乌托邦还是人类思想史上的一座高峰，这个名词及其含义将会作为我们检验人类发展与进步的参照物而长久存在。

作为空想社会主义的鼻祖[①]，莫尔深深影响了马克思(1975)；而他的城市规划与乌托邦思想，则影响了霍华德、芒福德这样的城市规划领域的巨人[②]；至于他的城乡一体的思想，应该成为我们当前关注和争论的诸如城乡一体化、城乡协调、统筹城乡关系、城乡关联发展等议题的理论源泉。但是在国内研究城乡关系的文献中，极少有人关注乌托邦的影响。乌托邦要么不为人知，要么被一笔带过，要么是一些人根据其字面含义——

[①] 这是沃尔金的观点，见托马斯·莫尔(1982)的著作；另外卡尔·考茨基把莫尔看作"空想社会主义之父"(莫里斯·迈斯纳，2005)。

[②] 如芒福德(2005)对其给予了很高的评价："莫尔实际上是想提供一个理想的城市模式，他最大的发明在于它在制度上保证了中世纪城镇居民对乡村生活和体育运动的爱好……在它要求平等、努力增加产品和空余时间、把工作变成一种娱乐的形式并把工作和娱乐都当作精神支柱等方面，都是先于我们开发的社会力量，而我们现在才刚着手开发。"同时他也指出莫尔的时代局限性在于：城市时空间尺度上没有突破，标准化、组织严密和集体控制设想的单调乏味。

"乌有之乡"①先入为主地把它归入"空想",更不用说联系它反思中国城乡关系的发展状况;一些研究者则侧重意识形态方面的解释。这些都不是本来意义上乌托邦的精神。我们将淡化意识形态上的色彩,把它和其他方面相提并论,以期更加客观地重现和评价莫尔的城乡关系思想。

首先,莫尔对城市和乡村关系的设想建立在他所描述的乌托邦人的核心价值观——"自然+乐观"的基础之上,而最终起决定作用的是"自然"(托马斯·莫尔,1982;以下的直接引语和间接引语出自该书第50—65页、第74—79页、第119页)。如,"乌托邦人认为:自然指示我们过舒适的亦即快乐的生活,作为我们全部行为的目标";但这种快乐"不是每一种快乐,而只是正当高尚的快乐",而"乌托邦人把德行解释为遵循自然的生活,至善是符合自然的生活","一个人在追求什么和避免什么的问题上如果服从理性的吩咐,那就是遵循自然的指导"。在快乐的类别方面,强调精神愉悦和身体健康的重要性。

其次,建立在公有制基础上的城乡平等。在生产上,"乌托邦人不分男女都以务农为业",而且要接受农业教育;市民轮流搬到农村居住,住满两年返回;农产品富余而且城市帮助农业生产。在交换和消费上,交易市场位于城市中心而且各取所需。在分配方面,不但在城市内部、城市之间,而且城乡之间平均分享物资,任何地方都没有一样东西是私产。

最后,城市规划的合理性和超前性。主要体现在:

(1) 城市应该均衡发展和整体布局,不进行城市扩张(认为自己是土地的耕种者,不是占有者)。

(2) 城市的家庭属性(城市由家组成,家是由有亲属关系的成员共同居住)。

(3) 城市人口的合理配置(6万—10万),超出则进行人口迁移或拓建殖民地。

(4) 重视健康和卫生(对医院和医疗条件、食品卫生、公共食堂有相应的规定),重视生活质量(如旅行、音乐、知识)。

---

① 在戴镏龄为《乌托邦》中译本写的序言中,他认为"'乌托邦'(Utopia)本身就是根据古希腊语虚造出来的,指的是'无何有之乡',不存在于客观世界";在此译本附录二沃尔金的《〈乌托邦〉的历史意义》一文认为:"'乌托邦'有希腊文'否'和'地方'两词构成,意为'虚无之乡',后此词成为通用词。"[托马斯·莫尔,(1982)];然而迈斯纳引用刘易斯·芒福德在《乌托邦的故事》中的考证指出它的两种截然不同的希腊语来源:Eutopia 意为"福地乐土",而 Outopia 的意思是"乌有之乡",迈斯纳认为这是一种道德和历史矛盾,但他认为这种含混性是这个词的优点而不是缺点(莫里斯·迈斯纳,2005)。

（5）采用六小时工作制，强调娱乐、教育和学术对人精神快乐和自由的重要意义。

（6）街道布局利于交通，建筑安全美观，积极建设花园（这个城的建立者所最爱护的就是花园）。

如果把这些观点与后面霍华德的田园城市理论相对照，可以发现两者不但在思想上，而且在具体的设计上存在许多一致。很多研究者往往重视了莫尔作为空想社会主义创始人和批判者的身份，而忽视了其理论建设性的成分。

从上述可见，莫尔基于对私有制和金钱万能导致的虚荣等恶德的批判，在思想认识和价值观念上他更崇尚自然。这种推崇并未停留在认识领域，借用乌托邦的理想，他希望以此改变人们的现实生活。要不然，我们很难理解，他对于许多问题不但进行了思想上的深入探索，而且有具体的设计和规定。莫尔的地位应该被重新评估，即他并不仅仅作为一个意识形态意义上的批判者，更重要的是作为一个设计者，他的思想也是伟大的，同样值得发掘和重视。

仅从城乡关系角度看就能证明这一论断。对农业劳动和教育的观点虽然简单，但提倡城乡之间的平等、自由流动以及城乡互助有深刻含义。对城乡的市场设定及其交易虽然流于各取所需的"空想"，但是在城市规划方面的具体设计思想，有的现在已经被重视，有的仍然被忽视。如果再考虑到这是将近500年前的想法时，我们对历史与进步之间的关系会有更加深入和冷静的思考，这或许是莫尔真正希望看到的。虽然他自己说："乌托邦国家有非常多的特征，我虽愿意我们的国家也具有，但毕竟难以希望看到这种特征能够实现。"但任何人都明白这个强调快乐是人的最高追求的人对未来的悲观是多么不情愿接受。

虽然乌托邦一词系出自莫尔，但乌托邦思想中外早已有之。反映在对城市和城乡关系问题的构想上，中外也有共同之处。其中之一在于东西方思想家大都将乌托邦与治国之道密切联系，借乌托邦的理想或构想寄托他们的处世哲学和治世理念。另外，他们普遍强调"自然"的决定作用，把乌托邦视为一种回归"自然"的寄托，反映在城乡关系上，就是普遍将乡村视为自然的空间载体，对乡村的重要性都有不同程度的阐发。

中外乌托邦思想的最大不同之处在于西方的乌托邦思想多是对城市进行构想，中国则多强调回归乡野秩序。其实在莫尔之前，西方早期乌托邦思想的代表人物，古希腊哲学家柏拉图（2003）在《理想国》里围绕城邦制度讲述国家治理和道德修养等问题，其核心思想是塑造城邦及其公民，这基本上奠定了后世西方乌托邦思想都是围绕改造城市展开的基础。而中国文化中的乌托邦却有很重的乡野情结，著名的有老子在《道德经》里提出的"小国寡民"模型，"鸡犬之声相闻，民至老死不相往来"，明显可以看出是乡村情景；班固的《汉书·艺文志》记载孔子曾说"礼失而求诸野"，则从主流意识形态角度强调了乡村是礼仪文化的最后诉求地；陶渊明的《桃花源记》则更是充满了对乡村田园生活的憧憬与向往。这种对乌托邦的共同构想和差异对中外城市规划和城乡关系演变产生了重要影响。

2) 杜能与孤立国

藤田、克鲁格曼和维纳布尔斯（Fujita et al, 1999）在《空间经济学》中这样说："经济学家一般怎样处理集约利用空间的问题呢？一个简短的答案是他们几乎根本不予考虑；但是如果考虑，他们一般会求助于杜能在1826年提出的具有开创意义的经典模型。"因此，作为古典区位论的开山之作《孤立国同农业和国民经济的关系》，不仅具有区位论和经济地理学的意义，而且被应用到城市经济学、空间经济学等领域，成为横跨经济学和地理学两大领域的经典之作。许多著名的经济学家（包括马克思）给予杜能理论以高度的评价（吴易风，1986）。

除了人们广泛关注的地租理论和杜能环，在经济地理学上，"杜能首次将空间摩擦对人类经济活动的影响加以理论化和体系化，这一理论体系和研究方法被推广到其他的研究领域，即他的研究并不仅仅停留在农业的土地利用上，也对城市土地利用的研究具有重要的指导意义"（张文忠，2000）。就农业和城市的关系而言，杜能提出的只存在以工农业产品互换为基础的孤立国实际上也是一个城乡关系模型。从孤立国的理论假设中我们可以看到这一点：

"假设有一个巨大的城市，坐落在沃野平原的中央，那里没有可以通航的自然水流和人工运河。这一平原的土地肥力完全均等，各处都适宜于耕作。离城市最远的平原四周，是未经开垦的荒野，那里与外界完全隔绝，我把它称作孤立国。这一平原除一个大城市外，没有别的市镇，亦即，这个城市必须供应全境一切人工产品，而城市的食品则完全仰给于四周的土地。供应整个国家所需的金属和食盐的矿山和盐场，假设就在中央城市附近。我们所写的这个城市是唯一的一个城市。"（杜能，1986）

从以上可见，在封闭的环境之下，城市和乡村因为其不同的分工而形成相互依赖的紧密关系。而杜能给自己设定的任务是回答："如果最彻底地经营农作,那么离城的远近将对农作产生什么影响?"答案是运输费用决定了农作物的空间分布。运费对城乡发展的影响在斯密的著作中早已提到,杜能也满怀崇敬的声称:"在国民经济学上,斯密是我的师表。"(杜能,1986)杜能将该原理具体化,并通过分析空间分布特征和规律进行了拓展。

上述研究思路部分决定了经济学与经济地理学在城乡关系研究上的分野。经济地理学侧重于寻找和分析空间分布的规律,主要研究城乡关系的空间结构,分析产业结构与人口流动、土地变化之间的关系,把城乡关系视为一个空间关系或空间几何学。经济学则侧重于解释空间分布及其变化的因果,认为影响城乡关系的因素有内外之分,变化的内部作用力表现在产业、人口和土地等方面,外部作用力来自贸易、政策等(详见第3章"斯密框架")。前一种分析的典型代表是杜能、克里斯塔勒等,后一种分析的典型代表是斯密。他们都对各自的领域产生了巨大影响。区位论与古典经济学之间存在深厚渊源,杜能(1986)、沃尔特·克里斯塔勒(1998)都在不同程度上强调了他们的理论与经济学之间的关系。这充分说明两方面的研究是紧密联系的,虽然侧重点不同,但还是可以统一起来的。保罗·克鲁格曼(2000)做出了很大努力,但是他的着眼点不是城乡关系。对城乡关系的系统分析,亦即分析城乡关系演变趋势及其支配规律,并指出其发展目标是由马克思和恩格斯完成的。

3) 马克思和恩格斯的城乡关系理论

马克思和恩格斯对城乡关系问题的阐述散见于许多文稿,所以在把握马克思主义的城乡关系理论时,我们应该先有一个总的认识,这样才不至于使马克思众多的城乡关系论述失去统领。这个总的认识方法实际上出现在《资本论》第一卷的序言中:

"问题本身并不在于资本主义生产的自然规律所引起的社会对抗的发展程度的高低。问题在于这些规律本身,在于这些以铁的必然性发生作用并且正在实现的趋势。工业较发达国家向工业较不发达国家所显示的,只是后者未来的景象。"(马克思,1975)

这提示我们,在城乡关系上,虽然马克思反对城乡对立以及由此引起的社会矛盾,但是他更侧重于发现并阐明城乡发展的必然历史趋势以及左右这种趋势的规律,只有在认识和把握这种趋势变化的规律的前提之下,才有解决城乡对立问题的可能。基于此,我们将其城乡关系理论归纳为三个方面:城乡对立及其根源,城市化与资本主义人口和工业化规律,城乡对立的消除。

(1) 城乡对立及其根源

首先,城乡分离或对立是文明进步和历史发展的必然。所以,"物质劳动和精神劳动的最大的一次分工,就是城市和乡村的分离。城乡之间的对立是随着野蛮向文明的过渡、部落制度向国家的过渡、地域局限性向民族的过渡而开始的,它贯穿着全部文明的历史并一直延续到现在"(马克思等,1972)。进一步来说,"一切发达的、以商品交换为媒介的分工的基础,都是城乡的分离。可以说,社会的全部经济史,都概括为这种对立的运动"(马克思,1975)。

其次,产业分工引起城乡分离和对立。"某一民族内部的分工,首先引起工商业劳动和农业劳动的分离,从而也引起城乡的分离和城乡利益的对立。分工的进一步发展导致商业劳动和工业劳动的分离"(马克思等,1972)。两次社会分工对城乡关系的影响是:"城市工业本身一旦和农业分离,它的产品一开始就是商品,因而它的产品的出售就需要有商业做媒介,这是理所当然的。因此,商业依赖于城市的发展,而城市的发展也要以商业为条件,这是不言而喻的。但工业的发展在多大程度上与此齐头并进,在这里,却完全取决于另外一些情况。"(马克思,1975)

再次,分工的演化导致城市的集中和乡村的分散。因为,从土地的角度看,"很明显,整个社会生产的进步,一方面,由于它创造了地方市场,并且通过采用交通运输工具而使位置变得便利,所以对形成级差地租的位置,会发生拉平的作用;另一方面,由于农业和工业的分离,由于大的生产中心的形成,而农村反而相对孤立化,所以又使土地地区位置的差别扩大"(马克思,1975)。这种分工和生产力的进步使"城市本身表明了人口、生产工具、资本、享乐和需求的集中;而在乡村里所看到的却是完全相反的情况:孤立和分散"(马克思等,1972)。

最后,私有制是城乡对立的根源。因为,"分工发展的不同阶段,同时也就是所有制的各种形式",而"城乡之间的对立只有在私有制的范围内才能存在。这种对立鲜明地反映出个人屈从于分工、屈从于他被迫从事的某种活动,这种屈从把一部分人变为受局限的城市动物,把另一部分人变为受局限的乡村动物,并且每天都不断地产生他们利益之间的对立。在这里劳动仍然是最主要的,它是凌驾于个人之上的力量;只要这种力量还存在,私有制也就必然会存在下去"(马克思等,1972)。

(2) 城市化与资本主义人口和工业化规律

首先,城市化受相对人口过剩规律影响。马克思(1979)指出:"现代的历史是乡村城市化,而不像古代那样,是城市乡村化。"但这种城市化在资本主义社会以大量的相对过剩人口为特征。其中之一如潜在的过剩人口是伴随着资本主义生产方式占领农业后对农业人口的排斥,从而"农业人口转入城市,它不断流向城市是以农村本身经常潜在的过剩人口为前提的;因为农业工人工资被压到最低限度,所以这种相对过剩人口的源泉是长流不息的"(马克思,1975)。所以,"产业后备军的相对量和财富的力量一同增长。但同现役劳动军相比,这种后备军越大,常备的过剩人口就越多,他们的贫困同他们所受的劳动折磨成反比。这就是资本主义积累的绝对的、一般的规律"(马克思,1975)。

其次,资本主义工业化是推动力也是摧毁力。"大工业在农业领域内所起的最革命的作用,是消灭旧社会的堡垒——'农民',并代之以雇佣工人。因此,农村中社会变革的需要和社会对立,就和城市相同了"(马克思,1975)。但这种大工业的生产方式在撕断农业和工场手工业原始的家庭纽带的同时,"为一种新的更高级的综合,即农业和工业在它们对立发展的形式的基础上的联合,创造了物质前提。资本主义生产使它汇集在各大中心的城市人口越来越占优势,这样一来,它一方面聚集着社会的历史动力,另一方面又破坏着人和土地之间的物质交换,也就是使人以衣食形式消费掉的土地的组成部分不能回到土地,从而破坏土地持久肥力的永恒的自然条件。这样,它同时就破坏了城市工人的身体健康和农村工人的精神生活。但是资本主义生产在破坏这种物质变换的纯粹自发形成的状况的同时,又强制地把这种物质变换作为调节社会生产的规律,并在一种同人的充分发展相适应的形式上系统地建立起来……农业工人在广大土地上的分散,同时破坏了他们的反抗力量,而城市工人的集中却增强了他们的反抗力量。在现代农业中,也和在城市工业中一样,劳动生产力的提高和劳动量的增大是以劳动力本身的破坏和衰退为代价的。此外,资本主义农业的任何进步,都不仅是掠夺劳动者的技巧的进步,而且是掠夺土地的技巧的进步;在一定时期内提高土地肥力的任何进步,同时也是破坏土地肥力持久源泉的进步……因此,资本主义生产发展了社会产生过程的技术和结合,只是由于它同时破坏了一切财富的源泉——土地和工人"(马克思,1975)。

这是资本主义无法调和的矛盾,在此情况下,"随着大工业的发展,资产阶级赖以生产和占有产品的基础本身也就从它的脚下被挖掉了。它首先生产的是它自身的掘墓人。资产阶级的灭亡和无产阶级的胜利是同样不可避免的"(马克思等,1997)。

(3) 城乡对立的消除

首先,消除城乡对立最为根本的是要废除私有制。通过"由社会全体成员组成的共同联合体来共同而有计划地尽量利用生产力;把生产发展到能够满足全体成员需要的规模;消灭牺牲一些人的利益来满足另一些人的需要的情况;彻底消灭阶级和阶级对立;通过消除旧的分工,进行生产教育、变换工种、共同享受大家创造出来的福利,以及城乡的融合,使社会全体成员的才能能得到全面的发展——这一切都将是废除私有制的最主要的结果"(恩格斯,1995)。

其次,消灭城乡对立需要物质和精神方面足够的准备条件。因为,"消灭城乡之间的对立,是社会统一的首要条件之一,这个条件又取决于许多物质前提,而且一看就知道,这个条件单靠意志是不能实现的(这些条件还须详加探讨)"(马克思等,1972)。然而,或许是城乡关系问题的复杂性,以及城乡关系更多地被视为产业和社会分工在空间上的映射,所以,马克思和恩格斯虽多次在不同著述中分析并强调城乡关系的重要性及其历史演化状况,但是并没有独立地将城乡关系列为一个专门的研究领域进行阐述和论证①。

最后,"把农业和工业结合起来,促使城乡对立逐步消灭"(马克思等,1997)。"消灭城乡对立并不是空想,正如消除资本家与雇佣工人间的对立不是空想一样。消灭这种对立日益成为工业生产和农业生产的实际要求。只有使人口尽可能地平均分布于全国,只有使工业生产和农业生产发生密切的内部联系,并使交通工具随着由此产生的需要扩充起来——当然是以废除资本主义生产方式为前提——才能使农村人口从他们数千年来几乎一成不变地栖息在里面的那种孤立和愚昧的状态中挣脱出来。断定说人们只有在消除城乡对立后才能从他们以往历史所铸造的枷锁中完全解放出来,这完全不是空想;只有当有人企图'从现存关系出发',预先规定一种应该借以来解决现存社会中所特有的某种对立的形式,那才

---

① 比如在《资本论》第一卷讨论分工的一章中,马克思(1975)曾着重指出:全部社会经济史都可以被视作城乡对立史,但"关于这种对立,我们不在这里多谈";在其他篇章中关于城乡关系的理论阐述也并不专门和系统;为什么如此重要且被反复强调的问题,马克思并没有专门论述?这仍然是一个值得继续探索的问题。

是空想"(恩格斯,1975)。

在马克思看来,作为社会经济现象的城市化是一个自然的历史过程。资本主义发展的进步性,也是它的必然趋势之一,就是由城乡对立实现城市化。但对于亚洲国家,马克思(1979)指出它们经济社会停滞的一个重要表现为"城乡无差别的统一"。因此,城乡对立尽管被马克思强烈谴责和批判,但他同时冷静地指出它是城市化的必经阶段。"自然"意味着发展阶段的必然与不可逾越,但是马克思也肯定了通过向其他国家学习,存在缩减"痛苦"的可能性①。

综合来看,马克思和恩格斯认为城乡关系是社会经济史的重要范畴;城乡分离和对立是伴随着社会分工和私有制的产生而出现的;资本主义工业化与城市化之间是互相推动的关系,但建立在私有制基础上的资本主义城市化,使得城乡对立的矛盾不可调和;城乡对立由于城市的集中和乡村的分散形成了城市主导乡村发展的城市化趋势;决定资本主义城市化的相对人口过剩规律和工业化大生产导致发展与破坏并存的后果;消除城乡对立需要物质和精神条件上的长期准备和努力;逐步废除私有制并消除专业分工对人的异化,实现工农结合是主要的举措。马克思主义理论深刻影响了中国现代化进程中的城乡关系。

4)霍华德与田园城市

(1)田园城市的主要思想及其影响

城市规划领域公认的经典之作无疑是霍华德的《明日的田园城市》。城市规划学者李盖茨和张庭伟(2007)曾将该著作称为城市规划理论的开山之作,并对规划师普遍重视田园城市的物质形态而忽视其社会思想进行了批判。霍华德及其田园城市理论的影响和意义已经超出了城市规划领域。对此,芒福德在《田园城市思想和现代规划》一文中,把霍华德的思想誉为20世纪初堪与飞机的发明并列的另外一大发明,并指出:"《明日的田园城市》在指导现代城市规划运动和改变它的目标方面所做的超出其他同类著作……就建立一种对以生活为中心的文明的贡献而言,没有什么事情比重印霍华德的这部名著更及时。"(Mumford,1984)彼得·霍尔和科林·沃德认为:"当1902年该书再版时,就注定成为城市规划全部历史中最有影响和最重要的书。"(金经元,2000)这种赞誉是名副其实的。

---

① 注意马克思(1975)的强调:"一个国家应该而且可以向其他国家学习。一个社会即使探索到了本身运动的自然规律……它还是既不能跳过也不能用法令取消自然的发展阶段。但是它能缩短和减轻分娩时的痛苦。"

霍华德(Howard,1984)田园城市的主要思想和设计是：

① 城市建设的核心问题是："人民将往何处去？"在著名的三磁铁图中，他将该问题置于中心，这"在城市规划指导思想上摆脱了显示统治者权威的旧模式，提出了关心人民利益的新模式，是城市规划立足点的根本转移"(金经元,2000)。

② 将城市和乡村结合起来，建设城乡一体化的田园城市。在三磁铁理论的指导下，其具体构想是：以抵押债券的方式购买土地，使居民取得较高购买力的工资；城市为圆形，总用地为 6 000 英亩(1 英亩≈4 046.856 m^2)，城市人口控制在 3.2 万，城市用地 1 000 英亩，农业用地 5 000 英亩，城区有中心花园并由中心向四周分成 6 等份区；城外有 3 英里(1 英里≈1 609.344 m)长的带形绿地，把外围城区分成两条环带，构成 115 英亩的公园，与最远的居民相距不到 240 码(1 码≈0.914 4 m)；产业围绕铁路分布等。

③ 从田园城市发展到社会城市。在人民以集体身份拥有土地的条件下，城市增长应遵循提高就业、交通方便与生态和谐的原则，保留乡村地带，在其附近建设新城，形成城市群，从任何城镇到中心城市的中心距离只有 3.25 英里。

芒福德高度赞扬了田园城市的创始性，认为霍华德的理论"不在于特殊的细节，而是他的综合性；这个特别的计划通过一个永久的开放带视农业为整体城市的组成部分⋯⋯霍华德处理的是城市整体发展问题，这不仅在于它的外延增长，而且涉及城市的社区功能以及城乡整合的发展模式，因为激发城市的活力与提高和促进乡村的知识水平和社会进步同等重要"，而"把城市发展和乡村进步视为一个问题，这使霍华德远远走在时代前列，而且在城市衰退问题的判断上，他甚至比我们当代许多人准确和出色⋯⋯田园城市，正如霍华德的定义，不是郊区而是郊区的对照物，更不是乡村的退却，而是在一个更整体化的基础上寻求一种更有效的城市生活方式"(Mumford,1984)。

芒福德(2005)着重指出："霍华德的最大贡献不在于重新塑造城市的物质形式，而在于发展这种形式下的内在的有机概念，他把动态平衡和有机平衡这种重要的生物标准引入到城市中来⋯⋯他一开始就分析维持生命的人类机能与城市和农村环境的关系，他将两者统一到一个多孔的可渗透的区域综合体中，它是多中心的，但是能作为一个整体运行。"

将城市和乡村结合是霍华德田园城市规划设想的出发点，也是目标。

对于城乡关系,霍华德从社会文明与自然依托相结合的角度出发,这使他一开始就从人类发展的最终目标考察当前状态,因而也就把改变现实和塑造未来结合起来。每个城市规划者和城乡关系的研究者都应该铭记这段关于城乡关系的经典阐述:

"城市和乡村各有其主要优点和相应的缺点,城市—乡村磁铁则避免了二者的缺点……单独城市和乡村磁铁都不能体现大自然的整体设计和意图。人类社会和自然美景本应交融在一起,两块磁铁必须合二为一。城市和乡村之间应该互补正如男女天赋和才智的互补。城市是人类社会互助合作和彼此同情的标志,是科学、艺术、文化、宗教的标志。乡村!乡村是上帝爱世人的标志。我们以及我们所拥有的一切都来自于它。我们的身体赖以形成,并以之为归宿……它是全部的健康、财富和知识的源泉。然而人类并未从那里得到它所给予的全部快乐和智慧。这种触犯神圣和反自然地将社会与自然分割的状态不应再予以忍受。城市和乡村必须结合,而且这种愉快的结合将带来新的希望、新的生活和新的文明。"(Howard,1984;霍华德,2000)

受此影响和启发,芒福德(2005)强调:"从生态上讲,城市与乡村是一个整体,谁也离不开谁。如果说谁能离开而独立生存下来的话,那是农村,不是城市;是农民,不是自治城镇的公民。"这应该是1940年代以前多数思想家的共同想法。1992年,一些规划师和学者专门编辑出版了总结和评价田园城市理论与实践的文集,集中讨论和评价了霍华德的思想及其产生的影响,他们认为虽然不同国家对田园城市的认识与实践不一,但是霍华德的遗产仍然对现代有着重大影响,即使现今面临与霍华德时代不同的城市问题,但是城市规划却仍需考虑田园城市的伟大传统(Ward,1992)。

(2) 从乌托邦、田园城市到美好城市

田园城市是乌托邦思想的延续和深化。田园城市实质上是乌托邦的延续和细化,它的主体思想和内容并未超出乌托邦的框架。对人类城市生活价值的共同关怀,对乡野生活所代表的自然的共同钟爱,对花园在城市设计中的重要作用的共同认识,对交通、健康、城市社会性的共同强调,包括在城市规模上对小城市的共同偏爱,对城乡紧密联系的共同关注和设计……诸多从思想到内容,从内容到形式的共同点表明,霍华德就像在莫尔的思想指导下进行具体的设计和构想。但遗憾的是:喜欢旁征博引的霍华德在书中却没有引用莫尔的著作。然而,为《明日的田园城市》写序言的奥斯本(Osborn,1984)和后来的编者却明智地提及了霍华德对城市"绿带"的设计最早可追溯到莫尔的思想,只是他们仅仅重视了绿带这一技术问题,而没有更多地考虑莫尔和霍华德在整体思想主旨和内容上的几乎一致性;奥斯本在肯定莫尔的首创性的同时也指出:"霍华德形成(绿带)的线索尚不确定。"这也就留下一个疑问:霍华德到底是否接触或知道莫尔的思想呢(可以确定的是霍华德确实接触并受到乌托邦思想的强大影响)[①]?无论如何,通过对二者的思想和内容的比较,我们基本可以得出田园城市是乌托邦在城市规划上的一个具象的结论。

在乌托邦和田园城市思想的基础上,著名城市规划学者约翰·弗里德曼等人(2005)提出"美好城市"的构想,他们不但高度评价了莫尔,宣称"为乌托邦辩护",而且着重指出"乌托邦式的思考能够帮助我们选择一条我们相信正确的未来道路,因为它的具体意象来自于那些我们高度珍视的价值观"。

实际上,关于城乡关系的中外乌托邦思想源远流长,并对城市规划和城市发展史产生深远的影响,这种影响一直持续至今。将乌托邦与城乡关系联系起来进行系统论述的第一人是莫尔,他的思想和理论奠定了以后城市规划中乌托邦思想的基础和框架。把莫尔的乌托邦、霍华德的田园城市、芒福德的城市规划思想和弗里德曼的美好城市等进行对照反思,可以发现他们不但在主导思想上,而且在具体的城市设计上都存在许多一致。

无论是霍华德的田园城市,还是当代城市规划学者弗里德曼的"美好城市",其理念和内容并未跳出莫尔的框架,只是根据时代特征对莫尔的思想进行延展、补充和深化。在关于城乡关系的乌托邦思想中,莫尔—霍华德—芒福德—弗里德曼是一个至关重要的线索。他们主要的共同点在于:提出并坚持城市规划立足自然与社会结合,具体则对应为乡村与城市紧密结合的核心理念。将城市的经济活动、空间布局与社会生活综合予以考虑,而尤其重视城市的社会属性,这实际上是"以人为本"的城市规划理念的具体体现。

虽然城市化已经成为世界趋势,但是乌托邦对自然和城市的社会属性的强调,却一直是各国城市发展中不可回避的终极问题。如果我们忽

[①] 霍华德的田园城市思想的提出深受一位小说家贝拉米所写的乌托邦小说《回顾》的影响(大卫·哈维,2006;Harvey,2000)。

视甚至忘记乌托邦对城市性质的真切把握和对城市未来的美好构思,那么我们也不能创造出真正有价值的、适宜人居的城市生活。

2.3.2　1940—1980年代

1940—1980年代这一时期是以"二元结构"为代表的理论范式兴起和繁荣的时期,也是城乡关系问题最充满争论的时期。与城乡关系相关的模型层出不穷,理论解释多种多样,但大多数理论将城乡关系看作一个单一的技术性问题。因此,这一时期的理论特征是城乡分离和有所偏重。

1) 刘易斯与二元结构

(1) 二元结构理论的由来及其意义

"二元经济思路是在受到西方殖民主义经济、政治和军事入侵影响的非西方社会中,从理解落后的传统部门和增长的现代部门之间的关系的尝试中产生的"(速水佑次郎等,2000)。二元结构或二元主义(Dualism)的概念最早是由荷兰经济学家波克(Boeke)于1942年提出的,最初指印度尼西亚的本土部门和西方部门,后来泛指农村的前资本主义和城市的资本主义并存的状况,它不仅表现在经济方面,而且包括社会文化观念差异(陈广汉,2000)。托达罗(Todaro,1996)则进一步将二元结构概括为:"在一定空间范围内并存的两种状态或现象(一种是值得期望的,另一种则反之),两者属于不同的社会群体且相互排斥。例如,极端贫穷与富足,现代经济部门与传统经济部门,增长和萧条,少数的受过高等教育的人和大量的文盲。"对这种二元结构的经典描述出自阿瑟·刘易斯(1989):

"像矿业或电力业这种少数高度资本主义化的工业与最原始的技术并列;少数高级商店处于大量老式商贩的包围之中;少数高度资本主义化的种植园处于农民的汪洋大海包围之中。但是,我们还在他们的经济生活之外看到了同样的对照。有一两个拥有雄伟建筑物、自来水和交通之类的现代化城市,人们从那些几乎属于另一个星球的其他城镇和乡村涌向这些城市。而在人与人之间也有同样的对照:一方面是少数完全西方化的、衣冠楚楚的当地人,他们在西方大学受过教育,讲西方语言,以贝多芬、穆勒、马克思或爱因斯坦为光荣;另一方面则是大量生活在完全另一个世界的乡下人。资本和新思想不是稀薄地分散在整个经济中,它们高度集中在若干点上,并由此向外扩散。"

波克的理论似乎并没有引起人们的重视,真正引起一场理论革命的是上述引文的出处,也就是《劳动力无限供给下的经济发展》这篇经典论文,它使刘易斯成为发展经济学的重要奠基者。同时,"为西方发展经济学家分析发展中国家经济开辟了一个新思路,即结构主义思想,正是结构主义思路分析使发展经济学成为一门独立的学科"(谭崇台,2000)。所以,刘易斯的这篇论文具有里程碑意义,他本人因而获得1979年诺贝尔经济学奖。围绕这个理论展开的争论就像它的分支一样繁多,而它产生的实际影响力(无论正反)也是深远的。

(2)二元结构理论及其影响

在阿瑟·刘易斯(1989)强调他的论文是"按照古典学派的传统写的,做出古典学派的假设,并提出古典学派的问题"时,他也许没有意识到,这引发了一场开创发展经济学的革命。这种理论上的开创性不但在于他沿用斯密、马克思等古典经济学家的假设,并联系历史和现实问题进行分析的方法,而且在于他将复杂的经济发展问题简化为一个巧妙的模型。这个模型的核心假设是当大多数发展中国家的劳动边际生产率很小或等于零,甚至为负数时,劳动力的供给是无限的;另外,整个经济分为"资本主义"部门和"维持生计"的部门,"后者由生产食品的农民组成,前者则生产其他别的东西"(刘易斯认为这种划分源于斯密对生产性劳动和非生产性劳动的划分,并且资本主义部门都集中在城镇)。基于此,经济发展的中心问题是资本积累,即主要通过现代工业部门的扩大来实现,而农业部门仅向工业部门提供廉价的劳动力,通过"资本主义"部门的不断扩大和吸收"维持生计"部门的剩余劳动力,直至消失,相应地也就实现了传统经济向现代经济的转换。保罗·克鲁格曼(2002)认为:相比其他发展理论,正是因为过剩劳动理论容易模型化,才使它获得了主流经济学的认可,因而具有很大的影响力。这个理论在发展中国家被广泛应用。蔡昉(2007)的一篇论文引用该模型讨论了中国经济面临的"刘易斯转折点"的意义。

正是因为强调城市在资本积累和产业发展方面的集聚优势,而把乡村界定为具有劳动力优势的地方,使得二元结构成为城市偏向政策的理论源泉。但我们不应忽视的是,在论文发表的第二年,即1955年,阿瑟·刘易斯(1998)出版了自称"穆勒的《政治经济学原理》以来无人再全面研究经济增长的"专著——《经济增长理论》,试图将意识、制度、知识、资本、人口、资源以及政府行为进行综合研究,从而为经济增长"勾画一幅蓝图",但似乎并没有引起人们的足够重视。具有讽刺意味的是:这本巨著所阐释的主要观点之一,即欠发达存在多个含义和多种原因,因而必须将其综合考虑的思想,却很快被淹没在人们对其论文中所提出的从传统部门(农村)向现代部门(城市)过渡只需要实现剩余劳动力转移的热情之中。于是,复杂的城乡关系被看成了一个单纯的技术问题。落后农村与发达城市的二元结构更多地被当作一种现象来概括,引起人们的极大兴趣,而模型本身的含义却被弃置一边。以至于二十多年后,阿瑟·刘易斯(1989)抱怨:"模型要么被引申,要么未被充分阐明,这两者都与它本来的含义不同。"这时,发展经济学在西方经济学界已渐趋式微,而城市代表现代,乡村处于附属地位,只是为城市提供劳力等支持的观点却由于前期的歪曲认识而根深蒂固。这种城市中心论以及城市偏向政策,也遭到了一些学者的批判,而其中著名的有城市偏向理论。

2) 两个分支

(1) 城市偏向理论

利普顿(Lipton,1977)认为:"今日世界穷国最重要的阶层冲突不是劳动和资本,也不是外国和民族利益,而是乡村阶层和城市阶层。乡村集聚大多数穷人,并且许多人要获得可能的进步仅靠低成本的原始资料,而城市则是组织、权力紧密结合的部门。"因此,城乡差距主要由城市与乡村利益集团的矛盾和冲突所致,发展中国家的城市利益集团利用权力控制社会资源,推行"城市偏向"政策,并且往往与富裕农民结合来剥削乡村,从而导致城乡发展的极不平等。利普顿的观点引起很大反响,但也受到一些批评。如有人认为最重要的问题在于他的阶层定义和划分太简单而不切实际,太绝对化而难以解释复杂的社会状况(Adell,1999)。科布内基(Corbridge)也提出类似观点,并认为利普顿没有从社会结构变化的角度把握城乡联系,所以简单化和绝对化的利益集团概念掩盖了城市穷人和乡村富人不易界定属于哪个利益集团,城乡政治对立在现实生活中不明显的事实(胡必亮等,1993)。

(2) 增长极与核心—边缘理论

增长极与核心—边缘理论是佩鲁、赫希曼、缪尔达尔、弗里德曼等主张的不平衡增长战略的具体体现,是二元结构理论在部门和空间两个方面的衍生物。

增长极的概念由法国经济学家佩鲁(Francois Perroux)于1950年代首次提出,他主要侧重从产业的角度,认为"推进性产业"在总体上能使国民经济总产出增长远超过其自身产出增长;"增长并非出现在所有地方,它是以不同强度首先出现在一些增长点或增长极上,然后通过不同的渠道向外扩散,并对整个经济产生不同的影响"(安虎森,2004)。其后,赫希曼(1991)提出了不平衡发展的理论,认为发展就是增长极通过前向和后向关联而产生的扩散与极化效应共同作用于社会经济的过程,"国际间与区域间增长的不平衡性,是增长不可避免的伴随情况和条件。从地理的角度来说,增长必然是不平衡的"。弗里德曼将这个概念推广用来分析区域结构,认为区域内存在核心与边缘发展不平衡的地域格局。核心地带有利于创新,并形成了主导、信息、心理、现代化、连接和生产效应,而边缘地带处于不利地位,容易依附于核心地区(李小建,1999)。

总体来看,这些学者都强调这种"增长中心"的形成是区域发展的主要动力,而发展过程就是由增长中心向其腹地的扩散。对于城乡关系,一般而言,城市,尤其是大中城市,是区域发展的增长极,处于发展的"核心"地位;而乡村腹地则处于"边缘"地位,只能依附于城市。因此,城乡关系演化的结果是城市化,其目的就是实现城市对乡村的带动。这些理论可以被看作二元结构理论与区域或空间理论结合的产物。

2.3.3 1980年代以后

1) "回归"传统

自刘易斯之后,在城乡关系研究领域,再没有出现一个像我们前面提到的那样一些枢纽人物。虽然有一些研究者提出了分析模型和思路,但总体影响不大。因此,这一时期的研究者是作为强调城乡关联发展的群体出现的。这既是因为专业化以及分工的深化和细化使开创性的研究工作变得艰难(尤其体现在一些比较宏观和错综复杂的问题上),也是因为当人们将以往分门别类的问题进行综合和系统的考察时理论抽象的困难。新时期城乡关系问题就是在这样的研究环境和背景下展开的。所以,强调城乡之间的紧密联系以及城乡关联发展,从表面看是对城乡分割理论的回应,实际上是紧迫的现实问题和理论发展双重要求下的必然结果。

从1970年代中期以来,城乡关系理论就发生了向经典理论的某种"回归",即开始强调城乡之间的紧密联系,但直到1980年代后期才被更多的学者所重视,1990年代之后逐渐成为一种共识。一些地理学家率先挑战了城乡分离研究的传统(Preston,1975;Unwin,1989)。其中,昂温(Unwin,1989)指出:"伴随1980年代晚期城乡关联研究以及受此激发的运动开展,(城乡关系研究的)'范式转化'时代已经到来;城乡关系的重要性日益被人们认识,它被看作对那些城市中心论模型的不满以及对以往大多数研究把城市和乡村孤立分析的回应。"其后,一些分析发展中国家城乡联系的理论相继被提出。这些"范式"中具有代表性的有麦基(McGee,1989;1991)的"Desakota"模型,道格拉斯(Douglass,1998)的区域网络模型,塔科里(Tacoli,1998)的"城乡连续体"等理论。他们的理论也被国内学者借鉴和宣传。

学术界对城乡关联发展的强调,还可以举一个细节来证明。在近来国外关于城乡关系的研究文献中,一个值得注意的细微差别是概念表述并不唯一,尽管所用词汇不一,但更多的表述带有价值判断,直接强调城乡之间的联系和相互作用,比如 Rural-Urban Linkage, Rural-Urban Interaction, Rural-Urban Partnership 等,而较少选用客观描述的 Relation 和 Relationship(关系)等词。这一简单的概念使用倾向,一方面反映出城乡关联发展已经成为共识,另一方面暗示了学者们与以往的城乡分割和城市中心论的决裂。正如联合国人居署研究城乡关系的专家塔科里(Tacoli,1998)所说:"许多发展理论和实践关注城市或乡村问题而忽略两者之间的联系,为描述城乡关系,区别城市和乡村可能是不可避免的。但这种将空间和部门上紧密联系的两者一分为二看待的做法是武断的。"城乡关联发展在学者们的共同倡导下,越来越受到国际社会、政策制定者的重视。

2) 城乡关联发展已经成为共识

联合国秘书长安南(2004)在世界人居日献辞中指出:"不要将'城市'和'农村'看作相互隔离的实体,而应将它们视为经济和社会整体中的组成部分。城市与农村在许多方面都是相互作用和影响的。尽管在城市和农村的发展中存在着明显的差别,需要采取不同的干预方法,但是最终可持续发展不会也不应该完全偏重于一方,而忽视另一方……城市对于农村发展有着重要的贡献,也让我们在这种理解的基础之上寻求一条整体发展之路。"这代表了近年来的一种主流认识。与以前具有城市偏向和城乡分割的认识和策略相比较,"统筹"和"协调"城乡发展已经成为共识。

上述认识并没有局限在一些国家的某些人士,而是已经引起了国际社会的普遍重视。联合国人居署1999年在肯尼亚召开了关于城乡协调的讨论会,探讨并启动"城乡发展计划"(RUDA);第17届理事会第17/10条建议:"考虑到城乡地区间的密切配合,在执行联合国人居计划时必须重视城乡相互依赖关系。"(奥奇,2004)其后主要侧重研究了发展中国家城乡发展与消除贫困、空间开发、地区发展、可持续生计等问题,并实施了相关计划。发达国家,如欧盟各国开展了城乡关联发展的空间规划(本斯,2004),美国加利福尼亚州也实施了加强城乡合作和联系的计划(恩代格瓦,2004)。发展中国家,如非洲、亚洲的许多国家也相继开展了城乡关联发展的研究和规划。中国在城市化快速发展、城乡差距拉大的背景下提出的城乡统筹和新农村建设的战略,既是出于对国内形势变化的判断,也受这种国际环境变化的影响。尽管发达国家与发展中国家在城乡协调和空间规划的阶段、路径、重点、环境等不一样,但是城乡关联发展的目标和方向是一致的。

作为最大的发展中国家,中国的城乡关系问题不但成为国内学术界、舆论界以及政府部门共同关注的热点,而且也引起了国际社会的普遍关注。发达国家与发展中国家城乡关系最大的区别是所处的发展阶段不同,这决定了各阶段的城乡关系特征、发展重点、目标不同。

3) 发达国家与发展中国家发展阶段的差异

总体来看,发达国家城乡关系处于第三阶段。在该阶段,城乡的地域特征和区别越来越不明显,农业人口所占比重很低,发展的重点和目标转向城乡之间人流、物流、信息流、资金和技术流形成的网络结构,人们更多考虑从空间整合、社会文化融合的角度进一步推动"城乡一体化"(本斯,2004)。城乡劳动力分工越来越不明显,城乡界限被乡村城市化取代,相对大多数发展中国家,它们的城乡差距可以说基本不存在。随着农村工业化和城市化程度的不断提高,都市与非都市的区别越来越模糊不清,传统"乡村—城市"的划分已基本失去了意义。在人口就业结构上,农村人口所占比例一般在20%以下,有的甚至低于10%,农业就业人口在总就业人口中的比重大多数下降到了10%以下,其中英国为2.6%,美国为3.9%,加拿大为6.7%,法国为10%,日本为13.8%(杜志雄等,2006)。本斯(2004)认为欧洲的城乡关系正在经历发展的第三个阶段的特征是:城乡关系超出了单一交换的方式,而显示出一个动态网络的特征,它通过有形或无形的人流、物流、信息流、资金和技术流等将城乡联系在一起,并给城乡都带来发展机会。但是一份来自欧盟的空间规划报告认为,发达国家城乡关系的这些变化带来了一些新问题并使城乡关系复杂化;从空间规划的角度来看,城市和乡村已经不再作为明显的独立地域单元而存在,它们与邻近地区以不同的方式联系起来;这种地域关系的复杂性和空间延伸不仅使传统的中心地等级模型面临挑战,而且对政策制定者提出了挑战(European Commission,1999)。

如果按照本斯(2004)的发展阶段定义来划分的话,大多数发展中国家的城乡关系还处在第一、第二阶段:农业主导型和乡村依附城市。这些状况与发达国家通过各种"流"实现一种"网络结构"的第三阶段还有非常大的差距。但是从国内外对发展中国家城乡关系的研究来看,对"流"的强调一直是热点。如荣迪内利(Rondinelli)等曾概括出城乡之间的七种联系:物质、经济、人口迁移、社会、服务供应、政治行政等(胡必亮等,1993)。近年来联合国人居署研究发展中国家城乡关系问题的专家(Tocali,1998)强调了人流、物流、信息及资金流在城乡空间和部门联系中的作用。这些强调城乡紧密结合发展的重要性、可持续生计的实现、对生态环境的保护以及创造各种"流"的通道等思想给予我们很大启发。同时,我们应当结合不同国家和区域发展阶段考察其适用性。

通过与发达国家的比较研究发现,学者们在研究发展中国家城乡关系时,不可避免地将发达国家已形成的模式和结果"套用"在对发展中国家的研究中。忽视历史演变的影响,对发展中国家各自所处阶段的定位模糊使这些理论很难具有说服力,也直接影响了这些计划的实施效果。与早期注重政策和技术的发展经济学家相比,现今学者更注重对诸如"可持续生计"等发展理念和目标的强调。在一些联合国人居署专家研究发展中国家城乡关系的论文的文献回顾和引文中,似乎不太重视系统总结和吸取早期发展经济学的理论经验与教训,这是一个不应有的疏忽。发展中国家最突出的问题之一——城乡二元结构仍然在限制着这些新的概念框架的适用性和一般性。因为,它不仅是经济、地理、技术、政策、文化等多种因素共同作用的结果,而且有其历史必然性。中国城乡二元结构还具有典型的区域性特征。

一些学者已经注意到上述问题。塔科里(Tacoli,1998)认为:"全球社会、经济和政治变化加剧了城乡人口的社会分化和贫困程度,然而这仅是全球层面的。对于地方而言,它的城乡关系是历史、政治、社会文化、生态和经济演化的结果。"弗里德曼(Friedmann,2006)认为中国城市化是在古老的城市文明传统和开放时代的二元背景下展开的,广义城市化研究(并不仅仅是人口的城市化)应该侧重基于城市视角的城乡关系研究。尽管全球化对城乡关系的影响,城乡关系与城市化的关系以及城乡关系变化的影响要素等问题的激烈讨论仍然没有定论,但是一个基于多维视角的城乡关系研究平台正在搭建和形成中。

2.4 小结

城乡关系是城市和乡村这两种客观实体之间的关系,通过人的活动形成和维系。人既是城市和乡村的建设者和塑造者,又被这种空间或环境制约和影响。在这种辩证法则下,对于城乡关系,研究者更应该思考的问题是:如何认识和把握人的活动与城乡关系结构变动之间的关系?对这一问题的态度和回答,直接决定了各种理论的结论和结果。城乡关系理论的演变经历了一个合—分—合的过程。这是贯穿城乡关系研究全过程的一条主线。

早期经典理论的一大特征是:始终围绕"人"来研究城乡关系。乌托邦主义者强调人应该遵循自然并会得到快乐,区位论的创始者试图发现人类活动的空间分布规律,马克思主义者强调了城乡分工和对立对人的异化,城市规划者将"人往何处去"置于中心,强调自然与社会和谐。早期的理论创始者大多数都是某种意义上的"人本主义者",虽然他们也分析城乡关系的结构变动及其趋势,但相比之下,他们更重视和强调人的目的和价值实现。

二元结构理论的提出是城乡关系研究的转折点。这一时期的研究者大多数(除了创始人波克,这真是一个绝妙的讽刺)是城市偏向论者和技术论者。但是,简化问题的短处就像它的长处一样明显。所以,当"人"被置换成"人口"乃至"劳动力",并认为发展只是实现结构转变时,人们最终对它的抛弃就像当初接受一样毫不犹豫。值得注意的是:这种思维在发展中国家仍然很流行。实际上,将复杂的问题进行简化对于个人无疑是一个优点(这也是刘易斯的理论被广为推崇的主要原因),但是当群体效仿这种模式,甚至把它当作唯一的模式时,对该问题的真正认识和理解就遇到了最大的障碍。这是城乡关系研究中最大的危险。

经过一个曲折而漫长的循环之后,城乡关系研究渐渐回归到将城乡紧密联系看待的传统。以"流"、"网络结构"为代表的新范式虽然否定了城乡分割理论,但是并没有建立起像经典理论那样坚实的理论体系。发达国家与发展中国家城乡发展阶段的差异是这些范式面临的最大挑战。事实上,正如马克思和恩格斯(1972)所指出的消除城乡对立需要很多"物质和精神条件",但对于那些"还须详加探讨的"物质和精神条件,他们也并没有专门探讨。从城乡关系的复杂性来看,一个囊括诸方面的理论即使能够被提出,其意义也将更多地局限在认识领域。在因果分析方面,甚至相比二元结构和城市偏向等理论,新范式的解释力也是有限的。

但是新范式强调城乡之间的紧密联系是正确的,我们要继续进行的工作正是在以上理论分析的基础上,进一步解释中国城乡关系演变的深层动力和原因。为此,需要重申第 1 章的一个重要观点:"更为重要的问题,或许已经不是判断哪种要素影响城乡关系,而是判断哪种要素的影响更加长远以及它怎样与其他要素结合而产生作用。"基于此,斯密框架的提出就变得重要和必要。

3 斯密框架

在综合分析城乡关系理论的基础上,我们选择斯密的城乡关系理论为主要理论来源。作为经济学的"圣经",斯密于 1776 年发表的《国民财富的性质及其原因的研究》(后文简称《国富论》)[①]是现代经济学的奠基之作(马歇尔,1991)。它的影响波及许多领域,至今不衰。相比其他的研究者,斯密不仅指出了城乡关系的本来状态——自然顺序,而且从历史角度分析了它的演变过程。《国富论》第三篇"论不同国家中财富的不同发展"的四章内容都论述城乡关系。由于夹杂历史分析,理论的联系程度相对松散。而且,斯密的城乡关系理论并没有引起人们的重视。所以,本章的主要任务是梳理并整合斯密的城乡关系理论为一个完整的分析框架,同时对框架的内容进行拓展和延伸。

3.1 第三篇在《国富论》中的地位

《国富论》的经典地位和影响力毋庸置疑,但是对于论述城乡关系的第三篇,有些学者提出了与整部著作评价相反的观点。只有将这一篇关于城乡关系的讨论置于《国富论》的整体架构中,才能对斯密的城乡关系理论有全面和深刻的认识,这也是提出斯密框架首要的一步。

3.1.1 第三篇是"令人遗憾的失败"吗

在众多推崇斯密的经济学家里,1982 年诺贝尔经济学奖获得者、著名经济学家乔治·施蒂格勒(George Stigler)是比较突出的一位。他曾这样称颂斯密及其著作:

"如果反复阅读像斯密的《国富论》这样伟大的著作,甚至读它个五遍十遍也会有新的收获。我怀疑人们是否充分了解斯密所要表达的全部思

[①] 关于书的译名问题,王亚南 1965 年"改订译本序言"做了说明,见亚当·斯密(1972)的著作;1902 年严复将其译作《原富》出版,1931 年郭大力、王亚南将其译为《国富论》,1972 年郭大力、王亚南将其重译为《国民财富的性质及其原因的研究》。关于译名问题的更详细的考证和争论见胡培兆(2002)和奚兆永(2003)的文章。

想。从一种饶有趣味的思想那里学到的东西甚至会比思想者想要传授给我们的东西更多。"(李仁贵,2003)

在1951年的一篇论文中,施蒂格勒(1989)认为斯密定理——"分工受市场范围的限制"(亚当·斯密,1972;Smith,1985)①不但是产业经济理论的核心,而且可以用来说明许多其他经济问题。但是,他认为《国富论》第三篇对市场范围的讨论只是从地理角度出发,从斯密所处的时代看强调运输、人口密度等因素是很自然的,因此却错过了理论发展的一个良好机遇,所以,这是斯密在分工理论上"令人遗憾的失败"(贾根良,1998)。事实真的如此吗?做出这个评价,主要是由于对第三篇在《国富论》中的地位认识不清的缘故。

3.1.2 承上启下的第三篇

首先,从总体布局看,第三篇是承上启下的。在提纲挈领的"序论及全书设计"中,斯密简要阐述了其理论体系的整体架构,其中第三篇成为论述从市场转向计划的枢纽。在讨论了"劳动生产力改良的原因、分配顺序以及资本性质和积累方法、劳资关系"之后,斯密紧接着指出:

"在劳动运用上已有相当程度的熟练、技巧和判断力的不同国民,对于劳动的一般管理或指导,曾采取极不相同的计划。这些计划,并不同等地有利于一国生产物的增加。有些国家的政策,特别鼓励农村的产业;另一些国家的政策,却特别鼓励城市的产业。对于各种产业,不偏不倚地使其平均发展的国家,怕还没有。自罗马帝国崩溃以来,欧洲各国的政策,都比较不利于农村的产业,即农业,而比较有利于城市的产业,即工艺、制造业和商业……这些计划的实行,最初也许是起因于特殊阶级的利益与偏见,对于这些计划将如何影响社会全体的福利,他们不曾具有远见,亦不曾加以考虑。可是,这些计划却引起了极不相同的经济学说。有的人认为城市产业重要;有的人又力说农村产业重要。这些不相同的学说,不仅对学者们的意见产生了相当大的影响,而且君王和国家的政策亦为它们所左右。"(上卷:2-3)

可见,《国富论》第三篇在布局上承接了前面对劳动和资本性质的论述,提出对劳动和资本管理和使用的不同政策;同时为第四篇对重商主

---

① 本书中对斯密的直接引语参考英文原本对中译本做了改动,引文页数以中译本为准。中译本分为上下两卷,后引文将不加说明直接注上卷、下卷和页数。

义、重农主义学说的分析埋下伏笔。

其次,以上阐述表明斯密第三篇的主旨还是放在对城乡有所侧重的政策分析上。斯密的主要目的之一是通过抨击反自然的保护或限制政策来强调自由贸易。地理要素的影响被斯密敏锐地觉察到,但一直被他结合其他要素进行分析和推理;斯密也并没有将地理要素上升到可与政策的影响相提并论的地步。

最后,从现实世界出发,斯密所强调和看重的地理、运输、人口集聚等问题不但是当时影响城乡关系的主要因素,而且现在仍然发挥着重要的作用。他关于地理要素与贸易、政策结合作用的原理,是(新)经济地理学的理论来源之一,至今仍然是重要的研究主题。

当我们从《国富论》的整体布局、主旨以及现实效应去看时,施蒂格勒"怀疑人们是否充分了解斯密所要表达的全部思想"的判断可能要先应验在自己身上。

3.1.3 阐释因果的第三篇

我们需要牢记,斯密要论述的主题是"国民财富的性质和原因"。其著作前两篇论述劳动和资本的性质,后几篇论述经济发展的原因。在第三篇里,斯密已经鲜明地指出了国家发展不同的原因:

"要先增加农村产物的剩余,才谈得上增设城市。但因城镇生活资料,不一定要仰给于附近的农村,甚至不一定要仰给于国内的农村,而可以从远方运来,所以,这虽然不是一般原则的例外,却是各时代各国家进步繁荣的过程,因而有所差异。"(上卷:367)

这个阐发是意义深远的。我们注意到,在著作的其他地方,斯密并未这样直截了当地指出国家发展差异的原因。贸易,尤其是国外贸易,打破了最初的城市对附近农村的依赖状态。杜能的孤立国模型和刘易斯的封闭经济模型实际上就是对没有外部贸易条件下的城乡关系设定。这种假定应该都来自于斯密。

在贸易改变城乡关系的基础上,进一步考虑,什么改变贸易?对这个问题的回答,斯密先给出了一个本来状态(自然顺序),然后阐述了这种本来状态演变的过程和结果。这是斯密框架的主要分析思路。

3.2 斯密框架

美国著名学者本杰明·史华兹(2005)认为:"具体的经济自由主义学

说掩盖了一条有关斯密的更重要的信息,即斯密不仅是古典经济学的奠基人,而且还是经济发展总方向的伟大理论家。虽然他并不是这一发展理论的首创者,但他无疑是最早把它系统化的伟人。"除此之外,还需注意的是:对各国经济发展差异的实质,斯密是通过分析城乡关系的自然顺序及其演变来揭示的。

3.2.1 自然顺序

这个"自然顺序",也被称为"斯密顺序"(冯海发,1989)。其完整表述是:"按照事物的自然趋势,每个处于发展中社会的大部分资本的投入顺序,首先是农业,其次是工业,最后是国外贸易。我相信,在所有拥有领土的社会,投资总是在某种程度上遵循这种极自然的顺序。总是先开垦了一些土地才能建立很多城镇;正是城镇里那些粗糙的制造业的持续经营,才使人们投身于国外贸易。"(上卷:350)这既是一个产业发展的顺序,也是城乡发展的顺序,它揭示了城乡之间产业分工与市场联系之间的因果关系(图3-1)。

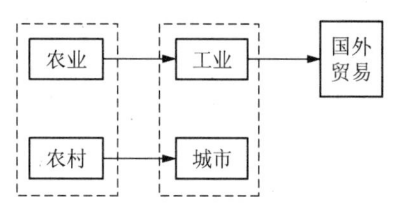

图3-1 自然顺序

1) 城乡分工的结果是互利

斯密承接前两篇,从分工的角度对城乡之间互相依赖、互相影响的关系进行阐发。他特意强调了城乡分工的互利结果:

"文明社会的重要商业,就是城镇居民与农村居民通商……农村以生活资料及制造原材料供给城镇,城镇则以一部分制造品供给农村居民。不再生产亦不能再生产生活资料的城镇,其全部财富和全部生活资料都可说是得自农村。但我们不要根据这点,就推想城镇的利得即农村的损失。他们有相互的利害关系。这里,分工的结果,像其他方面的分工一样,对从事不同职业的双方居民都有利。农村居民,与其亲自劳动来制造他们需要的制造品,不如交换;因为通过这种交换,他们可用较小量的自身劳动生产物购得较大量的制造品。"(上卷:346)

这种互利主要表现在两个方面。

(1) 城镇是农村剩余产物的市场

自然顺序对城乡发展顺序的归纳源于基本的生活常识。因为,"按照事物的本性,生活资料必先于便利品和奢侈品,所以,生产前者的产业,亦必先于生产后者的产业。提供生活资料的耕种和农村改良,必先于只提供奢侈品和便利品的都市增加。乡村居民须先维持自己,才以剩余产物维持都市的居民。所以,要先增加农村产物的剩余,才谈得上增设都市"(上卷:347)。从这个意义上来讲,农村剩余是城市产生的必要前提。但斯密并未限于这种认识,他敏锐地抓住了运费这个因素,继续进行了深刻阐述:

"城镇是农村剩余产物的市场。这种市场愈广阔,对广大人民愈有利。在离城镇1英里生产的谷物,与在离城镇20英里生产的谷物,在市场上的售价都一样。但后者所得的售价,一般地说,不但要补偿其生产费用和上市费用,而且要对农业家提供农业的普通利润。所以,城镇附近的农业家和耕作者,从谷物售价所得的,不仅是农业的普通利润,而且包括自远地运来出售的谷物的运费全部价值。此外,在他们购买的东西的买价上,他们还节省这些东西的远途运费的全部价值。试一比较城镇附近各农村和远离城镇各农村的耕作事业,你就知道城镇商业是怎样有利于农村。就连所有宣传贸易差额的各种谬说,也没有一种敢妄说城乡通商对城镇或对乡村是有损的。"(上卷:346-347)

现代经济地理学家认为古典经济理论是以运费为零作为假设前提的。实际上作为古典经济学鼻祖的斯密早已敏锐地看到运费与经济发展的关系,只是后来的继承者偏离和丧失了这一传统。杜能以木材和粮食为例证实了上述理论并将其公式化:$\pi = P - (C + T)$,即利润=售价-(生产成本+运费)(杨吾扬等,1997)。值得注意的是:斯密细致地指出农产品生产中购买生产资料(原料、辅料、工具等)也存在运费的问题(应该是由原材料和农机具等供应者与农业家或农民协商分摊,这涉及一个交易成本问题)。由于产业分工与城乡市场联系之间的循环累积作用,考虑到生产和销售环节运费的节省,"城镇是农村剩余产物的市场"这一论断就不仅有发展顺序的含义,而且也体现了城镇发展对于乡村的促进作用。

(2)工商业城镇的增加与富裕对所属农村的改良与开发有贡献

既然城乡之间由于互换互利而形成的市场将其构成一个互相依赖并共同发展的良性循环系统,对应于城镇是农村剩余产物的市场,农村同时也是城镇制成品的市场。二者仅存在发生顺序和交换内容的差别。

对于城镇发展对乡村的贡献,斯密认为有三种途径。首先是通过为与城镇通商的农村提供市场而改良其相关产业,其中他强调:"当然,靠近城镇的农村,所得实惠,自必最大。其原生产物的运输,所费既较省,所以,与较远农村的产物比较,商人们即使付给生产者较高的买价,但对于消费者,取价却仍可一样低廉。"(上卷:372)对这种地理位置的"近域性"及其效应,斯密给予了重视。其次通过商人和乡绅的行业(阶级)性格分析以城镇的财富购买土地(尤其是未开垦的土地)对农村的带动。最后,他强调了不为人注意但最重要的一种效果,即工商业发达形成的社会秩序、政府服务、个人安全和自由使农民摆脱了以邻为壑和对上司的依附状态(上卷:372)。

综上,与城镇发展对农村的带动相伴随的,不仅有土地利用的改善和农业的发展,更重要的是社会、政治、个人自由等高级目标和"终极价值"的实现。

2) 自然顺序由需要和人类天性促成

对于自然顺序产生的原因,斯密指出:"农村先于城镇的事态,在大多数国家,是由需要迫成的,但在所有国家,又由人类天性促其实现。只要人为制度不压抑人类天性,则在境内土地尚未完全开垦改良以前,城镇的增设,决不能超过农村的耕作情况和改良情况所能支持的限度。"(上卷:347)

斯密认为是农耕(生产)需要各行业工匠的聚居而形成村落和市镇,屠户、酒家、面包师、商人(生活需要)的加入扩大了市镇,城镇对制成品的供给基于乡民的需要,而此"需要又只能按照耕作及改良事业发展的比例而发展";所以他最后强调:"设使人为制度不扰乱事物的自然倾向,那就无论在什么政治社会里,城镇财富的增长与规模的扩大,都是乡村耕作及改良事业发展的结果,而且按照乡村耕作及改良事业发展的比例而增长扩大。"(上卷:348)从这种再三强调中,我们进一步感受到斯密对城乡成比例发展的自然顺序的强烈推崇和对扭曲自然顺序的人为制度的坚决反对。虽未详细论证城镇体系的序列和结构,但是对于基于市场需要而形成的城镇体系的稳定性以及由此而具备的空间自组织功能的驱动力,他提供了一个本源性的解释。这也就是"城市化是一个自然的历史过程"的真正含义。

对于天性,斯密从土地投资相比工业和商业投资的优势(可直接监察,熟悉风俗,风险小)论述前者优先于后者,认为"地主的资本,却可固定在土地改良物上,可说是尽了人事所做得到的安全"(上卷:348)。另一方面,虽然人类是由耕种和经营农业开始进入文明社会进而演进到城镇文明的产生,却因此疏离了自然;但对于自然的"回归"是作为自然界产物之灵的人不可回避的问题。乡村可能是唯一的纽带,因为它恰恰是自然与人类社会的交汇源地。也就是:"乡村风景的美丽,乡村生活的愉快,乡村心理的恬静,以及乡村所提供的独立性,只要这独立性不受到人为的迫害的话,这些实具有吸引每一个人的巨大魅力。耕作土地既为人的原始目标,所以,在有人类存在的一切阶段,这个原始的职业将为人类所永远爱悦。"(上卷:348)这种思想与莫尔、霍华德和芒福德的思想是何其相似!

3) 自然顺序的理论意义

这种理论意义主要相对发展经济学而言。刘易斯将经济划分为两个部门并假定农业低效率甚至无效率的观点遭到很多批评(西奥多·舒尔茨,1999;2001)。虽然刘易斯进行了辩解,但是某种程度上,自称继承古典经济学分析传统的他忽视了斯密系统看待城乡关系的观点。在大多数发展中国家,城乡二元结构经常被用来刻画城乡差距,对它作为一个解释模型的内涵挖掘和延伸还是不够的。另外,由于城乡二元结构体现在经济、社会、文化等各方面,这种复杂性也限制了二元结构模型的适用范围。

把发展单纯地理解为一个技术问题,先入为主地假设差距的存在,忽视城乡发展的历史原因,这是二战后发展经济学的几个致命弱点。所以他们无法回答的问题是:难道发展中国家一开始就存在巨大的城乡差距吗?什么是它们"本来"和合理的状态呢?"自然顺序"提供了一个绝佳的分析起点。斯密并未假定城乡差距是当然的。相反,他认为自然顺序下形成城乡发展的良性循环,人们后天采取的干预政策扭曲了自然演进的顺序,导致城乡发展的极大差距。这与发展经济学家首先看到城乡差距然后单方面地解决问题的思路是截然不同的。所以,经过二十多年的辉煌之后,1970年代后期,发展经济学解释和解决现实问题的乏力,使它在西方主流经济学刊物中近于销声匿迹(保罗·克鲁格曼,2002)。如果总结教训的话,那么首要的一条就是:发展经济学家一开始就应该全面和仔细学习斯密研究城乡关系的方法,而不应该只吸取了一个部分。

3.2.2 演变过程

虽然自然顺序是一种初始的理想状态,但是对它的逻辑推理是非常严密的,而且"在所有进步的社会里都已在某种程度上发生……但就今日欧洲各国的情况来说,这个顺序在许多方面似乎完全相反。它们的精制造业或适于远地销售的制造业,多由国外贸易引出。农业大改良,也是制造业和国外贸易所产生的结果。这种反自然的退化顺序,乃是风俗习惯迫成的。他们原来统治的性质使他们的风俗习惯变成了这个模样。后来,这种统治大大改变了,他们的风俗习惯却仍没有多大改变"(上卷:350)。

斯密以罗马帝国崩溃后欧洲的城乡发展状况来说明上述论断。引发这种反自然顺序演变的初始变量是贸易(图3-2),它是联系工农业和城乡市场的唯一纽带。进一步分析的话,引致贸易变化的变量斯密认为有三个:政策、文化、地理(他尤其看重临海性)。因为斯密认为文化(风俗习惯)是政策引发的,所以我们将它们并列论述。

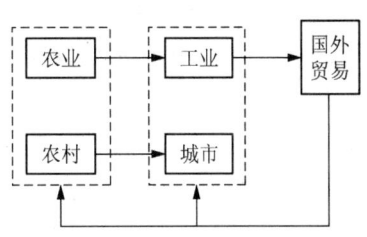

图3-2 贸易对于城乡关系的影响
(开放条件下)

1) 政策—文化

自然顺序的维持以安定和平的外部环境为前提。一旦这个环境被打破,那么"野蛮民族对原居民的掠夺和迫害,中断了城乡间的贸易。城市都成了荒墟,乡村亦无人耕作。在罗马帝国统治时很富裕的西欧,一变而为极贫乏,极野蛮"(上卷:351)。这种历史上的入侵在东西方可能有不同的原因(可参照比较蒙元时期和鸦片战争前后的清王朝),但是由于战乱带来的城乡演变结果似乎是一致的。

土地问题由此成为最关键的变量。土地所有权首当其冲。斯密认为长男继承法、限嗣继承法、分佃耕制下对农民占有和使用耕地的限制,妨害了土地改良,其原因在于,"一个不能获得一点财产的人,食必求其最多,作必望其最少,除此之外,什么也不关心。他的工作,够他维持生活就行了,你要从他身上多榨出一些来,那只有出于强迫,他自己决不会愿意的";再加上租赋的繁重以及谷物的输出限制法令等害农政策,农业受到极大阻抑(上卷:351-361)。而城镇制造业却由于贸易的带动突破了地域上以邻近农村为市场的限制得到发展,从而"封建法制凭一切强制力量所办不到的事,却由国外商业和制造业潜移默化,逐渐实现"(上卷:376)。而这种进步竟然是对革命本身不了解的、虚荣的领主和自利的商人工匠促成的。最后,"在欧洲大部分地方,城镇工商业是农村改良与开发的原因,而不是它的结果"(上卷:379)。

从政策到文化形成经历了一个过程。主要的经济政策可分为贸易和产业两种,其下又可划分为偏重自由贸易或贸易保护,以及重农和重工(图 3-3)。这些政策出台有当时的时代和社会背景,但在历史发展进程中,政策往往容易固化,形成一种文化,所以难以改变。也就是"一种法律在初成立时,都有环境上的需要,并且,使其合理的,亦只是这种环境。但事实上,往往产生这法律的环境已发生变化,而这法律却仍继续有效"(上卷:352)。

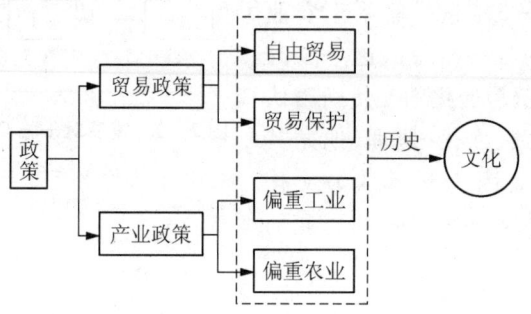

图 3-3 政策—文化的演变

对于这种反自然顺序的后果,斯密通过比较欧洲和北美,英国和其他欧洲国家的农业政策,进一步指出:"虽有若干国家,经这过程达到了很大的富裕程度,但这过程本身是极缓慢、极不确定、极易遭到不可胜数的意外事故的阻挠;而且,无论就哪一点说,都是违反自然,违反理性的。"(上卷:122)他预言:"战争与政治上的一般变革,容易使以商业为唯一来源的富源趋于耗竭。通过比较可靠的农业改良而产生的富源就持久得多,除了由于敌对蛮族的侵凌而引起的持续一二百年之久的比较激烈的大变动,如罗马帝国崩溃前后西欧的大变动外,其他事件都破坏不了。"(上卷:383)二战以后大多数发展中国家通过政府主导的工业发展带动经济的战略因其忽视农业和原有的市场基础,加之对外贸易的劣势地位而失败,有些甚至陷入了债务危机和社会动乱的泥沼。但是将发展战略和政治决策视为文化形成的直接原因只接触到问题的一个层面,如果我们继续追问这种政策的由来和演变为文化这一过程是怎样发生的,我们还必须研究引起它们变化的地理条件。

2) 临海—贸易

贸易发展是促使城乡关系反自然演化的直接原因,由于贸易与地理的紧密联系,分析地理对贸易的影响就顺理成章。但正如一位高度赞赏杜能的著名"新经济地理学家"感叹:"一个来自火星或现实世界的人会惊奇于经济地理学与国际贸易竟是截然不同的两个领域……由于历史和技术共同作用,经济地理学和国际贸易研究很早之前就分道扬镳了……贸易和地理的确应该是同一研究的两个分支。"(保罗·克鲁格曼,2005)追本溯源,斯密是对两者关系进行系统阐释的第一人。在地理要素中,斯密着重指出了临海对贸易发展的重大影响。我们可以用一个简单的图来表示其关系(图3-4)。

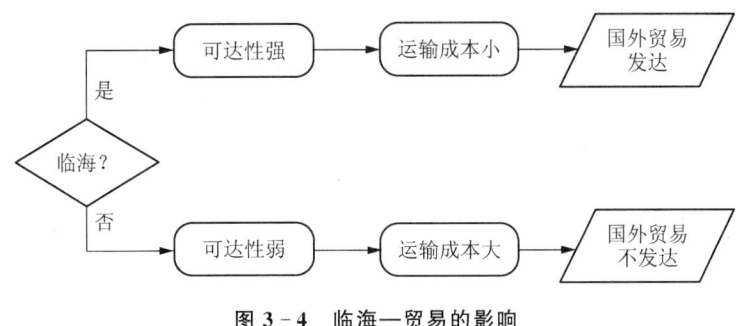

图3-4 临海—贸易的影响

(1)可达性

空间可达性的基本内涵是区域之间社会经济联系的方便程度(陆大道,1995)。在社会经济活动中,由于可达性强所产生的运输成本的节约使空间经济活动突破邻近地域的限制,同时也促使以传统"近域性"为主的地理理念发生根本变化。交通工具和通讯方式革新对人们生产和生活方式的改变也通过可达性对空间结构进行了重塑。虽然当时的交通地理还不发达,但斯密还是敏锐地观察到沿海地区城镇可达性要比内陆强,因而贸易更活跃。他指出:

"城镇居民的食品、材料和产业手段,归根到底,都出自农村。但近海岸、沿河边的城镇居民,却不一定只从邻近农村得到这些物品。他们有大得多的范围。他们以自身工业的制造品作交换,或经营遥远国家间的运送业,以甲国产物交换乙国产物,而从远地取得他们所需要的种种物品。一个城镇不但在其邻近各农村都很贫乏都很衰落,而且在它通商的各个农村也都很贫乏很衰落的情况下,仍可发达起来,日臻于富强。因为单个地说,每个农村对它所能提供的食料与雇佣机会也许有限,但综合起来说,它们所能提供的却极可观。"(上卷:368)

可见,城乡之间虽然形成互换互利的循环系统,但乡村对城镇市场的依赖程度却远大于城镇对它的依赖程度。这一方面是因为乡村的市场相对分散,难以产生较强的吸附力(马克思也曾经指出过这个问题),另一方面是自然本底(区位、气候、土壤、资源禀赋等)的分布不平衡所致,其中临海区位以其突出的优越性(在现代对贸易的影响最强烈)成为改变传统城乡关系的决定性因素。与地理惯性和技术进步相伴随的是注重可达性进而节约空间(运输和交易等)成本的贸易发展使城乡关系不局限于区域范围。可达性引发了价格和竞争机制的变化。

(2) 价格与竞争机制

改善区域可达性,从而降低运费,导致新的集聚和扩散,实际反映了价格机制对于空间结构的影响。由于可达性的改善打破地域邻近市场的独占,自由竞争机制对于城乡发展产生一种循环促进效果。上述因素之间的作用过程,斯密有经典的说理和例证:

"良好的道路、运河或可通航河流,由于减少运输费用,使僻远地方与城镇附近地方,更接近于同一水平。所以,一切改良中,以交通改良为最有实效。僻远地方,必是乡村(中)范围最为广大的地方,交通便利,就促进这广大地区的开发。同时,又破坏城镇附近农村的独占,因而对城镇有利。连城镇附近的农村,也可因此受益。交通的改善,一方面虽会使若干竞争的商品运到旧市场来,但另一方面,对于城镇附近农村的农产物,却能开拓许多新市场。加之,独占乃是良好经营的大敌。良好经营,只靠自由和普遍的竞争,才得到普遍的确立。自由和普遍的竞争,势必驱使各个人,为了自卫而采用良好的经营方法。将近50年前,伦敦近郊一些州郡,曾向议会请愿,反对将征收通行税的道路扩展到僻远州郡。他们所持的理由是,这样那些僻远州郡,由于劳动低廉,它们的牧草和谷物,将以比附近州郡低的价格在伦敦市场出卖,伦敦附近州郡的地租,将因此下降,而他们的耕作事业,将因而衰退。然而,从那时起,他们的地租却增高了,而他们的耕作事业也改善了。"(上卷:141)克鲁格曼等人(Krugman et al,1996)对墨西哥城的分析验证了开放式的贸易对大城市扩散的作用,实际上反映了这种自由竞争机制对城市发展的影响。

市场的两大机制——价格和竞争,塑造和形成城乡之间良性循环的空间结构。对于前者是一直受到重视的;对于后者,自迈克尔·波特的竞争优势和战略的理论被引入企业集群的研究之后也被广泛地引用。实际上,论述社会经济的空间结构形成都脱离不了对这两大机制的影响分析。可以毫不夸张地说,经济活动空间分析的精神主线就是斯密的"看不见的手"。经济地理学使这只"手"长在一个完整而生动的躯体上,并通过它抓住了"虚无缥缈"的空间结构。

3.2.3 斯密框架

综上所述,斯密框架(图3-5)的要点是:

（1）自然顺序是指农业—工业—商业的发展顺序以及在此影响下的农村—城镇发展次序,它是分析城乡关系问题的出发点。

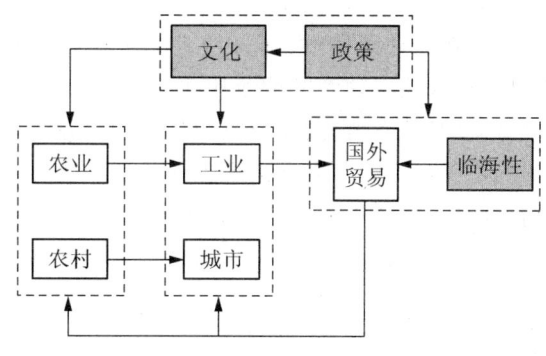

图3-5 斯密框架

（2）人为的特定产业保护或抑制政策及其形成的风俗习惯（文化）扭曲了自然顺序。

（3）地理条件,尤其是临海—贸易的强烈作用使城乡关系突破了地域邻近市场限制,因而也改变了自然顺序。

（4）政策—文化和临海—贸易两组变量结合,导致反自然顺序的演变。

3.3 斯密对中国发展问题的分析

在掌握斯密框架的要点及其推理过程之后,有必要借着这个框架重现当年斯密对中国问题的思考和判断。他的这种卓越洞察力即便在230年后的今天,也令人惊叹。罗荣渠（2004）也指出:在世界上最早指出中国发展选择失误的不是别人,而是斯密。斯密对中国问题的阐释在书中是比较零散的,概括起来可以分为三部曲:疑问（地理优势为何不知利用）,对策（政策改革、防止垄断）,预期（条件利用和改变后的发展前景）。

3.3.1 疑问

斯密对中国不重视海外贸易充满了疑惑和惋惜。在论证完水运相比陆运开拓了更大的市场,从而促使分工改良后（这种改良正是资本主义产生的重要前提）,他指出:"中国东部有若干大江大河,分成许多支流和水道,相互交通,扩大了内地航行的范围,这种航行范围的广阔,不但非尼罗河或恒河所可比拟,即此两大河合在一起也望尘莫及;但令人奇怪的是,古代埃及人、印度人和中国人,都不鼓励外国贸易,他们的财富似乎全然得自内陆的航行。"(上卷:13)

轻视贸易的思想渊源在于"崇本抑末"的文化。"中国的政策,就特别爱护农业。在欧洲,大部分地方的工匠的境遇优于农业劳动者,而在中国,据说农业劳动者的境遇却优于技工。在中国,每个人都很想占有若干土地,或是拥有所有权,或是租地。租借条件据说很适度,对于租借人又有充分保证。中国人不重视国外贸易。当俄国公使兰杰来北京请求通商时,北京的官吏以惯常的口吻对他说:'你们乞食般的贸易!'除了对日本,中国人很少或完全没有由自己或用自己船只经营国外贸易。允许外国船只出入的海港,亦不过一两个。所以,在中国,国外贸易就被局限在狭窄的范围,要是本国船只或外国船只能比较自由地经营国外贸易,这种范围当然就会大得多。"(上卷:246-247)明清时期海禁政策的反复导致对外贸易发展的迟缓和停滞,即使在西方列强打开国门后,中国的对外贸易仍然是落后的。斯密一针见血地指出了问题的关键症结。

严复在1902年翻译出版此书,名为《原富》,但是对斯密指出的对外贸易的问题并不以为然。王亚南(1972)则认为:"(严复)这个以《原富》为名的译本,在1902年出版以后却不曾引起任何值得重视的反响,这当然不仅是由于译文过于艰深典雅,又多所删节,主要是由于清末当时的现实社会经济文化等条件和它的要求相距太远。"尽管王先生的看法有其道理,但即便在今天看来,斯密对当时中国大的地理特征、交通条件与贸易以及经济发展的关系的认识和判断是非常准确的。因为地理条件相对不易变,自大航海时代和工业革命后到现在,经济活动开始偏向临海地区,这种趋势一直在增强。中国两次开放都直接促进沿海地区的快速发展。这种将地理与贸易之间紧密联系起来并阐发其对经济发展的重要作用,是王亚南所忽略的。和斯密相比,保罗·克鲁格曼(2002;2005)等人将贸易与地理结合看待的提议并不是什么新鲜的观点。由于交通运输效率低,所以近代中国被分割成成千上万互不往来的地方市场,因此分工只能在狭小的地方市场内发展,而不可能形成全国性市场及相应的全国性较高分工水平;所以沿海大城市只是协调邻近区域的分工,而不能成为全国性分工网络的交易中心(费正清等,1985)。这使沿海与内地收入差距加大,也使沿海大城市发展受到限制。这与斯密的判断基本一致。

3.3.2 建议

对于如何促使这种地理优势转变为经济优势,斯密着重从改革制度的角度指出了问题的关键:"中国似乎长期处于静止状态,其财富也许在许久以前已完全达到该国法律制度所允许有的限度,但若易以其他法制,那么该国土壤、气候和位置所允许的限度,可能比上述限度大得多。一个忽视或鄙视国外贸易、只允许外国船舶驶入一二港口的国家,不能经营在不同法制下所可经营的那么多交易。"(上卷:87-88)改革开放后的发展状况印证了这一判断。

斯密进一步指出了垄断的危害:"在富者或大资本家在很大程度上享有安全,而贫者或小资本家不但不能安全,而且随时都可能被下级官吏借口执行法律而强加掠夺的国家,国内所经营的各种行业,都不能按照各种行业的性质和范围所能容纳的程度,投下足够多的资本。在各种行业上,压迫贫者,必然使富者的垄断成为制度。富者垄断行业,就能获有极大利润。所以,中国的普通利息率,据说是12%,而资本的普通利润,必须足够担负这样高的利息。"(上卷:88)这实际上也揭示了城市利益集团和城市偏见形成的本质原因。

3.3.3 预期

从"市场范围决定分工程度"这一原理出发,斯密强调了广阔的外部市场对产业(主要是制造业)发展的巨大推动作用:"在幅员不像中国那么广大而国内贸易不像中国那么有利的国家,制造业亦常需要国外贸易来支持。假设无广阔的国外市场,那在幅员不大仅能提供狭小国内市场的国家,或在国内各省间交通不方便而国内某地生产物不能畅销国内各地的国家,制造业就没有好好发展的可能。必须记住,制造业的完善,全然依赖分工,而制造业所能实行的分工程度,又必然受市场范围的支配,这是我们曾经说过的。"(下卷:247)

斯密对中国的发展前景,做了良好的预期:"中国幅员是那么广大,居民是那么多,气候是各种各样,因此各地方有各种各样的产物,各省间的水运交通,大部分又是极其便利的,所以单单这个广大国内市场,就够支持很大的制造业,并且容许很可观的分工程度。就面积而言,中国的国内市场,也许并不小于全欧洲各国的市场。假设能在国内市场之外,再加上世界其余各地的国外市场,那么更广大的国外贸易,必能大大增加中国制造品,大大改进其制造业的生产力。如果这种国外贸易,大部分由中国经营,则尤有这种结果。通过更广泛的航行,中国人自会学得外国所用各种机械的使用术与建造术,以及世界其他各国技术上、产业上其他各种改良。"(下卷:246-247)改革开放后发展的事实验证了他的预见。

3.4 斯密框架的补充与延伸

斯密框架主要阐释自然顺序及其演变过程。斯密认为自然顺序不仅是一种城乡发展的初始状态和必然法则,还是一种目标。在提出斯密框架的基础上,我们还应该思考如下三个问题:

3.4.1 自然顺序是一种理想状态

斯密极为推崇自然顺序。在分析方法上,它类似于马克斯·韦伯把社会形式划分为理想类型和经济地理学对匀质地表的假设。所以,说自然顺序是一种理想状态似乎也不为过,虽然斯密认为它在历史上曾经发生过。

自战国到近代的中国城乡关系某种程度上符合自然顺序的典型特征,即这一时期并没有限制城乡人口流动的政策。吉尔伯特·罗兹曼等人(1998)认为中国城市不发展的两大原因在于:"农村地区服务周到(方便的集市网络),城市没有建设为都市精英和国家领导核心。"强迫通商后沿海城市的快速发展打破了这种稳定结构,所以通过自由贸易来促进城乡发展与保持稳定和谐的城乡关系可能是矛盾的。对临海—贸易,斯密似乎只看到和强调了自由贸易的推动作用,而忽视了自由贸易本身是对地理先天差异的放大(当然斯密认为这是对优势的利用,至于优势利用后产生的差距拉大及社会动荡他并没有论及)。

对于传统、稳定的社会而言,贸易是一个很大的风险变量。从两次开放的结果看,贸易是促使传统城乡结构变化的主要外力。实证分析表明,1952—2005年外贸依存度与城市化水平呈现显著的相关性,1978—2005年相关性非常强;近10年来城乡关系的一个显著特征是:外贸依存度、城市化水平、城乡差距、沿海与内陆差距同时加速上升①。这一矛盾直接引出的一个问题是:如何看待和处理开放、贸易以及政策改革与和谐稳定的

---

① 可参见本书第6章相关论述。

城乡结构之间的关系。也就是怎样的开放、贸易以及政策改革才能最大限度减少城乡结构剧烈变动带来的社会动荡。

在强调城市发展必须考虑附近农村的支持能力并与农村成比例,产业保护政策对整体经济运行的阻碍这两个方面,自然顺序仍然对我们有很强的警示作用。但是,它并不是一个教条和公式。如果从思想内涵看,它可以等同于城乡协调发展。在新的时代背景下,我们应该联系城乡关系的演变历史,进一步发掘其内涵并进行深化和拓展。

3.4.2 临海—贸易和政策—文化在不同阶段有不同的作用方式

斯密强调抑制和保护某种产业政策的危害并极力反对。对地理要素造成的影响,虽然他有着卓越的洞察力,但是并不像政策那么重视和深入,甚至有意回避了自然条件对自然顺序的改变作用。他并没有考虑到,这个自然地理条件上的不均等正是打破"自然顺序"的首要条件。结合最近的研究,正如盖洛普等人(Gallup et al,1999)所说:"自然地理学可以帮助解释地区之间产生的初始差异,新经济地理学则可以解释初始差异通过正、负反馈被放大的过程。"通过对中国城乡关系阶段的划分,以及从发源到现今历史的追溯,我们将分析这两组变量的具体作用方式及结果。

3.4.3 临海—贸易和政策—文化的影响是双向的

斯密看到和强调了临海对贸易、政策对文化的直接影响,但是忽视了后者对前者的反作用。例如,以政策—文化为例,就明清时期反复无常的海禁政策而言,它的出台有中国自以为"天朝上国"的"朝贡贸易"态度,"重农抑商"的文化等原因;也受一面临海与广阔内陆腹地之间不平衡的地理格局限制。大跃进以及其后的政策可能有一种作为一个落后的大国,凭借社会主义(意识形态的优越性)急速赶超的心理;当前高速城市化背后亦有急进的意识形态作用。如果深入分析,政策的出台并不是想当然的,它至少反映了某种环境下即便不是一般的也很有代表性的集体意识。临海引发贸易的发展,贸易发展和对外贸易政策结合改变了原来的经济地理格局。历史时期,伴随着经济地理中心逐渐南移,东西差异与融合逐渐取代了南北差异和融合。中国一面临海的地理特征使其面临广阔的内陆腹地,历史时期也因而形成了偏重内陆的以农业为本的文化。它使明清时期到近现代的中国对外贸易政策具有反复性的特征。临海—贸易和政策—文化这两组变量也是交互作用的。

3.5 小结

城乡关系理论演变"合—分—合"的历史提醒我们重新回到经典理论认识城乡关系。在经典理论中，斯密专门并系统地阐述了城乡关系的本来状态、演变历史与结果，既区别于发展经济学家先入为主地设定城乡差距，又区别于古典区位论只重视了空间分布，在理论和方法上更为成熟，也更具解释力。在乡村生活和城乡紧密联系的意义阐发上，斯密与莫尔、霍华德等的思想近似和相通，因而具有包容性。但大多数经济学家、地理学家和城乡关系研究者忽略了这些方面。所以，在城乡关系理论阐释方面，首先应该"回到斯密"。

在重新梳理、分析和整合斯密城乡关系理论的基础上，本书提出斯密框架为研究城乡关系的"总指引"。斯密框架设定了城乡关系研究的起点——自然顺序，它指农业—工业—商业的发展顺序以及在此影响下的农村—城镇发展次序，它能形成协调互动的城乡关系。但是人为的特定产业保护或抑制政策及其形成的风俗习惯扭曲了自然顺序。地理条件，尤其是临海—贸易的强烈作用使城乡关系突破了地域邻近市场限制，因而也改变了自然顺序。所以，政策—文化和临海—贸易两组变量结合，导致城乡关系向反自然顺序演变，这是斯密框架的主要内容。

斯密对中国发展的分析可以联系并归于斯密框架之下进行反思。作为"理想状态"的自然顺序有其矛盾之处，这是由于对外贸易发展与协调的城乡关系之间存在矛盾。政策—文化和临海—贸易两组变量在不同的城乡发展阶段有不同的作用方式和结果，而且它们的影响是双向的。通过回顾和分析历史时期到现代的城乡关系演变历程，将是验证和解释斯密框架的最佳路径。

4 中国城乡关系的缘起

在提出斯密框架之后,紧接着的关键问题是如何应用它考察中国城乡关系变动的实际情况。本章通过比较中外城乡关系发源历程,总结其一般性和中国的特殊性,试图验证斯密框架的核心概念——自然顺序的合理性及其重要意义。因此,本章采用"缘起"一词,除了强调城市与乡村两者相互依存,还侧重于解释它产生的条件及其缘由。

4.1 城乡关系的发源

探寻城乡关系的发源不仅在于明确它形成的时期和过程,更在于从中看到其对历史发展的重要影响。自然顺序强调了乡村—城市的发展顺序及其成比例的原理,虽然也受到质疑,却得到了很多历史学家、考古学家等的认可[1]。所以,我们首先简略叙述这一现象在世界范围内的产生过程,然后重点阐述中国城乡关系的发源过程及其特征。

---

[1] 1969年,著名城市规划学者简·雅各布斯(2007)大胆质疑和批评了这种农业和农村发展在先的"教条",将其源头归结为斯密理论;并提出农业和农村经济建立在城市发展基础之上的与自然顺序相反的观点。虽然她的论点新颖而且颇为吸引人,但是其论据和论证过程则相对粗略。简单枚举如:首先,仅以9 000年前的城市与其附近8 000年前的村庄一例不能充分说明城市发展在先,因为并未推翻农业(伴随着原始村落)在约10 000年前,甚至更早时期(见下文)发源的历史;其次,从城市发源到形成经历了一个漫长的演变过程,而且有强烈的区域特征,而她则相对静态地、个别地看待它为一个时期或一个地方产生的,因而忽略了城市特征、城市形式与城市实质之间的动态演化关系;再次,从最早的乃至到现在的城市都存在农业活动和农业人口,但不能因而说明城市产生了农业和农村;最后,她把斯密的认识产生的原因简单归结为当时的学术环境以及宗教影响,且认为斯密忽略了农业分工,这比较肤浅和牵强,因为正如本书努力阐明的,斯密理论对现今仍然有重大影响,而且斯密细致地比较了农业与工业分工的差别,并深刻阐发其影响,然后得出了农业相比工业不易分工的经验规律。雅各布斯所举的反例仅是一个特例。总体来看,在城乡关系起源上,雅各布斯提出了新的观察视角和值得深入思考的论点,其中有合理性的成分,其大胆挑战传统和质疑权威的勇气和精神更是可嘉;但以个例否定一般,以现象取代过程,因而混淆了现代与史前时期的状况,并没有动摇,更没有否定和推翻斯密的自然顺序。所以,大多数学者还是承认并遵循自然顺序的逻辑。

4.1.1 从农业革命到城市革命

1) 农业和乡村的起源

农业是在人类与自然界长期相处和互相影响的数百万年后产生的。对于人类与自然相互作用的历史,马克思、恩格斯(1972)指出:"任何人类历史的第一个前提无疑是有生命的个人的存在。因此第一个需要确定的具体事实就是这些个人的肉体组织,以及受肉体组织制约的他们与自然界的关系……任何历史记载都应当从这些自然基础以及它们在历史进程中由于人们的活动而发生的变更出发。"由于年代久远,对于人类的起源,"现代人类学还无法完全可信地推断出由能人向智人转变的时间和原因,以及人类进化的起始期"(安娜·玛尔科娃,2003),但是农业起源的历史却可追溯。农业集中反映了人类认识和利用为其提供生活基础的自然界,进而改变自然,极大地改变了自身生活的、新的人类历史的开始。

农业起源与发明的重要意义足以和人类的出现相提并论。正如著名历史学家斯塔夫里阿诺斯(2006)所说:"在史前时代的千万年中,有两大发展为以后的全部历史奠定了坚实的基础。其一是灵长类逐渐转变为人类,即人类的祖先转变为真正的人类;其二是原始人从靠大自然恩施的食物采集者转变为日益摆脱大自然束缚、掌握自己命运的食物生产者。这两件划时代的大事,即人类的形成和农业的产生。"农业的产生是人类文明的开始,是城乡关系发源的起始点。

农业经过漫长的历史演化而产生,并一直延续至今。按照瓦罗(1981)的定义,农业是"只有那些在播种以后,从土地上生长出来以供人消费的东西"。但从学会认识种子和土地的属性,以致初步掌握自然规律,到最后学会播种,对原始人来讲却经历了非常漫长的历程。在原始农业产生之前的数百万年,人类处于狩猎—采集社会。其后,经过长时间的酝酿,在自然和人类力量的共同作用下,人类逐渐从偶然利用自然界的产物到熟悉并掌握了动植物生长规律,因而也就发展了最原始的农业("刀耕火种"或粗耕农业)。相比以前数百万年,农业的发明大大促进了人类文明的发展进程。人类这 10 000 年的历史都是建立在此基础之上。尽管从最初的粗耕农业到现今的工业化或"后工业化"社会,生产食物的方式发生了很大变化,但并没有改变人类依然在生产食物并以此为基础的事实。"获食模式的这一变化随着与之相联的行为变化造就了人类世系赖以建立的独特的解剖特征"(普洛格等,1988)。马克思宏伟的人类社会发展理论大厦建立的基础也是"物质资料的生产"。

对于农业革命最早发生的时期,有学者考证,"在世界范围来看,远在约13 000年前,近东居民就开始培植大麦"(Pringle,1998)。普洛格和贝茨(1988)认为大约在12 000年前人类开始驯养动物、栽培植物,从萌芽到广泛采用又经过3 000—4 000年。王恩涌(1989)引证索尔的观点,认为"开始植物驯化可能出现在14 000—35 000年前,很可能是在东南亚的干湿季风气候区,由那里居住在淡水河流旁的森林中,靠捕鱼和采集的定居人进行的";并指出两河流域的种子植物驯化开始于14 000年前或更早一些时间。斯塔夫里阿诺斯(2006)认为在中东大约始于公元前9500年—前7500年,也就是9 500—11 500年前。许倬云(2006)认为中东地区的塞米(Hallan Cemi)遗址通过碳14测定年代是距今10 000—10 400年,是迄今为止人类生产食物的最早记录。从农业和游牧的关系看,"考古学已证明,农业的起源可以上溯到10 000年前,农业的起源早于游牧,在农业中可以包含有家畜饲养,而以游牧经济为特色的游牧民族,则出现得较晚……农业的起源和农耕聚落形态的出现,才是世界各大文明古国最初走向文明社会的共同基础,共同起点"(王震中,2005)。总体来看,经历几千年从萌芽到发育的过程,最迟在大约10 000年前,原始农业已经产生和形成。

农业的出现使村落和乡村的形成成为可能。芒福德(2005)指出:"自从大约15 000年前,人类首次获得较为充足、稳定的食料供应后,考古学家才在从印度到波罗的海沿岸的广大范围内开始普遍发现了人类永久性聚落的确切证据。"并由此产生了中石器时代的小村落;同时因为观察植物的生长周期需要在一个地方的长期居住,因而村落乃至村庄的聚落形式开始出现。许倬云(2006)也认为:"有了稳定的食源,人类的生活相应的也有了重大而深远的变化。最可注意的变化,当是人类开始定居于一地。"他引证的考古资料表明塞米古聚落已经出土了大量猪遗骨;而且通过研究两河流域大量其他遗址也说明,距今7 000—8 000年,农业和乡村聚落已经广泛存在。

农业和乡村的发展导致人口的大量增长,从而为城市乃至国家的产生打下了坚实基础。所以,"农业革命引发了城市化、阶级分化和社会分裂的连锁反应",并且,"随着农业革命的到来,所有这一切都起了变化。随着农业生产率的提高,人口不断增加,村庄拓展成城镇,城镇又扩张成拥有巨大的宫殿和庙宇以及聚敛来的财富的帝国"(斯塔夫里阿诺斯,

2006)。

芒福德(2005)指出:"没有农业和畜牧的这种长期发展过程,就不可能有剩余食粮和剩余人力,而这两个因素正是城市生活的先决条件。"因此,虽然芒福德认为城市的原始结构、功能和文化早就体现在一些初级的居点(如洞穴、宿营地、石冢等)和人类的生活倾向(如游动和定居)上,但他同时认为真正的城市形式产生在农业和乡村发展的基础上。

2) 城市起源与城市革命

关于城市起源的时间,就现有的考古成果来看,普遍的意见认为城市形成于约9 000年前的中东地区。如一些学者根据考古资料,认为世界上最早的城市是位于死海北岸的古里乔,距今有9 000年左右(刘铮等,1985)。简·雅各布斯(2007)引证的考古学家梅拉特发现的位于安纳托利亚的卡塔·许克"迄今为止最早的城市,也是所知的最早拥有农业的聚居地",大约距今8 000—9 000年①。约翰斯顿等(2004)主编的《人文地理学词典》中"城市在时空中的产生"一图显示,已经证实和推断的最早的公共圣地产生于9 000年前的巴勒斯坦,而最早的紧凑的城市在距今大约5 000多年的中东地区已经形成。

实际上,如果把城市起源看作一个类似农业革命的长期渐变过程,也就是被称之为"城市革命"的过程来看的话,对城市起源的某一时点或时代进行认定虽然满足了人们需要一个确切答案的要求,却不免将城市形成视为一个"突发事件",而忽略了它是一个动态连续过程的本质②。基于这种认识,我们也就理解了为什么连最博学多识的思想家之一——《城市发展史——起源、演变与前景》的作者芒福德(2005),甚至在开篇就承认,"城市的起源至今还不甚了然,它的发展史,相当大一部分还埋在地下,或已消磨得难以考证了";但经过一番缜密的思考和推理之后,他比较含糊,却三番五次地指出:"城市,作为一种明确的新事物,开始出现在旧—新石器文化的社区之中"。王恩涌(1989)指出的时间段略为靠后,但也把城市的产生和形成看作一个历史过程,他认为:"从亚、欧、非三洲的

---

① 后半句话有疑问,比如何认定最早的农业聚居地?它是如何演化而来?注意参照后文中对中国城乡关系发源所举的大地湾遗址的例子,它反映了聚落演化从简单到复杂长期渐变的轨迹。梅拉特的材料刊登在1964年4月的《科学美国人》,雅各布斯的原著发表于1969年;经历四十多年,考古已经有新的发现。

② 如亚当斯也认为:城市起源与农业起源一样,是一种坡状的渐变而非阶梯状的飞跃。它应被视为一种发展的过程而不是一种突发的事件(陈淳,1998)。

情况来看,在公元前5000—前3500年,人类开始进入城市时代。"

城市革命是从城市的雏形逐渐发展到比较成熟的形式,并最终以城市的广泛出现为标志。这个概念为著名考古学家柴尔德(Childe,1950)所提出,他意图"把城市放在历史甚或史前史的地位上,视城市为开创了社会进化的新经济时代'革命'的结果和标志",并提出区别城市与乡村的10个标准:① 较大的聚落和人口规模;② 非农业阶层;③ 剩余财富的集中化;④ 巨大的公共建筑;⑤ 统治阶级;⑥ 文字;⑦ 历法和数学;⑧ 专职艺术家;⑨ 对外贸易;⑩ 基于地缘而不是血缘的共同体。

总体而言,城市与乡村之间的最本质区别在于人口集聚和社会分化程度。其他更为复杂的经济、社会、政治、建筑乃至文化艺术形式也是由这两者派生出来。从历史来看,城市形成也经历了类似农业革命的城市革命,但这个过程却远远短于农业革命。城市的快速变化与乡村的缓慢发展成为城市革命后并存的两种状态,直到演化成"城乡对立"的历史。

城乡之间的这种本质性的区别并未将二者截然分开。作为区别于乡村的一种"对立"形式而出现的城市,并不能改变其脱胎于乡村的事实。乡村不仅在物质生活、形态和文化,甚至在道德上与城市的联系也未被切断,而且,"城市正是吸收了这些村庄习俗,它才形成了自身强大的活力和爱抚养育功能;正是在这个基础上,人类的进一步发展才成为可能"(芒福德,2005)。由此,我们也就在一定程度上理解了即使在现代城市化程度很高的发达国家,乡村也仍然存在的道理和意义。

4.1.2 中国城乡关系的发源

与其他文明相似,中国也经历了漫长的农业革命和几千年的城市革命时期。中国既有久远的农业和乡村历史文化,又有悠久而独特的城市历史文化。考古发现也证实和支持了中国的城市是经过漫长的农业和乡村聚落的演变而出现和形成的。

中国是世界农业的起源地之一。无论是国外学者所提出的关于农业起源的"三中心说",还是"七中心说",中国都是"世界上农业起源最早的国家之一,也是世界上史前农业最发达的国家之一"(吴耀利,2000)。虽然中国最早的农业遗存比两河流域晚了至少1 000年,甚至2 000年,但最早栽培作物的历史可上溯至14 000年前(许倬云,2006)。"中国的农业起源于距今10 000年左右,广东英德牛栏洞、江西万年仙人洞、湖南道县玉蟾岩都出土了10 000年前左右的稻谷遗存可为明证"(刘兴林,

2004)。农史学家陈文华(2005)认为:"中国的原始农业产生于10 000年前的旧石器时代末期和新石器时代初期,距今8 000年前左右,黄河流域已经产生了粟作农业,长江流域以及淮河流域的稻作农业也具有一定的规模。"许倬云(2006)断言:"中国地区的人类,至晚在公元前六七千年,发展了农业,也发展了定居的聚落。"

中国原始农业的发源经历了一个长期的渐进过程,由自然环境和人力因素共同作用形成。结合考古发现,陈文华(2005)对此过程进行了较清晰的阐述:

"考古学家曾在山西省朔县峙峪和沁水县下川等旧石器时代晚期遗址中发现了石刀、石锯镰、石磨盘、石磨棒等采集野生谷物的工具。其年代是距今12 000—28 000年,在地质年代上属于更新世晚期,当时处于冰期和间冰期交替之中。冰期气候干冷,狩猎不易,植物减少,人们的食物匮乏,迫使人们努力去采集野生植物充饥,也加深了对野生植物的观察和认识。在距今12 000—13 000年,处于间冰期,气候转为较温暖湿润,草本作物生长较为茂盛,禾本科植物增多,人们更易于采集到野生谷物,也会更加珍惜这些野生谷物。人们先是注意加以保护,然后尝试进行种植。一旦尝试成功,就会加以推广。农业也就诞生了。"

中国最有代表性的农业社会文化是仰韶文化。张光直(2004)总结了它的主要特点:以自给自足的农村生产为主,手工业没有专业化,金属工业小规模,没有显著的战争或经常使用暴力的证据,在财富分配上没有显著的分化或阶级分化,没有真正的文字。这反映出原始氏族社会的一般特征。

农业起源与发展伴随着定居方式的改变,它主要反映在聚落形式上。按照著名考古学家戈登·魏利(Gordon Willey)对聚落的定义:"人类将他们自己在他们所居住的地面上处理起来的方式。它包括房屋及其安排方式,并且包括其他与社团生活有关的建筑物的性质与处理方式。这些聚落要反映自然环境,建造者的技术水平,以及这个文化所保持的各种社会交接与控制的制度。"(张光直,1986)根据聚落的物质(房屋、建筑、技术等)形式和制度文化形式上存在的差别,可以把聚落形式划分为城市与乡村。钱耀鹏(2003)认为聚落是晚期直立人以来人们的地面穴居现象,并随着房屋建筑、墓葬以及窖穴等要素的出现而变得复杂;尽管各地聚落要素表现形式及其发展历程不一,但在气候和食物资源等自然条件较为优越的地区,有可能较早形成永久性或定居性的聚落。从世界农业起源的历史看,正是在气候和食物资源较好的地区,农业才率先发展起来。农业产生是乡村聚落形成的充分必要条件。一方面,对栽培作物的长期观察和培育需要定居的生活方式;另一方面,充足的食物促使聚落形式由天然的(如洞穴)、临时性的(如营地)居住方式向定居方式转换,因而原始村落就得以出现并形成。与农业形成和发展相应的是:村落也由原始形式发展到较复杂的中心聚落形式。

从简单、初级的小村落发展到复杂的、具有较大规模的中心聚落,最后到城市的出现至少经历了几千年的历史。目前最早的,也是最典型的反映这种聚落形态演变过程的是甘肃省秦安县的大地湾遗址。它"展现了从一般聚落发展到中心聚落的演进过程,是我国目前在同时期遗址中唯一的发现,可认为是华夏先民从乡村向城镇发展变迁的最早见证"(冯诚等,2002)。距今4 800—7 800年的大地湾文化大致可分为五期,在聚落形态上,早期建筑形式只有4座圆形半地穴小屋,以后逐渐发展到156座具有不同形状(圆形、方形等)、大小并有相应的居住设施和条件的房址,晚期则出现了如F400,F405,F901等超过200 m^{2}的大型殿堂式建筑,"显示了仰韶文化的最高建筑成就,预示着文明社会的即将诞生"(郎树德,2002)[①]。所以,综合来看,"大地湾四期聚落既不是一般村落,又非城市,正处在其间的过渡状态。从第一期文化的散点式聚落,演进到第二期文化的环壕式聚落,继而发展为第四期文化的中心聚落,恰恰提供了一般村落分化、文明要素的不断成长之过程"(郎树德,2002)。杨宽(1993)指出:"在国家产生以前的原始社会里,氏族村落已逐渐采用壕沟或围墙作为保护安全的措施,整个村落也已有一定的布局。这就是城市的萌芽,也可以说是都城的起源。"虽然大地湾文化在距今4 800年时衰落了,但它的存在为解释城市诞生之前从萌芽到发育过程的历史提供了有力的证据。

在大地湾文化趋于衰落的同时,在同期的其他地方却发现了多处早期的城市遗址(严文明,1999)。城市考古的进展大大推进了人们对中国城市起源的认识,所以对于中国城市起源的时间也出现了多种观点。约翰斯顿等(2004)主编的《人文地理学词典》中"城市起源"词条和图示显示

[①] 郎树德(2002)同时在此文中指出了不同时期大地湾聚落的意义:"距今约7 000年的一期半地穴圆形房址,是我国迄今为止考古发现中时代最早的一批房址,代表着史前建筑的源头;距今约5 500—6 500年的二三期半地穴近方形、长方形房址,系仰韶文化早中期的主流建筑;距今5 000年前后的四期大型房址,则是目前所见我国史前时期面积最大、工艺水平最高的房屋建筑,充分展现了仰韶先民卓越的建筑成就,开创了后世宫殿建筑的先河。"

中国最早的城市出现只是距今约4 000年;顾朝林等(1999)、周一星(1995)曾认为中国早期城市起源于约公元前26世纪初,也就是距今约4 600年;汪德华(2005)认为我国最早产生城市的年代是夏代建国前后,即距今4 070年前后;马正林(1998)总结了三种城市起源的观点,认为我国的筑城起源于原始社会中后期的仰韶文化和龙山文化时代,分别在山东、河南和湖南发现了这样的古城,距今4 000—6 000年不等。王瑞成(2000)的《中国城市史论稿》追溯的城市遗址——良渚文化时期的"反山墓地"距今4 800—5 000年;严文明(1999)指出:"郑州西山的仰韶文化城址和湖南澧县城头山最早一期属于大溪文化的城址,则已达到或接近于公元前4000年,是现在所知道的年代最早的城址。"虽然最早的城墙遗址可追溯到约6 000年前,但是城市的起源仍然难以准确界定。一个很重要的原因在于没有一个统一的城市判断标准①。所以,余介方(2003)的观点具有代表性:"中国史前第一座真正带有城墙的城堡究竟出现于何时,现在尚难以断定。就目前的考古资料来看,至少有湖南澧县城头山、河南郑州西山、山东康留及王家庄四座古城,可以归于中国史前早期城址类。"

如果从城市最基本的含义——"城墙+市场"来判定,一些距今约5 000年的古城遗址已可以称之为城市。如位于长江下游巢湖流域距今5 300—5 600年的凌家滩遗址,包括了居址、墓地、祭坛、作坊以及近3 000m^2的红陶块建筑遗迹,并发掘出土大批精美玉礼器、石器、陶器等,养殖、畜牧、手工业初具规模,既有大型宫殿、神庙等标志性建筑以及布局整齐的房屋、墓地,又有护城壕沟、手工作坊、集市和大批礼器,是一个早期城市(张文,2004)。

伴随着阶级分化和礼制形成,在聚落上出现了严格的功能划分和布局规划的特征,这成为城乡划分的萌芽。北方和南方分别出现了以龙山文化和良渚文化为代表,具有初期的城乡划分性质的大型城市遗址。黄

---

① 一些学者认为早期城市遗址有城无市,"市"的职能是后期出现的。但从考古发掘来看,在那些具一定规模的古城遗址中,不同等级的墓葬品的丰富程度显示社会分工、阶级分化已经处于比较高的水平,按照斯密的"分工决定市场范围",所以,该时期应该有一定的"市场"规模。后期市场经济的发达往往是借助于生产工具和技术革新而导致的规模和复杂程度上的增大,但商品交换的本质属性一开始就已具备,只是存在发达程度的区别而已。所以,以后期历史或现在的"城市"标准(比如人口>2 000人,具一定规模的商人阶层和商业经济等)去认定城市的发源,虽然也是一种参考标准,但一定要谨慎使用,因为它忽略了实际的历史事实发生和演变过程。忽视城市产生与发展的历史延续性和动态演变性,易犯以事实迁就理论的错误。

河流域的龙山文化具备了从酋邦向国家转化的基础,是堪与太湖流域的良渚文化并列的、最有代表性的文化遗址(侯毅,2004)。苏秉琦(1991)指出:"只要看看龙山时代已有很大的城,就知当时一定有了城乡的分化,有了政治、军事和文化的中心……制铜、制玉和蛋壳黑陶等当时的高技术产业很可能有工官管理。"

陶寺城址(距今 4 000—4 500 年)是黄河流域最大的(280 万 m^2)、最具代表性的龙山文化中晚期的城市遗址,已初步显示出严格的聚落划分与社会等级和阶级分化相挂钩的特征。陶寺墓地出现严格的等级制度,社会贫富分化和阶级对立非常尖锐(中国社会科学院考古研究所山西工作队等,1983)。其微观和宏观聚落形态也表明社会阶层分化严重,礼制初步形成,已进入了"邦国"阶段(高江涛,2007)。在聚落形态上,"高规格的宫殿建筑、宗教建筑与天文历法有关的建筑设施,应当是'王都'级聚落所应当具备的标志性建筑单元。它们与陶寺早、中期'王级'贵族大墓以及陶寺早、中期的城垣相匹配,丰富了陶寺城址作为'王都'的聚落形态、社会形态和文明化程度"(何驽等,2004)。在城市布局上,大城中部是上层贵族集团日常生活和发号施令的宫室区,西北及东南部是两大片普通族居地,西南部为手工业作坊区,中间是大片空白隔离区,南面两道城垣之间是墓葬区(宋镇豪,2003)。

在城乡关系上,最新的考古发现证明,距今 4 000—5 000 年的城市遗址出现了城市和乡村聚落伴随着社会等级分化而分布的重要特征。2007年 11 月,浙江省文物考古研究所在杭州莫角山四周发现了良渚文化时期完整的古城墙基址(良渚古城),总面积约为 290 万 m^2,城墙中出土的陶瓷碎片显示古城的年代不晚于良渚文化晚期,也就是说,至少距今 4 000年(根据碳 14 测算,良渚文化距今 4 000—5 300 年),是目前所发现的同时代中国规模最大、水平最高的古城遗址;从城外遗址规模和出土文物数量、规格、质量可以看出,古良渚人的贫富差距由内往外拉开:古城中心附近出土了大量贵族墓葬,外围有不少平民聚落区遗址(杭州良渚遗址管理区管理委员会,2007)。在布局上,由内城核心区到外城再到附近的村落,大致由近而远,按等级有序居住不同等级的人群。这说明,社会分工和阶级分化已经使当时的聚落有了较明确的城乡划分。

如果按照张光直(1985)提出的中国早期城市的五个标准:夯土城墙、战车、兵器;宫殿、宗庙和陵寝;祭祀法器包括青铜器与祭祀遗迹;手工业作坊;聚落布局和规划的规则性。那么良渚古城除了青铜器和战车,已基本上具有了早期城市的本质特征,应当是建筑形式完整、功能比较齐全而颇具规模的城市。据此来看,中国城市至少已有4 000—5 000年的历史。就城乡关系来看,伴随着劳动分工和社会分化,由此产生的城乡聚落分布特征也初步显示出城市与乡村的明显区别。这是目前为止所知的城乡关系历史的开端,也是城乡关系史上最重要的标志性事件。

4.2 城乡关系发源的一般性

根据中外城乡关系发源的历史过程,我们可以归纳城乡关系发源的一般性。这种一般性可以通过透视城市起源的几种代表性观点,进而归纳为从乡村到城市的一般演化逻辑。

4.2.1 透视城市起源的假说

通过城市起源的几种假说,可以提炼出从乡村到城市发展过程中的一些共同特征。对于城市起源,较有代表性学说及其总结有以下几种:

马克斯·韦伯(2004)关于城市历史和类型的考察实际上也是城市起源的重要学说,它在提出城市的定义——"相对而言封闭的聚落,而不仅仅是一些分散的住所的集合体"的基础上,划分了东方型城市和西方型城市,认为前者是宫廷和官吏所促成(政治),后者是商业(经济)和市民共同体所促成;基于此,他又细分了几种类型:① 经济性城市,即消费者城市,生产者城市,商人城市;② 政治性城市,即君侯城市,与消费者城市有联系;③ 军事性城市,即城堡、要塞与镇戍,以军事防御为主;④ 综合性城市,即要塞与市场合一,经济、政治和军事功能结合等。

科特金(2010)认为城市起源到现今一直具有的三个特点是:神圣、安全、繁忙。这三者实际上代表着城市至关重要的三种性质:宗教或文化属性、军事或政治属性、商业属性。另外有一种与此相类似的关于城市起源的四种假说:① 生态模型。城市制度和生产、集中某种剩余产品联系起来,特别是大规模灌溉计划(水利社会)。② 经济模型。市场交换和剩余产品的出现与异化(贸易城市、商业城市)。③ 文化模型。惠特利说:"尽管城市的生活方式已经全部改变,但宗教作为必不可少的物质痕迹被或多或少地延续下来。"(礼仪中心、圣祠、祭祀和宗教圣地的作用和意义)④ 政治—军事模型。城市是堡垒和难民营(约翰斯顿等,2004)。

王恩涌(1989)也总结了与之类似的四种模型:① 水利文明模型;

② 技术模型(新的生产工具或新资源的利用);③ 环境压力模型(特别是气候变化的影响);④ 资源控制模型(政治—军事集团与筑城)。顾朝林等人(1999)也总结了中国城市起源的四种假说:① 防御说,城墙和城堡的作用与意义;② 集市说,经济(主要是商业)职能,"市"先"城"后;③ 宗教中心说,类似文化模型;④ 地利说,交通、地势、自然资源等。

总体来看,城市起源受地理环境、经济、文化、政治军事、技术等诸多条件和因素的影响。学者们倾向于认为:城市起源的影响和制约要素不是单一的,其发源是多要素混合作用的复杂演变历程。综合东西方城市起源的历史来看,城市起源存在一般性。

首先,从乡村到城市的形成,地理环境(气候、水系、土地、区位等)是最初的制约条件,它通过影响农业和乡村进而影响到城市的形成。

其次,在城市发源过程中,农业和乡村的基础性和制约性作用非常大。这是从史前到历史时期城乡关系的最主要特征,并对现今城市化的社会仍然有不同程度的影响。就城市起源看,定居农业使剩余产品出现和增加,并使人口增多,这一方面引发资源争夺和社会分化,从而使乡村开始修筑城墙,另一方面产生社会分工从而推动了交换也就是市场经济的发展。"城"的政治军事职能和"市"的经济社会职能在不同地域侧重点不同,但这两者往往是伴生的。

最后,文化既是城市起源的动力因素,也是贯穿从古至今的城市化过程的一条主线。甚至关注聚落形态的考古学家戈登·魏利也着重指出这种文化动力在学科中的地位,"聚落形态有一大部分为广泛保有的文化需要所直接形成的,它们提供了考古文化功能性解释的一个战略性的出发点。"(张光直,1986)。

综合来看,礼仪中心、祭祀地、殿堂建筑等文化符号和象征是中外城市起源的共同特征。作为文化载体的乡村和城市,其聚落形式的演化实质上反映了人类通过构筑居所从而构筑(或"建设")生活,最终寻找生活意义的价值追索。这种追寻并没有因为物质生活的极大丰富而停步,反而仍在深化和继续。就城市规划领域而言,自近代以来,这种文化延续既体现为从霍华德到芒福德对从乡村到城市精神和文化上传承与失落的担忧与批判,也体现为凯文·林奇(2001)对城市意象的解读和简·雅各布斯(2005)对街区文化的重新发现。第八届亚洲城市规划院校联合会国际大会将其主题定为"为人的城市"(黄怡,2006),这种城市价值层面的指向彰显文化的重要意义。宗教、礼仪、艺术等凝合的文化线索贯穿从乡村到城市起源和发展的过程。虽然存在国家和区域的差异,但文化是城市起源的共同动因之一,也是决定城市发展的深层原因。

4.2.2 由乡村到城市的演化逻辑

综上所述,城乡关系发源过程存在一些共同特征和规律,主要可以归结为三点,即先后顺序性、长期渐变性、矛盾伴生性。

首先,作为聚落形式的乡村和城市,是人类社会、经济、政治活动在时空中的映射,遵循简单到复杂,低级到高级的演化原理。法国著名人文地理学家阿·德芒戎(1993)认为循此逻辑演进的人类社会与自然环境的关系是人文地理学的"专有研究内容",并着重指出其中之一是"人类的定居,也就是从最简单到最复杂的集群的形式,从房屋、村庄到城市、国家占有土地的方式"。就演进过程来看,先是由人口稀少、聚落形态初级的原始村落慢慢演化成村庄或村庄联合体,也就是聚集较多人口并形成具有较完整聚落形态的乡村;然后随着乡村内部社会组织的演化和阶层分化,渐渐出现了剩余人力和物力可供调动,由于内外部原因而构筑城墙,在此基础上最终产生了城市。这实际上就是自然顺序的演化逻辑,中外城乡关系的发源历史验证了它的合理性。对由乡村到城市的演变过程,历史学家梁庚尧等人(2005)进行了比较准确的推演:

"古代社会原本是许多分散的农村,当社会组织继续演进,统治者和被统治者的分别已经出现,而且统治者有足够的权力动用大批人力时,人们开始筑城。城最早是统治农村的基地,统治者居于其中,以之为中心,将许多分散的农村联系起来,成为国家。这时的城主要是政治性的,而同时具有军事以及宗教的性质,重点在'城'而非'市'。'城市'连言显示城具有较明显的商业性质,然而这种性质是较晚才出现的。"

其次,乡村和城市的发源都经历了一个长期的渐变过程。发源于乡村的城市不是"突变"形成的。被称之为"革命"的城市聚落,经过了漫长而复杂的历史演化而出现。"城市革命"并不意味着切断其与乡村的联系。相反,它是在不断与乡村对立和融合的过程中发生并向前推进的。从中外历史来看,乡村到城市的发源都经历了漫长的变化过程。从单个城市到城市的普遍出现,又经历了千年的历史。这个漫长的渐变过程的历史意义在于:它不但为城市的发展奠定了基础和积累了经验,而且积淀了城乡共生的文化,尽管这种共生在历史时期可能是以"城乡对立"为主要特征的。

最后,城市的发源伴随着城乡矛盾的产生和演化。城市从萌芽到形成,再到成为一种普遍的发展趋势(广义上的城市化),也是一个城乡矛盾产生和深化的过程。这个矛盾产生的主要原因在于:城市既是乡村母体所孕育,又要冲破乡村的束缚而独立。其更深层的原因在于社会(阶层)分化(不管它是由物质条件丰富下的人口增加与集聚导致,还是资源掠夺引发的部落与氏族战争导致),它打破了人与人之间的平等但"野蛮"的状态。社会分化在空间或聚落形式上表现为"中心—外围"的结构,中心聚落和外围聚落的对应发展形式就是城市与乡村。城市发源的历史初步显示,城乡矛盾的解决以城市统治乡村为结果。这个必然的结果和事实既标志着野蛮时代的结束,也标志着文明的开始。所以,马克思虽然反对城乡对立,但还是将城乡对立视为文明和野蛮的分界线,并指出了它在资本主义社会发展的历史必然性。我们对城乡关系发源的历史回顾表明,这种矛盾在城市的发源时期就已经潜伏并渐渐浮现,直至最后出现城乡对立的结果。结合历史发展的整体状况来看,城乡矛盾历史之久,复杂性之强,超过与之同时产生的其他矛盾。即使在现代,协调城乡关系仍是世界范围内的一个重要课题。

4.3 中国城乡关系发源的独特性

城乡关系发源的独特性不同于城乡关系的独特性。前者侧重于从外部寻找城市从萌芽到形成这一过程的动因,后者则是从内部静态地说明城乡结构特征。中国城市化进程和城乡关系的历史和现代特征之所以迥异于其他国家,与其发源时的独特性有着深厚的渊源。如果要总结这种独特性的表现及其动因,那么无论是外在聚落形式,还是内蕴的过程特征,都可以归结为文化的驱动使然。

4.3.1 乡村与城市:文化与文明

就文化与城市、乡村的关系看,一个值得注意的有趣现象是:文化(Culture)与文明(Civilization)在英文中的词源分别对应于农耕(Cultivation)和城市(City)[①],这说明,乡村和城市的起源本身就和文化与文明联系在一起,它们分别是文化和文明开始的标志性事件。这种词源上的联

---

① 文化和文明是众多学者关注和争论不休的概念。就其内涵和意义来讲,共通性应该大于歧异性。本书将二者混合使用,主要使用"文化"一词。文化涵义广泛,本书取其重要方面(如价值观、制度等)而论。两词的讨论可参见钱穆(1994)以及塞缪尔·亨廷顿(1998)的论著。

系和区别不是偶然的。法国历史学家菲斯泰尔·德·古朗士(2006)强调并详细论证了古代城市作为文明和精神象征的一面,他认为城市创建是一种宗教行为,City(法语词源为 Civitas)最初意为家庭或部落的宗教联盟,而 Urban(法语词源为 Urbs)则强调场所和人口数量。因此,讨论城乡关系历史的独特性,某种意义上就是在探讨文化或文明的独特性。

中国文化最重要的特征是连续性。"世界诸文明古国中,只有中国历史连绵不断"(苏秉琦,1991)。这种连续性的根源可上溯到 7 000—8 000 年前农业的诞生和普及时期。此后绵延数千年,虽历经变乱,文化根基却不断承接而稳固,显示其持久的生命力。反观其他文化,其历史和文明有比中国悠久和发达的,但在历史"绵延性"及其投射的文化精神的传承性上都不如中国。但绵延持久的另一面——长期停滞,更是引致了著名的"李约瑟问题",也就是"历史上科技领先的中国为何在明清时期以后落后于西方"这一问题。金观涛、刘青峰(2010)认为主要原因在于中国封建社会是一个"超稳定系统",是一种代表性的假说。

地理与文化的持续交互作用是影响中国城乡关系长期历史演变的主要动因。地理因素的重要作用在环境决定论盛行的时期曾被(过分)强调,此后因其与种族主义、政治的关系而被批判和抛弃,但现在越来越多的其他领域学者开始重视地理要素的作用,比如经济史学家戴维·兰德斯(2007)就强调了气候条件对国家发展及其贫富的影响。然而我们也不应再掉入早期环境决定论者只强调地理要素的"决定论"陷阱中。就城乡关系而言,在史前时期,地理环境奠定了它的基本特征。从历史时期至今,随着文化和技术的进步,人类在适应地理环境的过程中,通过更多的社会组织活动而改变环境,这集中体现为一定的社会政治制度。而先前在地理环境中形成的文化经过历史选择逐渐积淀下来,并通过选择和依附某种政策(制度)形成一种"文化—政策—文化"的循环作用过程。这是中外城乡关系的共同特征,但是,中国与西方(主要是欧洲)城乡关系历史的最大差异在于:它经历了一个非常漫长的城乡融合过程,而不是像欧洲那样经由城乡对立到达城乡一体化。为什么会产生这种反差很大的变化过程?对于这个复杂的问题,需要从文化地理的视角进行深入考察。

4.3.2　中外城乡关系的文化地理差异

1) 影响城乡关系发展的地理特征

中国文化在起源时就具有鲜明的特征。虽则到秦汉才形成了统一的国家和民族文化,但是它的基础在先秦乃至史前时期就已奠定。而这一时期,正如许多思想家(其中的典型代表如孟德斯鸠,地理学家的代表如拉采尔及其学生森普尔)所指出:它属于"环境决定论"的时期①。虽然"环境决定论"的论点在现代被批判而渐趋式微,但在史前和历史时期,地理环境对人类社会产生了重大影响,视其为决定性作用也不为过。不同的地理环境塑造了不同的文化特征,积淀了不同的文化底蕴;而群体文化又会反作用于地理环境(如治水、建筑长城、修建运河等)。中国文化就在这种与地理环境持续交互作用的过程中绵延发展。虽然环境和时代背景的巨大变化使二者的结合方式和侧重点发生了变化和转移,但是它们的交互作用一直持续,并成为人地关系研究的主线之一。中国城乡关系发源的独特性就蕴含在这种地理和文化持续交互作用的过程中。

地理条件包括多个方面,如气候、水文、地质、地势、地形地貌、土壤等。但若要提出对中国历史文化最有影响力的地理要素,那应当是水域特征。这种水域特征主要指河流和海洋。在空间上,它体现为以长江和黄河流域为主体的南北划分,以靠海与否和远近为依据的东西划分。这两种区域的地理特征不但决定了中国文化的起源,而且深刻影响了从历史时期到现代经济、社会、文化、政治等活动的变迁。因此,中国地理与文化的持续交互作用的特征主要体现在水域特征上。

就城乡关系而言,这种水域特征的重要性在于:它对中国农业的影响是决定性的,并进而决定了中国文化的特质。正如冀朝鼎(1981)所说:"中国的各种地理条件造成了这样的事实:如果没有作为农业完整组成部分的水利系统的发展,农业生产就决然达不到它曾经有过的高水平,也不可能出现由具有高度生产性的农业经济所带来的半封建中国的繁荣文化。"许多历史学家指陈了中国独有的两大水系对农业以及文化形成的重要影响,其中具有代表性的是钱穆(1994)的观点:"只有中国文化,开始便在一个复杂而广大的地面上展开,到处都有堪作农耕凭借的灌溉区域。"而一旦相互独立的小区域发展达到一定程度,又可由此而汇入大的水系,并最终形成大局面。具体而言,虽然古巴比伦、埃及、印度和中国文化都

---

① 对"地理环境决定论"的总结性的深刻认识参见阿努钦的相关论述,阿努钦(1994)认为忽视了历史过程作用,排他性倾向是地理环境决定论失败的原因。

是从水系起源,但与中国水系相比,古埃及只有一条水系(尼罗河),而古巴比伦和印度虽然有两条水系(分别为底格里斯河和幼发拉底河,印度河和恒河),但是河流都不大,水系简单,没有许多支流,中国却有许多极大、极复杂、多等级的水系。因而,中国的农业文化先在小水系上发展,而后逐渐蔓延扩大至整个大水系,并产生跨流域的影响,进而交融和汇合,最后形成伟大的国家组织。这是中国与他国文化"相异源于地理背景之最大的一点"①。许倬云(2006)也持类似观点,他认为长江和黄河界定了南北两个大的地理环境,呈现各自的文化特色,虽然不断接触与抗衡,却最终融汇为一体。

欧洲文明的代表——古希腊和罗马,它们的最大地理特征也体现在水域上。具体来讲,就是集中体现为地中海对文化的深刻影响。黑格尔(2006)在他的《历史哲学》中就指出:地中海特性、群岛和缺乏大水系的地理特征使希腊具有"错综分裂、善变、参差不同"的文化"精神",而有着大水系的东方社会则容易停滞和缺乏活力。具有很强理论洞察力的地理学家阿努钦(1994)也敏锐地捕捉到地中海对希腊及其周边文明的重要影响,他认为"希腊位于东地中海的中部,它的地理位置有利于其向外推进。海岸切割度大也具有重要意义。从海洋成为人民之间联系的主要手段起,拥有天然海湾的海岸线就能大大促进经济的发展"。古希腊人受腓尼基人的影响,把海洋作为人民之间的交流手段,进而发展了自己的文明并导致城邦国家的出现(杰弗里·帕克,2007)。著名历史学家皮雷纳(2006)也着重强调了地中海对中世纪城市的重要影响,他认为地中海的特性是罗马帝国的基本特性,是政治统一和经济统一的保证,甚至日耳曼人的入侵也没有阻断地中海的贸易,而穆斯林入侵后对地中海的封闭断绝了以前的商业与交流,造成了欧洲的分裂。与长江和黄河相比,地中海由于处于亚、非、欧三大陆交汇处,地理条件复杂多样,不易形成统一的文化。但是这种基于内海地理特征的经济、政治、文化等诸多方面的频繁对抗与交流却使其孕育了自身独特的城市文明。资本主义的城市化和城乡关系的历史特征应溯源于地中海。

2) 文化地理影响下的中外城乡关系差异

文化的核心是态度或价值观。不同的历史地理基础和特征促生了对待城市与乡村的不同态度。应该说,最初的东西方文明都是非常注

---

① 这与第3章中斯密关于中国河流对农业以及对外贸易发展影响的论述可对照来看。

重农业的,在思想文化上,也都把农村作为一种"自然"的象征,并且有许多保护和重视农业的政策。但在由农业社会向城市社会演进的过程中,中国与西方产生了分野。比如,在古希腊以及其后时期西方思想多是围绕城市(邦)进行构想的,中国则更多地强调回归乡野秩序(叶超,2009)。著名地理学家格拉肯(Glacken,1967)曾指出西方早期的自然观念对城市发展的影响:"对自然的兴趣,随着早期城镇化的发展,引发了西方文化对城市与乡村的区分和极端的比较……不管人们怎样反对城市,却很难否定这种强大的城市传统,它是地中海地区人们的伟大创造并被希腊化时代的人们享有。可以说此时期的城镇化是一种特殊的自然。"这种力图使城市与乡村自然环境相结合然后改造城市的思想已经迥然不同于早期看重乡村是自然代表的观点,基本思想和立足点已经发生转变。在这个基础上,我们也就理解了非常看重乡村自然的莫尔和霍华德还是将他们的主要精力置于城市设计的主要原因。

同样是源自对自然的虔敬和皈依的乌托邦,在古代西方文化里产生通过添加花园等自然产物,设想城乡联系的途径,将城市改造和塑造成文明和自然相结合的空间形式;而在东方文化中则形成一种符合长期农业社会需要的,促成社会稳定的,注重乡野文化的格局,以及在代表政治势力集中的城市不得志的知识分子逃遁和隐匿的场所。近现代,注重城市和市民社会的西方经由城乡对立走向了城乡融合,而处于长期农业社会的中国则缺乏建设城市文明的动力和主导意识,这客观上却促成了城乡社会的融合,直到近代西方殖民势力侵入才打破了这种城乡均衡格局。

不同的水域条件和临海程度导致了不同的国家文化和性格的产生,它对城乡关系的影响主要体现在意识形态和商贸政策上。临海地区有发展贸易的天然优势和倾向,在经济和文化上体现为强烈的外向性特征,这正是现代城镇化的基础。面向地中海和多岛屿的地理特性使得古希腊、罗马产生了重视商业和海外贸易的传统,并经由城乡对立走向城镇化。中国虽然有城市发达的历史,但是,一面临海、以内陆为主体的地理特性使得意识形态产生了稳定的内向性偏好,这种内向性偏好起初是抵消,后来是抵制,最后阻碍了中国形成现代城市文明。而日本在地理和文化上及其城镇化的表现上,可以说是一种中西特征兼有的中间类型(表4-1)。所以,中外城镇化的表现不同与其在地理条件影响下形成的政策、文化和意识形态不同有很强的相关性。

表 4-1　历史时期中国、欧洲和日本的文化地理特征及其对城镇化的影响

	中国	欧洲（古希腊、古罗马）	日本（明治维新前）
主要地理特征	一面临海；内河流域为主	地中海为主体；岛国林立	岛国；毗邻中国
在地理特征影响下的文化特征	双线一元文化	多元竞合文化	汉文化影响下的岛国文化
文化性格	稳固内向型（强自我中心）	外向型	变通内向型（弱自我中心）
主流意识形态	儒家学说	基督教	国学、佛教、神道教、兰学
对商贸的态度	重农抑商	重视商业和海外贸易，对外扩张	有自由的商业政策，有与西欧相仿的商人自治历史
对城乡的态度	重乡轻城	重城轻乡	各有侧重，后期重城
影响城乡的体制	"编户齐民"	形成了稳定的强化城市独立和自由的议会制、法律和经济制度	有与"编户齐民"相似的幕藩体制，但也有促进城市和商业自由的制度
城乡关系表现	长期城乡融合	长期城乡对立	商农分离确立城乡对立

综上所述，地理与文化的持续交互作用主要反映在水域地理特征上。不同的水域条件塑造了不同的文明。从史前到历史时期，与古印度、古巴比伦、古埃及以及古希腊和古罗马文明不同的是，中国独有的两大水系产生的黄河和长江流域文明最终交汇成统一的、延续至今的中国文化。在漫长的历史时期，在这种文化主导下形成了稳定的农业社会经济，其主要特征是内向性的；而欧洲城市文明发源地——地中海的经济文化特征却是外向性的。这种不同的地理与文化持续交互作用与影响，导致了东西方城市化道路和城乡关系在发源时的巨大差异。正如马克斯·韦伯（1995）指出："原因在于此地彼地城市的起源不同，古希腊、古罗马的城邦——无论其基础是何等强大的地主所有制——最初都是海上贸易城市；中国则基本上是一个内陆国家……城市的繁荣并不取决于市民的经济与政治魄力，而是取决于朝廷的管理职能。"

4.3.3 文化对政策的选择依附

正如我们在第 3 章所阐明的,政策与文化之间是一种循环作用关系。对此,塞缪尔·亨廷顿和劳伦斯·哈里森(2002)曾援引丹尼尔·莫伊尼汉的名言以证:"保守地说,真理的中心在于,对一个社会的成功起决定作用的,是文化,而不是政治。开明地说,真理的中心在于,政治可以改变文化,使文化免于沉沦。"就中国城乡关系而言,这种互相作用主要体现为文化对政策的选择和依附。

从农业革命到城市革命乃至近代以来,各个国家对各种产业和行业的政策是不同的。中国的有些政策对城乡关系具有重大和深远的影响,比如重农抑商政策,"海禁"政策,户籍制度等。重大的政策往往在特定的历史和地理环境中形成,经历史长期的选择与淘汰,逐渐形成与之相对应的稳定的文化(共同的意识形态是文化成熟的一个突出表现),为绝大多数人所信守。即使环境和时代背景改变,这种文化也根深蒂固而不易随之改变。这是因为,在面临新的环境与变革的形势下,出于捍卫自身的价值观和文化身份(精神)或利益(物质)等目的,原来的文化群体或利益集团会利用自己的权力或影响力,直接干预或通过推举代表间接参与政府的政策制定。如果发生激烈的、不可避免的变革,他们至少会选择某种容易"寄托"的政策为其依附对象。对这个对象的选择和依附不是毫无道理的,一些政策由于其性质较"软",而容易成为被选定的对象。中国历史上的重大变革中,"顽固派"与"改革派"之间的斗争往往会形成其所代表的文化选择和依附某种政策主张的局面。不管斗争的结果如何,都会对原有的文化形态造成冲击,即使产生"革命性"的后果,也中和并滞留了对立方面的某些政策建议。这一点,只要关注一下历来"变法"的结果就可知。

在城乡关系上,造成城乡隔离,制约和阻碍当前城乡互动和城市化的主要政策——户籍制度形成和难以改变的深层原因就是如此。户籍制度存续超过 2 000 年的历史,其在古代就容易和土地及赋役制度结合在一起,具有天然依附性强的特点。所以,城乡分割和城市偏向政策改革的实质在于:本质上需要改变的不是户籍制度,而是依附在户籍制度上的(等级制、世袭制、人身控制等)文化;户籍制度只不过是原有文化群体和利益集团选定的依附对象而已(这是我们下一章论述的主要内容之一)。通过这一重要的例子,我们可以看到,文化—政策—文化对城乡关系历史演变的影响是深远和复杂的。

4.3.4 文化的区域分异与整合

在地理与文化持续交互作用的影响之下,中国文化表现出区域分异与整合的历史特征,并且伴随着前者的演进而不断发展。中国地理与文化的持续交互作用在历史时期,甚至史前(如仰韶文化和河姆渡文化的独立发展与融合时期)就已经出现了文化区域的南北、东西之分。孔昭宸、刘长江等(2003)通过对植物遗存考古总结了原始农业的三个特征:历史悠久性、农作物多样性和地理分布广域性。根据前两个特征与原始农业的演化轨迹,可以将地理分布的广域性细化成几种类型区域。这方面,苏秉琦和殷玮璋(1981)对史前文化特征及其与现代之间关系的总结和阐发具有代表性:

"假如我们拿这一时期(新石器时代)的遗址分布图与今天的人口分布图加以对照,那么不难发现:我国今天的人口稠密区恰恰也是古遗址分布比较密集的地区。这种情况是耐人寻味的……如果我们把我国的版图分为面向内陆和面向海洋两部分的话,那么还可以看到这样一种情况:面向内陆的部分,多出彩陶和细石器;面向海洋的部分则主要是黑陶、几何印纹陶,有段和有肩石器的分布区域,民俗方面还有拔牙的习俗。"

南北文化差异与聚合也是历史时期中国文化的主要特征。钱耀鹏(2000)认为考古遗址的地域分布证明了史前稻作农业和粟作农业属于两个不同的文化系统,但两个区域相互影响和交流,并形成了以黄河流域和长江流域为主导的经济文化区的发展特点;这些为中华文明的形成提供了物质基础,奠定了基本特点。这其实就是南北差异与融合。胡兆量(2000)从自然、人种、语言、饮食、建筑、政治中心与人才分布七个方面阐述了中国南北差异与凝聚的历史特征及其对现代的影响。伴随着南方地区的发展和中国对外关系在沿海地区的开展,中国的区域文化格局又添加了东西划分的两大系统,呈现复杂的历史演化趋势。

文化与经济地理重心的区域转移与整合经历了漫长的历史过程。随着农业的形成与稳定发展,它成为经济社会变迁的主导力量。在历史时期,主要由于北方游牧民族侵袭的压力和南方较佳的农业条件的吸引力,南北对抗与融合贯穿中国政治、经济和文化发展的全过程(陈正祥,1983)。但唐宋以后,伴随对外贸易在海路上的突破和拓展,东西部关系及其矛盾也渐渐凸显其重要性。近代以后,由于西方列强在沿海地区的侵入,东西矛盾,也就是沿海地区与内陆地区的矛盾才逐渐取代南北对抗和融合,成为主要的文化线索。现代随着全球化的演进,区域发展不平衡的态势渐趋明显,东西差距及其影响已经成为中国最重要的问题之一。相比之下,南北差距倒较少被提及,在提起时也仅是侧重历史时期形成的文化差距的角度。这是文化与地理持续交互作用在现代渐变的结果。因此,综合长时期的历史来看,虽然中国经济、文化、政治的地理重心发生重大变化,但是仍未摆脱史前时期就已经形成的地理与文化持续交互作用这一主线的牵制。地理并不是像一些西方学者所说的将要成为一种消失或"死亡"的东西,而是随着文化积淀下来,并结合不断变化的其他要素,在更深层次上制约和影响着经济社会和政治文化的发展。

除了南北、东西的大区域划分,地理和文化的持续交互作用还产生出若干细分的区域类型。这方面,苏秉琦、殷玮璋(1981)提出的文化的"区、系、类型"学说具有很大影响力,"在准确划分文化类型的基础上,在较大的区域内以其文化内涵的异同归纳为若干文化系统。区是块块,系是条条,类型则是分支";根据各地的物质文化遗存及其联系与区别,他们划分了六大类型区:陕西、河南、山西邻境地区,山东及邻省一部分地区,湖北和邻近地区,长江下游地区,以鄱阳湖—珠江三角洲为中轴的南方地区,以长城地带为重心的北方地区。虽然这些史前人口集聚的区域类型在历史进程中不断分化与重新组合,并演绎出不同的空间结构,但是大体的框架未变。人口集聚与扩散,以及与之相伴随的文化的区域分异与聚合和城乡关系紧密联系,所以这种区系类型的划分对城乡关系的研究也具有重要意义。著名历史学家和城市学家施坚雅(2000)在研究19世纪中国的城市和城市体系时,也首先划分了九个地区,并认为在前现代谈论全中国城市化的比例几乎是毫无意义的。这些区域研究范式都得到了学者的推崇和引用。

4.3.5 城乡关系变革的价值取向

在对城乡关系缘起的考察中,本书部分遵循了芒福德(2005)的指示:"掠过历史的天际线……补考古学家之不足而追溯城市(城乡关系)的发展历史……为使我们对当前的迫切任务有足够的认识。"所以,对城乡关系发源及其一般性的回顾和总结的目的不仅仅在于了解历史,而且在于通过这个过程看到其对现代的启发与影响。我们发掘的深层动因——文化显示了其对城乡关系的主要影响和作用。同时,当现代城乡差距与对立已经不仅仅是一个经济社会现象时,对其文化的考察必然隐含了探索城市和乡村发展的价值取向问题,也就是回答"城乡关系为何而存在？城乡关系到底往何处去"这两个问题。

尽管时代背景和环境差异很大,但是当前城乡分割的状态有其历史和地理根源,并形成了文化上的差异。4 000—5 000 年前良渚古城城乡聚落形态的不同分布是社会阶层分化在空间上的映射;同样,现在的城乡聚落形态、身份地位上的巨大差异仍然反映了社会阶层的对立与分化状况。但与资本主义城乡对立的历史不同的是:近代以前将近 2 000 年的中国历史基本上是城乡融合的。所以,在价值取向上,中国既有着城乡对立的历史,又有城乡平等和融合的漫长历史。中国城乡关系发展历史显示,城市和乡村在价值取向上经历了一个"离散—凝聚—离散"的过程,这与西方单线式的经由城乡对立达到城乡一体化的路径大相径庭。但是将中国历史特性与发达国家城乡关系发展历程结合起来看,中国城乡关系变革的最终价值取向应该也是实现城乡社会的平等与融合。

在文化对政策的选择依附这一条主线牵制之下,城乡平等的价值取向目标的重新凝聚不仅取决于城乡关系制度变革的进程,更取决于对历史时期城乡分割和融合的文化经验的吸取与教训的总结。总体看来,这种经验教训集中表现为:中国城乡关系制度的变革滞后于物质生活和技术的发展,而文化的变革与整合又大大滞后于制度。这意味着实现实质上的"城乡一体化"仍是一个相对漫长的过程。但无论如何,未来的城乡社会将会重新聚合。经过这种传统和时代特征兼具的城乡聚合,中国文化将会重新凝聚和整合成一种新的文化形式。

4.4 小结

城乡关系发源的历史验证了斯密框架的主要概念——自然顺序的合理性。从乡村到城市的起源与演化建立在农业形成与发展的基础之上,因而主要受地理环境的制约与影响。这种地理环境塑造的文化是维系和改变城乡关系的主要力量。通过对城乡关系发源历史的追溯,我们发现中国城乡关系的发源既具有一般性,又具有独特性。

城乡关系发源的历史存在共同特征和规律。它主要体现为先后顺序性、长期渐变性、矛盾伴生性。具体来讲,首先,由乡村到城市的发展,在聚落形态上遵循从简单到复杂、初级到高级的演化逻辑;其次,从乡村到城市的形成与普遍发展是一个漫长的渐进过程,而不是一个突发事件;再次,劳动分工和社会分化已经使早期的城市有了一定的城乡划分;最后城市的普遍发展,也就是城市化,显示出城乡对立的萌芽。实际上,城市化是一个伴随着城乡矛盾产生和演化的过程。

中国城市化和城乡关系的独特性在其发源时就已显现并奠定。中国文化是中国城乡关系演化的深层动因。中国文化的连续性使其区别于其他文化。这种不断分离与聚合,并易于聚合为整体的连续性,深受中国独有的两大流域和一面临海的地理特征的影响。基于此,中国城乡关系演化受两条主线的制约与牵动,即地理与文化的持续交互作用和文化对政策的选择依附。前者引致了区域分异和整合的演化过程,在史前时期已经奠定了以后发展的基础;后者是历史时期乃至现今城乡关系演变的主要制动力,并最终体现为文化在群体价值取向上的离散与凝聚。这种分离与聚合交织的文化演变特征与趋势,既是城乡关系变化的主要驱动因素,又反映了城乡平等和融合的价值导向。这决定了中国历史时期至今城乡关系发展的独特性。

5 中国历史时期的城乡关系

在城乡关系的发源时期,主要是地理环境决定了中国城乡关系的独特性。中国文化是顺应这种自然环境的产物。进入历史时期,随着国家的形成和技术的进步,一系列城乡关系制度创立。在这些制度及其影响下形成的文化极大地改变了城乡关系状态,这实际上就是斯密框架的政策—文化变量的作用过程。宋朝经济地理中心南移之后,临海—贸易也变得更加重要。在这两组变量影响下的中国城乡关系历史可划分为三个阶段,第三个阶段对应于近现代时期。本章着重阐明前两个阶段,也就是历史时期[从三代(夏商周)到鸦片战争前]城乡关系由对立走向融合的主要过程、特征及其动因。

5.1 中国城乡关系演变的阶段

划分阶段对研究城乡关系的历史变迁非常重要。由于研究者的出发点、依据和目的不同,所以,对于同样的社会经济史,也有许多不同的划分观点。在分析不同的阶段划分理论的基础上,笔者将历史时期至今的中国城乡关系划分为三个阶段。

5.1.1 阶段划分的主流范式与本书的取舍

与城乡关系有关的社会发展阶段学说中,最经典的理论范式是由马克思、罗斯托以及亨廷顿所提出。

马克思(1995)在《〈政治经济学批判〉序言》中首次提出"亚细亚生产方式"的概念,并指出:"大体说来,亚细亚的、古代的、封建的和现代资产阶级的生产方式可以看作社会经济形态演进的几个时代。"在这几种生产方式所代表的不同发展阶段中,城乡关系也是不一样的。比如亚细亚社会是"城乡无差别的统一",封建和资本主义社会则是城乡对立(参见本书第2章相关论述)。

与马克思针锋相对,著名经济史学家罗斯托(2001)划分历史为传统社会、起飞准备、起飞并进入自我持续增长、成熟、高额群众消费和追求生活质量的六个阶段,并认为起飞阶段是经济增长的关键,主导产业更替和科学技术进步是决定经济发展阶段的主要因素。那么显而易见,从传统社会到追求生活质量的阶段性飞跃,实际上也经历了一个从农业为主的乡村社会到高度工业化的都市社会的发展历程。

政治学家塞缪尔·亨廷顿(2008)将城乡关系与现代化紧密结合起来,从政治现代化角度将城乡关系演化分为六个阶段:传统稳定、现代化起飞、城市突破、绿色起义(遏制或革命)、原教旨主义反应(或巩固现代化)、现代稳定。其中,第一、第二、第四阶段由乡村主导,其余阶段是城市主导。

这三种范式虽然主旨和内容不同,但都可供中国城乡关系历史划分参考。中国的城乡关系形态及其演变历史轨迹不像西方那样是线性的,而是一个类似抛物线的轨迹。因此本书直接根据城乡关系的基本状态划分阶段。

5.1.2 划分依据

从城乡关系演变的历史来看,可以把它的基本状态划分为两种:城乡对立和城乡融合。这是一种大体上的、相对的划分。通过划分中国城乡关系的发展阶段,本书试图明确中国城乡关系演进的轨迹。在此基础上,进一步考察制约城乡关系演变的深层原因。

所谓城乡对立,并不仅仅指较大的城乡差距表现和结果,实质上是存在于城乡居民之间的极不平等的经济、社会和政治权利,以及它们造成的城乡居民在身份、地位与文化上的隔阂和不平等状态。历史时期至今,城乡对立往往以限制城乡居民之间的自由交流和迁移为主要手段,并以严格的城乡划定作为识别和区分城市和乡村社会的标志。

与之相反,城乡融合的主要表现是:城乡聚落和居民区别与不平等的社会、政治和经济权利没有直接关系(虽然二者有一定联系,但应该注意阶级社会的不平等并不必然意味着城乡不平等),它们也不是区别不同阶级及其地位的标准;城市与乡村之间自由往来和迁移;城乡在文化上相通并自由交流。

总体来看,城乡对立与融合的主要判断标准有以下三点:

(1)从人身权利看,城乡居民划分是否与不平等的社会政治权利直接相关。

(2) 从政府管理看,是否有严格的限制城乡交流与迁移的制度。

(3) 从文化精神看,是否存在城乡文化上的高低差别与隔阂。

这三个方面实际上反映了本书判断城乡关系的价值观,其核心思想是"人的自由与平等和城乡发展的关系",分别对应于个人、制度、文化三个层面。据此,中国城乡关系发展历史大体上可分为三个阶段。

5.1.3 中国城乡关系演变的三个阶段

第一阶段,城乡对立时期。从距今约 4 000 年到西周,也就是三代时期,以"体国经野"体制的形成到确立为标志。这大致对应于中国历史上的"奴隶社会"时期。上一章已论及,至少在距今 4 000 年前,中国城市已经诞生,已发掘的城市遗址初步显示了城乡聚落划分与社会等级分化有密切的关系(典型如良渚古城)。由于缺乏文字记载和充足的考古证据,所以我们无从知道 4 000 年前的城市(或邦国)在城乡交流和文化上是否存在严格限制。但从不同身份和阶级的人群居住和墓葬的分布特征可以看出,城乡区别逐渐与严格的统治与被统治阶级划分产生联系。所以,最早的城乡聚落划分和规定至少有约定俗成的标准,等级制可能使城乡之间逐渐形成不平等关系。而且,周代已经形成了严格区分城乡并限制其交流的制度,也就是国野之分,标志着城乡对立的形成。这种限制制度直到春秋战国时期才渐渐瓦解。综合前后发展的历史来看,在商周以前,至少有了通过城乡区分社会等级的萌芽,然后城乡聚落形态分别逐渐与不平等的阶级关系挂钩。

第二阶段,城乡融合时期。从春秋战国时期到鸦片战争前,以"编户齐民"体制的形成与确立为标志。这一时期大致对应于长期的"封建社会"这一阶段。从战国时期开始,由于战争的推动和经济大发展,城乡之间的交流和人口迁移限制制度逐渐瓦解,城乡居民在社会政治地位和文化上并没有明显的不平等(赵冈,2006;牟复礼,2000;陈正祥,1983;许倬云,2005;杜正胜,1994),杜正胜(1994)甚至认为在春秋中后期国野划分与限制制度就已瓦解。城市和乡村居民成为"编户齐民"——被统一编录户籍而无城乡身份差别的老百姓,城乡融合逐渐形成。秦汉以来建立的大一统的国家及形成的具有凝聚力的中华民族整体文化,促使城乡融合伴随着农业经济社会发展而趋于稳定,并延续两千多年。虽然某个时期的若干政策是限制城乡交流的,但是此时期整体历史和文化以城乡融合为主要特征。

第三阶段,城乡再对立时期。鸦片战争后至今,以"二元结构"体制的形成和确立为标志。这是中国历史的近现代时期。随着西方列强侵入,在资本主义政治经济力量的影响下,中国传统农业经济社会及其体制逐渐解体,相应的意识形态和传统文化遭到很大冲击,并趋于离散。在城乡关系上,伴随着沿海地区通商口岸城市的率先发展,城市与乡村的不平等以及差距的出现并扩大,受西方影响的、快速发展的城市与传统的、缓慢变革的农村形成了"二元结构"。与西方资本主义城市化发展道路相似,中国的城市与乡村也分别成为先进与落后、文明与野蛮的代名词。1958年严格限制城乡迁移的户籍制度出台,以及附着在此上的各种反映城乡居民不平等的经济、社会和政治制度,使得"二元结构"的城乡关系达到顶峰,强化和固化了城乡对立。这些政策及其造成的城乡文化差距与隔阂至今没有消除。

在这三个大阶段里,根据一些重要变化又可以细分为若干时期。比如根据有无严格的城乡划分制度,第一阶段又可细分为夏商时期和周代;根据城市化发展状况,第二阶段又可分为元朝以前与元明清时期;根据城乡二元体制形成与确立的时间,第三阶段可分为近代与现代。

总体来看,从历史时期到现代,这三种城乡关系状态都是经历较长的演变时间逐渐形成,并且最后通过一系列具体的制度(体制)得以确立。这些制度经过长期历史积淀,会形成特定的文化。我们先考察由城乡对立到融合的演变过程。

5.2 三代城乡对立的形成与确立

从距今 4 000 年的夏代到周代确立"体国经野"的城乡划分制度的时期,也就是所谓的三代,是中国城乡关系史上的第一次城乡对立时期。这一时期奠定的以"周礼"为核心的制度和文化体系,经过"百家争鸣"的裂变,最后由儒家加以继承、聚合和发扬,成为中国社会长期的意识形态和文化标志。周礼当中,城乡划分与管理的制度是非常重要的内容。这种制度的最终确立是历史演变和文化选择的结果。这一阶段又可划分为夏商时期和周代。

5.2.1 夏商时期城乡对立的逐步形成

中国传统所谓的三代系指夏商周。但由于"夏代的历史,至今只有传说,未见确切可靠的考古证据……二里头遗址的考古数据本身没有直接的证据证明这一青铜时代初期的城市是夏都"(许倬云,2006),所以一直存在疑问和争议。而商代则不但有大量遗址和建筑遗存,并且有以甲骨文为标志的文字和文献资料,是国内外历史学界确信的历史。对城乡关系而言,本书沿用历史称谓,保留存疑意见。城市化和城乡关系演化是一个具有"历史延续性"的过程,史前时期已经出现了大量城市并初步体现出一些重要的城乡关系特征,从后期城市考古发现来看,在很多方面也显示了周代与夏商以前城市建设规划和城乡关系演化的连续性与继承性。所以,整体而言,夏商时期与周代的城乡关系史不是断裂的。

根据上一章的论述,至晚在距今4 000年的良渚文化时期,已经出现了城乡分化的迹象,并且体现出由内而外分布的城乡聚落特征。同时在黄河流域,龙山文化时期的陶寺城址也出现了与此类似的特征。可见,这种聚落布局和结构的形成不是偶然的,它是随着社会分化和阶级对立的日趋严重而出现的。

城乡分化和对立是氏族社会向奴隶社会,或酋邦向国家发展的必然结果。按照张光直(2004)的从史前到商代文明发源的三阶段说,相比仰韶时期,龙山文化出现了质的飞跃,"夯土城墙的建造与战争和人牲遗迹的发现都指向一个用干戈、有甲兵的新的社会秩序。陶寺的墓地表现了尖锐分化了的阶级,并且表现了上属阶级与礼乐的密切联系。手工业分化的专业中有从事骨卜的与制作祭祀陶器的活动"①。这种社会分工和分化引致了城乡分化,夏商时期延续了这一过程。

夏商时期由于青铜器和车的使用与普及,以及文字的发明和王权的出现,奴隶制国家逐渐形成。伴随着国家出现的都城的城市布局和功能分区更趋细化。典型如二里头城址,与龙山文化时期的大型城址相比,"二里头遗址的聚落形态有了飞跃性的变化,而与郑州商城、偃师商城及其后的中古都城的面貌更为接近。因此,二里头遗址是迄今可以确认的最早的具有明确规划且与后世中国古代都城的营建规制一脉相承的都

---

① 此文是张光直先生的夫人李卉女士在张光直遗物中发现的,约写于1990年,经陈星灿先生整理。在引文后半句,张光直(2004)说:"至今还没有宫殿建筑、青铜礼器与文字的发现。我相信青铜礼器与文字的萌芽可能都在龙山时期,但在目前的资料上看来,龙山与下一个阶段的二里头文化之间是有一道很深的鸿沟的。"新的考古发现证实了他关于青铜礼器和文字萌芽的判断,并说明了龙山与二里头文化的"鸿沟"也并非那么深。

邑,二里头遗址的布局开中国古代都城规划制度的先河。其宫城是迄今可确认的我国最早的宫城遗迹"(中国社会科学院考古研究所二里头工作队,2005)①。

二里头遗址已经有了更为明确和细致的城市功能分区,整体可分为中心区和一般居住活动区。中心区由宫殿区(晚期发展为宫城)、铸铜作坊区、祭祀活动区和若干贵族聚居区组成(许宏等,2004)。宫城是中心区的核心,其他聚落则分布于其周围。李久昌(2007)认为"其显露出内城外郭的雏形……或许昭示着最初的都城,并无明确的郭城之制,或只有松散、不整饬的郭区而无郭城"。从此前良渚古城的布局特征以及后期商朝的城郭与周代的国野之分看,既然二里头城市的类型和功能分区更趋于强化和细化,而且存在中心与外围的明显差别,至少也为后来的城郭与国野之分奠定了基础。

商代城市遗址已经有了明确的城郭之分。最典型的属郑州商城,其外郭城是中国目前所知最早具有郭城性质的城址,它已有内城和外城之分。内城有宫殿区、小型房址和水井遗址等,墓葬和祭祀遗址在内外城之间,城外有居民区、铸铜遗址及制陶制骨作坊等。袁广阔(2002)认为:"一般认为郭城是在东周才出现,郑州商城外郭城的发现,表明商代是存在郭城的,这点也可从甲骨文中存在不少'郭'字得到印证。"另外,商朝手工业和商业活动的发展(比如冶炼青铜、制陶,商业上开始使用贝币)形成了专业化的工业据点,民用手工业开始出现并聚集在城郊。从郑州商城城址及其与周围村落遗址的关系看,已经出现了比较显著的城乡差别(王惠苑,2005)。正如《吴越春秋》所载的"筑城以卫君,造郭以守民",君和民,也就是统治者和被统治者,就这样通过城和郭的城墙形式得到划定。从"守卫"的含义来看,最初城市的内外划分主要是为了应对外敌,是防御性的。但是随着早期国家的统一,内部阶级矛盾激烈演化,成为当时国家面临的主要问题。城市的内外划分逐渐成为区分统治阶级和被统治阶级的两种形式,并演变成城乡对立。

夏商时期以宗族为纽带进行统治的国家性质决定了城乡划分和对立的出现和形成具有必然性。一些学者认为国野之分在夏商时期就已经出现。如史建群(1986)认为:"我国奴隶社会是种族奴隶制,政权与族权相

---

① 该文同时指出:"二里头遗址的核心区有纵横交错的道路网,宫殿区围以方正规矩的城垣;宫城、大型建筑以及道路都有明确的方向性,宫城内至少分布着两组具明确中轴线的大型建筑基址群。这是一处经缜密规划、布局严整的大型都邑。"

结合是其政治制度的基本特征。因而奴隶社会的政治指导思想是重宗族团聚,严国野之别,明名分地位。在城市布局上表现为建都立国首先疆理国野分界,宫室建筑以宗庙为先,并占据中心地位,依贵族名分决定聚居。"他甚至认为国鄙之别是三代通制,"国都与鄙野之别,商周皆有之。殷墟卜辞有'土方征于我东(鄙),吾方亦侵我西(鄙)田'(《殷契背华》二),'王来正(征)人方,才(在)攸侯喜鄙永'(明义士旧藏786)的记载"(史建群,1986)。然而赵冈(2006)认为夏商时期的城乡严格划分尚无法确证①。从城乡关系演化过程来看,即使夏代没有形成正式的城乡划分,中心—外围的城市空间结构及功能分区的细化也已经使其具备了城乡划分的条件,并发育出雏形。而商代城郭的出现则基本上奠定了城乡严格划分的格局。

即使正式的城乡(也就是国野,或国鄙)划分制度未必在夏商时期诞生,但是以宗族贵族为中心和以其他群体为外围的经济、社会、政治秩序却经过长时间的发展而形成并趋于稳定。所以,在后期演变过程中,由于权力和财富集中于城市中心,建筑与聚居形式也随之日趋集中,并成为统治阶级实施权力的空间(如宗庙、宫室、殿堂);而其周围郊区及村落却日趋贫困,成为被统治阶级的聚居地。由此逐渐产生城乡聚落的分化,直至演化成城乡对立。这是由原始社会进入奴隶社会,或由酋邦进入国家时,中国城乡关系演化的一般路径。

总体来看,夏商时期城乡划分与对立逐渐演化的历史说明,在对外战争频仍、内部矛盾激化、社会分工细化的影响之下,史前城市也渐渐由单纯的抵御外敌的城堡(或城墙)性质转化为具有较强的政治管理功能和一定的经济功能的高级、复杂聚落,这使原来松散的中心—外围结构演变成较严格的城墙约束的、城郭式的结构。国家形成之后,内部阶级矛盾的剧烈变化逐渐促使统治阶级与被统治阶级的划分与其聚居方式紧密结合起来。最终,(空间)权力上的不平等导致了(空间)权利的不平等。城乡聚落的严格划分和对立是这种空间不平等演化的必然结果。周代则以成文而完整的城乡对立制度确立了这种城乡对立。

---

① 赵冈(2006)认为"很可能周以前鄙只是一个普通名词,而非制度",可见他的怀疑也是猜测。即使"鄙"字在甲骨文中出现不能代表制度的形成,但如果其含义确指乡村的话,至少表明当时城乡划分的事实已经存在。

5.2.2 周代城乡对立的确立

1) 确立的背景

公元前 11 世纪,周以"小邦周"战胜"大邦殷",取而代之。周的建立,不是中国历史上常见的朝代更替,而是文化与政治秩序的重新组合,奠定了中国文化系统的基本特色(许倬云,2006)。

周以少数民族统治多数民族,所以必须设立一套基于宗族制的统治制度。这就是被称之为"封建亲戚,以蕃屏周"(《左传·僖公二十四年》)的分封制。周人以血缘为核心,以宗族为纽带,不断分封亲族、同盟、殷商遗民中的忠诚者等至各地建立军事据点,在此基础上建立起自己的统治网络。以这种政治制度为核心,周人辅之以文化和道德教化。在文化上,确立了一系列规范的制度,也就是著名的被作为孔子哲学核心思想的"周礼";在道德上,利用祖先崇拜,以朝贡、觐见、馈赠、通婚、封赏等手段不断加强与分封诸国的关系,最后形成一个基于血缘伦理的社会网络。这样,周代通过军事、政治、文化、道德等方面的全面建设,形成了一套稳定而持久的统治体系。周代历史和文化对后世中国产生了深远影响,至今不衰。

周代的政治、经济、社会、军事等制度规定基本上都出现在中国文化最重要的典籍之一的《周礼》中①。虽然"《周礼》的成书年代至今仍是个悬而未决的问题,但历史学家一般认为即使'书为晚出',而所记内容绝非虚构,有相当多的部分是代表西周的政治制度的。《周礼》是古代典籍中记载政治经济制度最系统而篇幅又较多的著作"(胡寄窗,1962)。因此,虽然历史遗迹和资料不能完全验证周礼所载就是西周的史实,这种记载有后人融合添加的成分,但是在谨慎、严格地考辨不同时期历史史实的同时,也不应忽视制度产生的文化积淀以及文化的历史延续性。城乡关系历史延续性的意义要比它的时期界限更加重要。

2) "体国经野"体制的建立

在周代形成的统治制度和文化中,严格划分城乡的"国鄙",或"国野"

---

① 对于"国野"制度,史建群(1986)认为:"《周礼》乡遂组织系统分一国疆域为国野两部分,乃是继承了商代和西周已有的观念,而编户齐民不再按血缘关系而按地域组织在一起,却反映出春秋改革后的时代特征,至于具体组织方法及其原则,则应是战国时的制度。"国野之分形成的城乡对立需要一些具体的制度来实施和组织,并不能完全地断定和界分其出现的准确年代。春秋战国时期有巨大变动,但在制度确立和实施过程中的思想、组织形式和行政管理方面则仍是极大地继承了西周传统,否则,孔子不至于一直主张"克己复礼"。

制度是非常重要的一个内容。反映周礼核心思想的，具有纲领性的语句是："惟王建国，辨方正位，体国经野，设官分职，以为民极。"(《周礼·天官》)郑玄注曰："体犹分也，经谓为之里数。""体国经野"的字面意思是划定国都，丈量田野，实际上就是明确界定城乡范围和边界。从"体国经野"的前后语境来看，《周礼》除了明确划定城乡的重要性，还在于强调城乡划分的目的、实现途径和意义。其目的在于"惟王建国，辨方正位"，也就是为了国家统治的稳定和长期发展方向的确立；其实现途径是"设官分职"，也就是实行层级行政管理体制；其意义是"以为民极"，也就是使人民有了标准和界限，保证社会秩序；另外一层意思就是保证这种划分制度从王畿到封国乃至附属国的普遍遵行。所以，"体国经野"并不仅仅是一种城乡划分制度，而是通过划分和明确城乡界线，进而维护国家政治统治秩序并确立长期的发展战略。它以层级行政管理制度为手段和工具，最后达到管理人民的目的。"体国经野"制度形成后，夏商时期松散的、无成文规定的城乡划分或对立就严格而完整地确立了。

周代的城乡关系，主要体现为以"体国经野"制度为核心，以层级行政管理制度为工具，通过乡遂制组织基层，并以怀柔致远的政策为联络，从而达到管控和稳定社会目的的制度体系。这一套制度体系可称为"体国经野"体制。

(1)"体国经野"制度

周代的国人，就是城市居民，主要是本宗族的王公贵族、平民以及归顺的商代贵族(所谓王人、殷遗、陶匠乐师等人)，集中居住在王城和诸侯的都城中，具有自由公民的性质，有公民的政治权利，甚至可以评论国君。而"野人"，也就是乡村居民，是被征服的民族(国人之外的土著)，主要是居住在王城和都城郊外的农民，也包括卿大夫所属采邑的农民，亦称为庶人、鄙人或氓。

国野之分产生了极大的城乡不平等。对此，杜正胜(1994)曾总结了以下五个主要方面：

① 兵役权力不同。封建城邦时代当兵是一种荣耀和权利，国人准备武器且是组成军队的重要成员，野人则负责修筑城垒和饲养牛马等勤务。

② 徭役年限不同。国人服役年龄从身高七尺开始到六十岁截止，野人则为身高六尺到六十五岁。野人可能比国人多服役十年。

③ 复除条件不等。国人中享受免除赋役之优待的情况比较多，包含贵者、贤者、能者、服公事者、老者、疾者，"野人"只限于"老幼废疾"而已。

④ 参政权力不一。国人参与政治决策、国君废立、外交和战、国都迁徙等，野人则很少享有这些权利。

⑤ 社会活动不同。国人可参加乡饮和乡射等礼仪活动，年老的国人对于只有一命的贵族还可以不必让坐，野人则没有。

除上述之外，在赋税制度上，周人把土地按距离城市远近划分为若干等级，并以此确定纳税额度，越接近城市（国都）赋税越轻，越远越重。《周礼·地官司徒·载师》规定："载师掌任土之法。以物地事，授地职，而待其政令。以廛里任国中之地，以场圃任园地，以宅田、士田、贾田任近郊之地，以官田、牛田、赏田、牧田任远郊之地，以公邑之田任甸地，以家邑之田任稍地，以小都之田任县地，以大都之田任疆地。凡任地。国宅无征，园廛二十而一，近郊十一，远郊二十而三，甸、稍、县、都皆无过十二，唯其漆林之征二十而五。凡宅不毛者，有里布。凡田不耕者，出屋粟。凡民无职事者，出夫家之征，以时征其赋。"可见，在财政负担上，城乡差别非常大。

在城乡交流和迁移上，最值得注意的是城乡之间有非常严厉的限制迁移制度，不能自由流动。《周礼·地官司徒·比长》记载："徙于国中及郊，则从而授之。若徙于他，则为之旌节而行之。若无授无节，则唯圜土内（纳）之（郑玄注圜土为狱城）。"也就是说，如果没有官方的凭证许可，迁移要受到严厉的处罚。

由此可见，在军事、政治、经济、社会等诸多方面，"野人"都没有决定和参与的权力，因而也就享受不到权利，反而承担比城市居民更重的义务。同时，严格的限制城乡迁移制度更加强化和固化了这种城乡不平等。从我们划分城乡关系阶段所列的三个标准看，周代的城乡（居民）之间在政治身份、交流迁移、文化精神方面都存在严格的区分和限制，因而有很大的差距，城乡对立已经形成。

(2) 层级行政管理制度

为确保这种"体国经野"制度的执行和运行，周人设计了一套分工明确、功能齐备的层级行政管理制度。在行政管理上，主要形成了以大小司徒（相当于历史时期的丞相和现代的总理）为领导的层级管理体系。如《周礼·地官·司徒》规定大小司徒的职责是：

"大司徒之职，掌建邦之土地之图与其人民之数，以佐王安抚（'抚'犹'驯'）邦国。以天下土地之图，周知九州之地域广轮之数，辨其山林、川泽、丘陵、坟衍、原隰之名物。而辨其邦国、都鄙之数，制其畿疆而沟封之，设其社稷之壝，而树之田主，各以其野之所宜木，遂以名其社与曰医……

5 中国历史时期的城乡关系

小司徒之职,掌建邦之教法,以稽国中及四郊都鄙之夫家,九比之数,以辨其贵贱、老幼、废疾。凡征役之施舍,与其祭祀、饮食、丧纪之禁令,乃颁比法于六乡之大夫,使各登其乡之众寡、六畜、车辇,辨其物,以岁时入其数,以施政教,行征令,及三年,则大比。大比则受邦国之比要,乃会万民之卒伍而用之。"

可见,大司徒主要代表国家和统治者,掌管全国的土地、人民、都鄙、疆界与封地等;而小司徒侧重于掌管礼制、法令和教育,以及核实国、郊、野的具体人数等。在他们的领导之下,还有乡师、乡大夫、州长、党正、族师、闾胥、比长等不同等级的行政管理者。在城乡管理上,这种自上而下的、细密的层级行政管理制度,保证了"体国经野"制度的稳定运行。

(3) 乡遂制的组织制度

与自上而下形成的层级管理制度相辅相成的是自下而上的乡遂制组织制度。周代国野制度是通过乡遂制来具体组织的。国家从整体上有国野之分,而管理"国人"的是六乡,由比、闾、族、党、州而上达于乡;管理"野人"的为六遂,由邻、里、酂、鄙、县而上及于遂,故称之为乡遂制。

其中,对"国人"的具体组织系统及其形式是:"令五家为比,使之相保;五比为闾,使之相受;四闾为族,使之相葬;五族为党,使之相救;五党为州,使之相赒;五州为乡,使之相宾。"(《周礼·地官·司徒》)

对"野人"的具体组织系统及其形式是:"遂人掌邦之野。以土地之图经田野,造县鄙,形体之法。五家为邻,五邻为里,四里为酂,五酂为鄙,五鄙为县,五县为遂,皆有地域,沟树之,使各掌其政令刑禁。"(《周礼·地官·遂人》)

通过这种自下而上的乡遂制,国人和野人被较好地组织起来。这种组织形式对后世有深远的影响。以邻里、乡党为基层社会单元而建立起来的组织管理体系被后来的历朝历代所沿用。

(4) 怀柔致远的联络制度

周王朝之所以能延续八百年基业,一个主要原因在于对夏商覆亡教训的总结和吸取。他们认为是殷纣的暴政导致其灭亡,所以自省:"殷鉴不远,在夏后之世。"(《诗经·大雅·荡》)为了对广大疆土进行治理,让周天子的威信"泽被四方",必须有一套联系和笼络诸侯与封国以及边远民族的制度,怀柔致远的联络制度应运而生。其中的突出表现如他们对殷商遗民的任用。从历史来看,周代没有实行高压政策,统治疆域比夏商广大,却以少数民族统治多数民族,所以只能采取怀柔政策;在城乡关系上,鄙野之人虽则权力和地位上与国人存在很大差别,受到诸多限制,但他们基本上仍是自由民(赵冈,2006)。

以怀柔致远为目的,为保证周天子及其宗族的统治地位,周王朝除了对诸侯及封国管理者进行册封、赏赐、提拔等激励措施,以及令其朝觐和从征的控制措施外,对后世影响较大的是朝贡制度。朝贡制度规定各诸侯国每年要定时向周王朝缴纳贡赋和特殊物资,正如古籍记载:"昔天子班贡,轻重以列,列尊贡重,周之制也。"(《左传·昭公十三年》)这种朝贡制度加强了周王室与封国的联系,巩固了其对边远民族和地方的统治,对后世的对外政策与贸易政策有深远影响。

3)"体国经野"体制的文化效应

经历三代逐渐形成和确立的"体国经野"体制,造成了城乡对立的结果。但从历史来看,这种城乡对立却是文明发展和社会进步的必然。国家的形成、人口的增多与剩余财富的增加,以及少数人对多数财富的占有形成统治阶级与被统治阶级的对立,必然在聚落或空间上有所对应,也需要一整套统治、管理、组织和联络制度与之相适应。与同时代的世界其他文明相比,"体国经野"体制是系统化地反映了周代非常发达的文明程度的制度。张光直先生也曾经把城市与非城市的对立当作进入文明社会的三个主要标准之一。经历三代时期的逐步演化,城乡对立最终以一整套制度确立下来,它是中国历史时期文明发展的重要事件。

城乡对立的历史表明,城乡不平等主要由等级制形成。这种等级制的秩序,由自上而下的官僚行政体制进行管理,由自下而上的乡遂制进行组织,并通过怀柔致远的联络制度在地域上得以推广。这套严密而细致的体制架构,以等级制思想为主导,伴随着统治阶级与被统治阶级的两极分化,形成了空间上的核心—外围结构,城乡划分是其中最突出的表现。"体国经野"体制符合历史发展趋势,适应统治广大地域的需要,并植根于基层组织和管理,因而具有很强的生命力和稳定性。虽然城乡对立后来发展演变为城乡融合,但以这种等级制为核心而进行组织、管理和联络与外交的思想却被继承下来,被后来的统治者所沿用,成为统治中国长达两千多年的主要意识形态。

如果跨越时空,以近代以来形成的城乡对立与之比较,我们发现近代的等级制、基层控制、层级行政管理、限制城乡交流与周代相比有很大的类似性。尽管我们已处于"社会主义现代化"的初期,与以往相比可称得上天翻地覆的时代,但是这些在历史进程中起了重大作用的意识形态与思想,仍然透过看似截然两断的历史分界线,依附并渗透在新的制度中。只不过,近现代与三代时期的最大差别在于:三代时期与同期的世界其他文明相比,居于优势地位,城乡对立的制度体系确立是其文明发达程度的重要标志;虽然后来由城乡对立发展为城乡融合,但这种制度文明却延续了两千多年,显示出其强大的生命力;中国自明清时期至鸦片战争后沦为半殖民地半封建社会以来,中国的文化优势地位却逐渐丧失。中国的现代化不是一个在既定变革后的发展、成熟和延续(比如日本在明治维新后的状况),而是一个始终处于曲折反复的发展历程。在传统和现代之间(尤其在文化上)一直未找到一个好的结合点,对外政策上的反复性就是一个明显的例证。在资本主义体系强有力的冲击下,中国文化遭到前所未有的挑战,但传统文化仍以其他国家和民族绝无的惯性和生命力发挥着重大作用。因此,在考察城乡关系演变历史时,必须注重这种城乡关系的"历史与文化延续性"。

5.3 春秋战国时期城乡融合的形成

城乡对立的制度体系在西周确立。从公元前770年开始,中国历史进入东周时期,东周又可分为春秋(前770—前476年)和战国(前475—前221年)。春秋战国时期,在经济上,技术与产业进一步发展;在政治上,周王室只有名义上的统治地位①,诸侯争霸,战争频仍;在社会文化上,各国交流频繁,形成了"百家争鸣"的盛况。在此影响下,城乡对立制度逐渐瓦解。这种城乡关系剧烈变革使后来的历史进入了长达两千多年的城乡融合时期。

5.3.1 城乡关系变化的背景

1) 技术与产业的发展

春秋战国是生产力大发展的时期。在生产工具方面,最有影响力的是铁的发明。斯塔夫里阿诺斯(2006)曾强调了铁在春秋战国时期的传入对中国社会和政治的巨大影响,他认为铁器使农业生产范围从黄河流域扩大到长江流域,并引发生产率的提高、手工业和商业的飞速发展以及工

---

① 周王室后期的衰微,柳宗元在《封建论》中形象地描述:"陵夷迄于幽、厉,王室东徙,而自列为诸侯。厥后问鼎之轻重者有之,射王中肩者有之,伐凡伯、诛苌弘者有之,天下乖戾,无君君之心。"

商业阶层的兴起,最终导致土地所有制和政治制度的根本变革。经济史学家吴承明(2007)概括了这个变化的主要过程:

"随着铁器和牛耕的推广,以及大型水利工程的修建,传统农业开始发展。冶铁技术迅速发展,春秋晚期即制成生铁,战国时出现可锻铸铁,早于西方十数世纪。因此,手工业在战国时有较大发展,范铸工具已较普遍,并已使用铁范。陶器、皮革、丝麻、纺织、漆器等制作规范化。已有10万人口以上的城市,兼用黄金作货币,出现交通王侯的富商大贾。学派迭兴,科学文化极一时之盛。"

在技术和产业发展的共同推动下,最值得注意的是作为西周立国重要制度的分封制和井田制渐渐瓦解。

2) 井田制的瓦解

周代分封制与井田制的关系正如《诗经·小雅·北山》所云:"溥天之下,莫非王土;率土之滨,莫非王臣。"土地所有权集中于周天子手中,是公有的,不许买卖;然后由天子分封给诸侯大夫等,实行等级制管理。针对一些学者提出的井田制可能是孟子托古改制的乌托邦的观点,赵冈和陈钟毅(2006)认为井田制在西周初年就已实行。至于井田制下,公田和私田的关系,《中国农民负担史》的作者认为井田是周王室辖地和各封建领主的采邑,其中的私田是分给农夫的份地,公田则是周王和诸侯的自留地(中华人民共和国财政部《中国农民负担史》编辑委员会,1991)。可见,井田制在经济上主要代表耕种者向国家和领主所服的劳役。

技术和产业的发展首先使井田制逐步瓦解。《吕氏春秋·审分览》云:"以众地者,公作则迟,有所匿其力也;分地则速,无所匿其迟也。"充分说明了耕者在对待公田和私田上的两种截然不同的态度和效率。所以,公田制度渐渐解体。周宣王时已废除了公田制,将原来的公田私田打通再配授(赵冈等,2006)。而鲁国在宣公十五年(公元前594年)实行了"初税亩",即按亩征税,不分公田、私田,凡占有土地者均按土地面积纳税,税率为产量的10%。这个制度被其他诸侯国纷纷仿效。直至商鞅变法,直接废除了井田制,土地私有和买卖就合法地确立下来。

3) 分封制的崩溃

分封制在周朝统治后期显露出极大的弊端。正如柳宗元在其名篇《封建论》中所言:"余以为周之丧久矣,徒建空名于公侯之上耳。得非诸侯之盛强,末大不掉之咎欤?遂判为十二,合为七国,威分于陪臣之邦,国殄于后封之秦,则周之败端,其在乎此矣……失在于制,不在于政,周事然也。"由于周王室日益衰微,诸侯国势力则日趋增大,所以周王室对各诸侯国的控制力大大削弱,最后仅是保留一个名义上的称号。而各诸侯国为争夺土地、人口及对其他诸侯国的支配权,不断进行兼并战争,形成了诸侯争霸的局面。葵丘会盟,齐桓公的霸主地位得到正式承认,标志着分封制的崩溃。此后所谓的"春秋五霸"和"战国七雄"则是这种兼并战争的结果。最后,秦国完成统一天下,并以郡县制完全替代了分封制。

综上所述,在经济上,随着技术和产业的发展,井田制逐渐瓦解;再加上战争导致分封制的崩溃,城乡关系的剧烈变革已不可避免。

5.3.2 城乡融合的驱动力

1) 外动力:战争的扩大与频繁

战争是春秋战国时期发生剧烈变革的主要力量。据许倬云(2006)研究,春秋时期灭亡国家超过52个,而战国时期之所以得名就是由于战争频繁。战争导致的巨大破坏,正如《孟子·离娄上》描述:"争地以战,杀人盈野;争城以战,杀人盈城。"构筑城池在这一时期也达到一个高峰。诸侯国间的战争也往往以攻城略地为核心目标。

战争的扩大与频繁产生的一个意外结果是:首先消除了城乡之间在军事权利上的不平等。当兵已不再是城市居民的特权,各诸侯国开始征召乡村居民以充实兵源,并且展开了在人才、兵力与经济实力等方面的竞争。梁方仲(2008)指出:战国末期战争规模日益扩大,在征兵以外又有雇佣兵出现(一般是招募失地农民、破产小工、商业者,或吸收他国的流民和逃兵),所以征兵的社会身份要求降低,最后导致一切壮丁皆须于一定期限内分别履行各种兵役的义务。随着战争和政治的发展要求,各诸侯国之间人力资源的争夺非常激烈,出现了"野与市争民,家与府争货,金与粟争贵,乡与朝争治"(《管子·权修》)的现象,反映了城乡竞争的激烈程度。

这种人口吸引与争夺使得城乡之间交流、迁徙频繁。它既打破了周初城乡限制迁移的禁令,更打破了传统宗族制下城乡对立的文化。城乡居民逐渐趋于平等。如《孟子·万章下》说:"在国曰市井之臣,在野曰草莽之臣,皆谓庶人。"由消除城乡的限制推而广之,政治上必然出现对原来宗族制形成的文化的否定。《管子·牧民》就这样劝导君主:

"毋曰不同生,远者不听;毋曰不同乡,远者不行;毋曰不同国,远者不从。如地如天,何私何亲?如月如日,唯君之节!"

就是要求统治者打破同姓、同乡、同国等形成的私利和亲缘关系,效法天地日月无私公正的态度和包容明察的精神。当然,这种道德精神是以其"牧民"(统治人民)的目的为指向的。

2) 内驱力:人口增长与经济发展

人口增长与变化是制约和决定历史时期各国政治与经济社会发展的主要力量。春秋中后期,由于铁器的使用和牛耕的推广,生产力水平显著提高,导致人口快速增长(表5-1)。人口增长引发城市化水平和城乡关系的变动。由于统计资料缺乏,而且古代典籍中人口数的可靠性存在争议,所以人口的发展状况,尤其是三代时期,只能有一个大概的估计,反映人口和城市化变动的大体情况和趋势。

表5-1 夏代至战国的人口与城市化水平估计

时期	公元年份	估计人口数(万人)	年均增长率(%)	城市化水平(%)[城邑数(个)]
夏初	前2100	1 000	—	—
西周(峰值)	前950	2 000	0.60	10.0左右(91)
春秋战国之交	前485	2 700	0.65	10.0—15.0(466)
战国(峰值)	前320	3 200	1.50	15.9

从表5-1可见,春秋战国时期是人口迅速增长的时期。尤其战国时期,年均增长率是以往的两倍多。梁方仲(2008)也认为战国时代人口大增长,尤其是城市人口激增。如果算上战争频繁引起的人口减少,估计人口数应当更大。在城乡关系上,人口快速增长最突出的表现是提高了城市化水平。

相比夏商和西周时期,春秋战国时期城市化水平有了大幅提升。据估计西周城市有91个,而春秋时期城邑数增加了375个(见表5-1),这主要是由于宗法制下,宗族不断分裂衍生,分出的大宗族成员可自设宗庙,建立城邑,反映了人口激增的盛况(许倬云,2005)。

人口增长和技术进步促进经济发展,经济发展不但引发政治体制的变革,而且导致更大范围的社会流动,因而推动了城市化和城乡关系的变化。农业、手工业和商业的发展使春秋战国时期的城市规模和人口数相比西周都大幅增加。正如《战国策·赵策》中所言:"古者四海之内,分为万国;城虽大,无过三百丈者;人虽众,无过三千家者……今千丈之城,万家之邑相望也。"苏秦曾描绘临淄城的发展盛况:"临淄之中七万户,臣窃度之,下户三男子,三七二十一万,不待发于远县,而临淄之卒,固以二十一万矣。临淄甚富而实,其民无不吹竽、鼓瑟、击筑、弹琴、斗鸡、走犬、六博、蹴鞠者;临淄之途,车毂击,人肩摩,连衽成帷,举袂成幕,挥汗成雨;家敦而富,志高而扬。"(《战国策·齐策》)虽然数字和描写都很夸张,却也反映了当时城市经济的繁荣。杨宽(1980)指出:"战国时代各国已普遍设置郡县,小郡有十多县,大郡有三十多县。县筑有城,城中有市。"反映了这一时期城市化快速发展的盛况。

总之,在战争扩大和频繁发生的外力推动之下,限制城乡交流和迁移的制度被废止,城乡之间不平等的政治、社会和文化地位有很大改变;同时,人口增长和经济发展创造了城乡自由交流和发展的内部需求,城乡之间在经济上的不平等被逐渐打破。在这种内外力的共同作用之下,城乡对立逐渐瓦解,城乡融合已成为必然的趋势。

5.3.3 城乡融合的形成与确立

与城乡对立的形成与确立一样,自春秋战国以来形成的绵延两千多年的城乡融合,在制度和文化上,通过一套以"编户齐民"为主体的制度体系形成和维系。这个体制对后世影响深远,杜正胜(1990)甚至认为它是秦汉以后2 000年中国社会的特质。而秦汉以后的制度和文化根基,大多于春秋战国时期奠定。所以,春秋战国时期的城乡融合,是通过一整套制度体系而逐渐形成的。具体而言,就是以"编户齐民"制度为核心和主体,以郡县制的行政管理制度,什伍制的基层组织制度为辅助,并最终通过重农抑商的产业政策得以确立。

1)"编户齐民"的含义

"编户齐民"一词普遍出现在汉朝典籍中。如《盐铁论·通有》云:"宋、卫、韩、梁,好本稼穑,编户齐民,无不家衍人给。"可见战国时期一些诸侯国已经出现了"编户齐民"的现象。《后汉书·仲长统传》记载:"汉兴以来,相与同为编户齐民,而以财力相君长者,世无数焉。"另外,如《汉书·高帝纪》云:"吕后与审食其谋曰:'诸将故与帝为编户民';师古注曰:'编户者,言列次名籍也。'"反映了编户在秦朝继续实行。《史记·平准书》曰:"齐民无盖藏。"如淳注曰:"齐,等也,无有贵贱,谓之齐民,若今言平民矣。"

由此可见,"编户齐民"(作动词)既指建立一套户籍系统,登录身份地位无差别的平民;(作名词)又可以指身份地位平等的平民百姓。"齐民"——让人民有平等的地位的目的通过"编户"实现,"编户"之民就是

"齐民"。所以,杜正胜(1990;1994)认为"编户"与"齐民"不能分开,"齐民"指法律身份平等,只具备政治性和法律性的统治意义,与个人的社会地位和经济财富没有关系。

2)"编户齐民"体制的形成

虽然"编户齐民"一词最早出现在汉朝典籍中,但这一现象产生在春秋战国时期。由于春秋战国时期战争和社会经济活动交往的频繁,"体国经野"的城乡对立体制渐渐瓦解。杜正胜(1994)甚至认为春秋中晚期国野之分已经消失,代之而行的是"编户齐民"体制,这种取代是渐进式的。有学者认为它至晚在战国时期出现,而"春秋中晚期以前,完整意义上的户籍制度并不存在,当时社会组织形态的进步也只是表现出'以户定籍'的户籍对'以丁为户'的名籍的取代,但由此直接形成了在中国社会延续了两千余年的编户齐民制度"(辛田,2007)。

在春秋战国时期,"编户齐民"体制的产生是军事化的副产品,但其形成后则不仅限于军事功能。各诸侯国确保国家安全和向外扩张的主要依托力量是军事和经济。军事方面,主要取决于人力资源(丁)的数量和丰度;经济方面,主要看赋税对国家军事行动的支持力度。这两者又通过政治改革来实现。因此,"春秋五霸"和"战国七雄"等在军事上取得支配地位的国家基本上也都是"变法"的先行国。从这个角度看,"编户齐民"并不仅仅是为军事目的而进行的户籍制度改革,而是以户籍制度为主体(编户),通过一系列相关制度配套而形成和确立的体制。

(1) 户籍制度的形成——"编户齐民"制度

作为一种具有多重功能的户籍制度,"编户齐民"在春秋和战国时期经历了一个系统化的发展过程。

春秋时期,具有较大代表性和影响力的是管仲改革。管仲希望通过政治、经济改革来实现齐国在军事上的称霸,也就是"作内政而寄军令"(《国语·齐语》)。从这个主要目的出发,他非常重视人口和户籍统计,并建立了定期的户口登记和统计制度,比如《管子·乘马》记载:"其正月十二月,黄金一镒,命之曰正。分春曰书比,立夏曰月程,秋曰大稽。与民数得亡。"《管子·度地》中也规定了通过户籍登记和管理进行征兵和征税的具体办法,如"常以秋岁末之时阅其民,案家人比地,定什伍口数,别男女大小。其不为用者辄免之,有锢病不可作者疾之,可省作者半事之。并行以定甲士,当被兵之数,上其都"。此外,为防止人口流动,严格限制人口迁移,如《管子·禁藏》提出:"伍无非其人,人无非其里,里无非其家。故奔亡者无所匿,迁徙者无所容。"这些政策既反映了户籍登记和管理背后的经济和军事目的,又说明了户籍制度本身容易成为赋税、兵役等制度依附的对象。

战国时期的改革,以商鞅变法最为典型和影响深远。在前人改革的基础上,商鞅更加系统化和细化了户籍制度与军事、经济和政治的关系。在户籍登记和管理方面,如《商君书·境内》规定:"四境之内,丈夫女子皆有名于上,生者著,死者削。"将户籍与军功爵禄(周朝爵禄只是面向宗族,而秦国爵禄面向平民,也就是"编户齐民",所以这种等级制更有激励效应)联系起来;更加严格地限制人口迁移,如出土秦简中秦律有一条规定:"有为故秦人出,削籍,上造以为鬼薪,公士以下刑为城旦。"大意是:"上造(军爵中的第二级)以上罚服三年砍柴苦役,公士(第一级,最低的)及以下无爵之民,要罚服四至五年筑城的苦役。"(刘泽华,2006)严格执行分户立户政策,规定"令民父子、兄弟同室内息者为禁","民有二男以上不分异者,倍其赋"(《史记·商君列传》)。此外,还具体划分了若干户种,并制定了吸引外来移民的政策等。王威海(2006)认为:商鞅变法将户籍制度与土地、赋役制度结合为三位一体,并通过上计制度(地方官员在年终时将下一年度的户口、田地和赋税数额及治安状况写于上计簿上,呈送国君存档,并根据本年度完成情况与存本计划对照)的发展变化,决定官员的升迁任免,最终构成古代国家对社会的控制体系。

由上可见,"编户齐民"制度本身并不仅仅涉及户籍,而是以政治稳定、军事发展和社会管理与控制为目的,在经济上将户籍与土地、赋役制度结合在一起,因而形成复杂、细致的制度体系。这套体制通过与之共同配置的行政管理上的郡县制、基层组织上的什伍制以及重农抑商的产业政策得以确立和实行。

(2) 行政管理制度的改革——郡县制

郡县制的出现和确立是中国历史上的重大事件,它打破了西周以来分封制造成的封建割据的状况,加强了中央对地方的管理。郡县制下的郡守和县令都由皇帝直接任免,从而使君主有效地加强了中央集权。郡县制的实行,也打破了宗族制以血缘关系进行行政管理的制度体系,从而推动了"编户齐民"政策的推行。

春秋时期已有县、郡的设置。王瑞成(2000)认为:春秋时期县和城同义,与中央政府领地不接壤,而悬系于中央的城邑谓之县,也就是征服以后占其地并筑城镇戍的边城;郡含有人群集聚的意思,是大的县城。战国时期,县的设置已较为广泛,并转变为作为地方政权而实行官僚制度的县制。县令为一县之长,由国君任免。县之下有乡、里等作为国家对居民进行控制的基层组织单位。郡的设置要较县晚。随着郡、县逐渐增多,需要建立起更高一级的管理机构,于是就形成了郡、县两级制的地方管理体系。郡守为郡之长,多由武官充任,有征兵领军之权。至战国末年,各国郡、县的设立已较为普遍。

郡县制对"编户齐民"体制的确立起了重大作用。正如许倬云(2006)指出:"郡县制度下,除了少数君主家族及封有爵位的家族外,庶民都是国家的百姓。百姓即是国家以户籍注录的人口,基本上都有相同的身份,亦即所谓'编户齐民'。两千年来,中国最大部分人口,上不是贵族,下不是贱民,均是这些有户籍,服徭役,纳税完粮的一般平民百姓。"

(3) 基层组织制度的发展——什伍制

相比乡遂制的基层组织制度,春秋战国时期,各诸侯国已经根据战争的需要将乡遂制与征兵、农耕以及基层社会组织和管理相结合,发展出什伍制,或"户籍相伍"的制度。什伍制把户与户的居民按照居住地相连的原则,组成"什伍"编制,并将之纳入以"里"、"乡"为单位的基层行政组织,国家设置"里正"、"乡官",实施对居民的直接管理和有效控制。这一制度的推行,不但有利于国家授田制度的稳定,同时还体现出了中央集权国家权力对基层居民单位及日常生活的全方位渗透(于凯,2006)。它不但强化了国家对基层社会的人力、物力动员和控制能力,而且更加细化和推进了"编户齐民"制度在基层的组织。

什伍制源于"寓兵于农"的重要思想。《左传》、《国语》等著作已经提出了类似的重要思想[①]。《管子》则将其正式发展为什伍制。以十家为什,五家为伍,什有什长,伍有伍长,他们负责闾里治安,一旦发现形迹可疑者要及时上报,最后达到防止人口流失和社会治安稳定的目的。在军事上,《管子·小匡》划分齐国为二十一乡,其中"商工之乡六,士农之乡十五;公帅十一乡,高子帅五乡,国子帅五乡。参国故为三军"。也就是"由士农组成的十五个乡为精锐,即三军,分别由齐桓公、上卿高、国子各率五乡,构成三军,平时务农习武,战时成军参战。六个商工之乡不服兵役,专事制造、运输等后勤保证"。可见,相比士农,商工之乡对战争只起辅助性

---

① 如《左传·隐公五年》记载:"故春蒐、夏苗、秋狝、冬狩,皆于农隙以讲事也。三年而治兵,入而振旅,归而饮至,以数军实。"《国语·周语》载:"三时务农,一时讲武。"

的作用。这种农战结合的思想直接促成了齐国的霸业。另外值得注意的是:它也为重农抑商政策的形成埋下了伏笔。

商鞅则不但将什伍制用于军队,实行农战结合的战略,而且通过它结合连坐法管理、组织和控制基层社会。据载,商鞅"令民为什伍,而相牧司连坐。不告奸者腰斩,告奸者与斩敌首同赏,匿奸者与降敌同罚"(《史记·商君列传》)。通过严厉的连坐、告奸等法令,形成严密的基层组织系统,这种制度在当时取得良好的效果。《史记·商君列传》记载:(商鞅变法)"行之十年……道不拾遗,山无盗贼,家给人足"。所以后世继续沿用这种制度。

什伍连坐制不仅保证了社会秩序的稳定,而且将赋税、徭役、兵役与户籍制度相结合,使"编户齐民"制度趋于系统化和复杂化。后代里甲制和保甲制也由此发展而来,并成为历史时期国家控制基层社会的主要手段。

(4) 产业政策的重大转变——重农抑商

在古代社会,农业不但是和平时期国家政治、经济、社会稳定和发展的基础,而且是战争年代夺取霸权的有力保证。因此,相比西周时期自由的产业政策,春秋战国时期战争频发,急需解决粮源和兵源两大问题。这使商业和农业的矛盾逐渐突出,"野与市争民"的现象增多。由于农业、农民与战争之间存在密切联系,确保农业生产和兵源是统治者最迫切的任务。在这种政治军事发展需要的直接推动下,逐渐出现并形成了重农抑商的产业政策。其中,管仲改革和商鞅变法中的产业政策对后世的影响最为深远。

管仲和商鞅都敏锐地体察到农业发展对国家经济、政治和军事的决定作用,因而反复强调农业发展的基础性。体现在国家发展战略上,他们都主张通过大力发展农业、奖励耕战而达到军事和政治上的称霸。如管仲深刻地认识到农业是城市发展的基础,对战争有着决定性的作用。《管子·权修》云:"地之守在城,城之守在兵,兵之守在人,人之守在粟。"商鞅则将农战视为一个整体,认为"圣人之为国也,入令民以属农,出令民以计战……胜敌而草不荒,富强之功可坐而致也"(《商君书·算地》)。商鞅还多次强调农战是国家富强、政令统一的根本途径,他指出:"凡人主之所以劝民者,官爵也。国之所以兴者,农战也……国待农战而安,主待农战而尊。夫民之不农战也,上好言而官失常也。常官,则国治,壹务,则国富。国富而治,王之道也。故曰:王道非外,身作壹而已矣。"(《商君书·

农战》)由此可见,发展农业与修齐内政、经济富足、军事称霸是一系列的连环策略。

与这种认识相对应,在产业政策上,他们都将农业视为"本",而将工商业视为"末"。其中,管仲第一次提出了"士农工商"的四业划分制,并主张分业定居,影响深远。其经典论述如:

"士农工商四民者,国之石民也。不可使杂处,杂处则其言哤,其事乱……处农必就田野,处工必就官府,处商必就市井。今夫士群萃而州处……其父兄之教不肃而成;其子弟之学不劳而能。夫是故士之子常为士。今夫农群萃而州处,审其四时……以旦暮从事于田野……尽其四支之力,以疾从事于田野。少而习焉,其心安焉,不见异物而迁焉。是故其父兄之教不肃而成;其子弟之学不劳而能。是故农之子常为农,朴野而不慝,其秀才之能为士者,则足赖也,故以耕则多粟,以仕则多贤,是以圣王敬农戚农。今夫工群萃而州处,相良材,审其四时,辨其功苦,权节其用,论比计制,断器尚完利。相语以事,相示以功,相陈以巧,相高以智。旦昔从事于此,以教其子弟。少而习焉,其心安焉,不见异物而迁焉。是故其父兄之教不肃而成;其子弟之学不劳而能。夫是故工之子常为工。令夫商群萃而州处,观凶饥,审国变,察其四时而监其乡之货,以知其市之贾。负任担荷,服牛辂马,以周四方;料多少,计贵贱,以其所有,易其所无,买贱鬻贵。是以羽旄不求而至;竹箭有余于国,奇怪时来,珍异物聚。旦昔从事于此,以教其子弟。相语以利,相示以时,相陈以知贾。少而习焉,其心安焉,不见异物而迁焉。是故其父兄之教不肃而成,其子弟之学不劳而能。夫是故商之子常为商,相地而衰其政,则民不移。正旅旧,则民不惰。山泽各以其时至,则民不苟,陵陆、丘井、田畴均,则民不惑。无夺民时,则百姓富;牺牲不劳,则牛马育。"(《管子·小匡》)①

从总体看,管仲认为士农工商都是国家发展必不可少的四种职业,应该使其分业定居并世袭。但是从具体的论述中,我们可以看出他对农业具有很大的偏向。他认为农业劳动使人质朴无邪,从其中选拔为士的人才尤为值得信赖,因此,古代有道君王敬畏和关心农民,而对工商业则没有这样的评价。《管子·权修》中言:"上不好本事,则末产不禁;末产不

---

① 四民分业定居思想对于后世有重要影响,如班固在《汉书·食货志》中说:"是以圣王域民,筑城郭以居之,制庐井以均之,开市肆以通之,设庠序以教之;士农工商,四民有业。学以居位曰士,辟土殖谷曰农,作巧成器曰工,通财鬻货曰商。圣王量能授事,四民陈力受职,故朝无废官,邑无敖民,地无旷土。"

禁,则民缓于时事而轻地利。轻地利,而求田野之辟,仓廪之实,不可得也。商贾在朝,则货财上流……货财上流,赏罚不信,民无廉耻,而求百姓之安难,兵士之死节,不可得也……有地不务本事,君国不能壹民,而求宗庙社稷之无危,不可得也。"另外,《管子·轻重》等篇从商贾控制市场、盘剥农民、与君主争利及其带来的政治后果出发,提出不征徭役保证农时,保证农业成本,排斥商贾对粮食市场的操纵,控制农民的生产过程以打击商贾的高利贷盘剥,使用政治强权直接剥夺商贾的财富等主张,直接反映了重农抑商的思想(张建军,2004)。虽然《管子》并没有比较极端地轻视工商业的思想,但对士农工商四业的排序与行业的本末之分,对商业造成的盘剥与争利的认识以及对农业发展的偏重等表明重农抑商思想的发端。

真正贯彻并实行重农抑商的产业政策,并对后世产生重大影响的是商鞅。他直接指出从事工商业对农业发展会产生很大的不利影响,从而提出鲜明的重农抑商政策。《商君书·农战》指出:"夫民之亲上死制也,以其旦暮从事于农。夫民之不可用也,见言谈游士事君之可以尊身也,商贾之可以富家也,技艺之足以糊口也。民见此三者之便且利也,则必避农,避农则民轻其居,轻其居,则必不为上守战也。凡治国者,患民之散而不可抟也。是以圣人作壹抟之也。国作壹一岁者,十岁强;作壹十岁者,百岁强;作壹百岁者,千岁强;千岁强者王。君修赏罚以辅壹教,是以教有所常,而政有成也……是以明君修政作壹,去无用,止浮学事淫之民,壹之农,然后国家可富,而民力可抟也。"所以,商鞅的结论是:"治国能抟民力而壹民务者强;能事本而禁末则富。"(《商君书·壹言》)

在具体的政策上,商鞅主张通过加重工商业的赋税使人们专于务农,其主导思想是"不农之征必多,市利之租必重"(《商君书·外内篇》)。具体手段如:"贵酒肉之价,重其租……重关市之赋,则农恶商,商有疑惰之心。农恶商,商疑惰,则草必垦矣。以商之口数使商,令之厮舆徒重者必当名,则农逸而商劳。农逸则良田不荒,商劳则去来赍送之礼无通于百县。则农民不饥,行不饰,农民不饥,行不饰,则公作必疾,而私作不荒,则农事必胜。农事必胜,则草必垦矣。"(《商君书·垦令》)通过奖励农战与抑制工商业,商鞅以正反结合的手段有力地推行了他富国强兵的战略。从实际效果和结果看,这种农战政策使秦国在七雄中脱颖而出,成为"强秦",并为其最终统一天下奠定了坚实的基础。

重农抑商的产业政策对历史时期的城乡关系产生重大影响。士农工商成为一种社会等级划分后,农民和农业的地位抬升,工商业及其从业者却成为"末流",因而其经济、政治上的影响力大大降低。这虽然是出于当时的军事、政治和经济目的,但在客观上却促成了城乡平等。重农抑商的产业政策被以后历代所奉行后,作为城市发展的基础,并起主要支撑作用的工商业的发展受到诸多限制和歧视。这直接导致中国的城市化并未出现城市主导乡村和城乡对立的结果,而是以乡村为根基并面向乡村市场。重农抑商的产业政策配合"编户齐民"制度,主导了中国历史时期的城乡融合。

3)"编户齐民"体制的作用与影响

"编户齐民"体制不但促成了城乡融合,而且在维持国家政治、经济和社会的稳定发展方面发挥了巨大的作用,因而具有长久的生命力。杜正胜(1990;1994)认为"编户齐民"在政治社会结构中具有五种功能:①构成国家武力骨干;②是严密组织下的国家公民;③拥有田地私有权;④是国家法律主要的保护对象;⑤居住在"共同体"聚落内,但个人发展并未被抹杀。"编户齐民"是维系中国历史时期政治、经济和社会关系的主要制度体系之一。正如许倬云(2006)指出:

"中国历史上编户齐民体制内的个人,不是古代希腊城邦的市民,也不是今日主权国家的公民。齐民,毋宁是许多地位相同的百姓,在统治阶层的统治下,有一定的身份,其权利为国家法律保护,同时也必须承担交税服役的义务。齐民是隶属于国家统治机构的百姓,是这个庞大共同体的成员,但并不能分享共同体的主权。主权属于统治阶级,并不属于编户齐民的百姓臣民。从战国时代到今天,中国两千余年的历史上,编户齐民的体制,其实变化不多。"

"编户齐民"体制不但是主导春秋战国时期各国兴衰的一系列制度安排,而且成为影响后世最为深远的制度体系之一。"编户齐民"体制在个人、制度和文化三个方面确立了城乡居民平等。作为这个体制核心的"编户齐民"制度,通过户籍编录重新规定了城乡居民的平等权利。郡县制有力地保证了国家对"编户齐民"的管理和经济控制,什伍制或乡里制度达到了服务军事和社会控制的目的,而士农工商的等级划分和重农抑商的产业政策则确立了"编户齐民"中农民和农业的根本地位,通过平衡农商关系而平衡了城乡关系。因此,相比"体国经野"体制对城乡的严格划分及交流限制而造成的不平等的后果,"编户齐民"体制打破了城乡对立,客观上形成和促进了城乡平等,并奠定了持续两千多年的城乡融合局面的基础。

5.4 秦汉以来城乡融合的发展与变化

春秋战国时期逐渐形成的"编户齐民"体制促成了中国长期的城乡融合。秦帝国的建立开启了中国历史的新纪元。在制度和文化建设上,秦帝国以秦国的制度为基础和主干,将零散的诸侯国和地区文化整合为统一的中国文化,对后世产生深远影响。反映在城乡关系上,最重要的一点在于:自公元前221年秦朝建立到公元1840年鸦片战争前的中国社会,"编户齐民"体制被继承、发扬而延续,并发挥着主导作用。虽有一些重要变化,但其主体内容和根本未变,因此城乡关系的总体面貌仍然是融合而不是对立。但是在历史的长期发展中,影响城乡关系的要素,尤其是经济地理要素却发生了重要的变化。在这种内部的制度调整和外部的经济地理条件变化的双重作用之下,虽然城乡融合大局未变,但到明清时期,中国城市化已经出现了迥然不同于早期的特征,城乡关系也积累了剧变的诱因。

5.4.1 "编户齐民"体制的发展与演变

自秦汉以来,"编户齐民"体制的主要思想被后世继承和保留,但在一些方面也出现改进与完善,另外一些方面则有重大的变化。其中,作为体制核心的户籍制度不但得到进一步完善,而且出现了赋税和土地从户籍中剥离出来的重大变化。在行政管理上,行省制度取代了郡县制并沿用至今。在基层组织上,保甲制强化了国家对社会基层的控制。在产业政策上,重农抑商被继续奉行和强化。

1) 户籍制度的沿袭与渐变

(1) 沿袭

秦汉以来的户籍制度基本上是春秋战国时期"编户齐民"体制的继承和延续。在户籍制度上,秦帝国大体上沿袭了商鞅变法时期形成的严格的户口登记、分户立户、什伍连坐、更籍(人口迁移登记)等制度,并将其推行至全国。秦的户籍制度在经济上发挥征发赋税和徭役的作用,在社会治安上控制和严格限制迁移和流民的产生,在政治上是区分不同社会阶层和实现统治的手段,从而有效地保证和巩固了中央集权(高敏,1987)。

"汉承秦制"。汉朝进一步继承并发展了秦的户籍制度,如在户籍调查和审核时,还是沿用管仲和商鞅时期的制度,实行"案比"(考察所登记户口的相貌、年龄、健康等状况与户籍内容是否相符)和上计制度。但汉朝在户种上有了更详细的区分,按财富多寡程度可分为"细民"、"小家"、"大家"等几种;而且,汉朝更直接地把户籍与赋税征收、土地管理联系起来;把赋税分为户赋(每户缴纳的分君列侯时的费用)、算赋(十五岁到五十六岁人口缴纳)和口赋(七岁到十四岁儿童缴纳)三种;土地状况也被附带列入户籍登记的内容(张庆五,1982)。

秦汉以后,最值得重视的是户籍与赋税、土地制度相结合的三位一体模式得到长期的遵行,明朝的黄册制度也显示出这种特征。如《明史·食货》载:"(太祖)即位之初,定赋役法,一以黄册为准。册有丁有田,丁有役,田有租。租曰夏税,曰秋粮,凡二等。夏税无过八月,秋粮无过明年二月。丁曰成丁,曰未成丁,凡二等。民始生,籍其名曰不成丁,年十六曰成丁。成丁而役,六十而免。又有职役优免者,役曰里甲,曰均徭,曰杂泛,凡三等。以户计曰甲役,以丁计曰徭役,上命非时曰杂役,皆有力役,有雇役。府州县验册丁口多寡,事产厚薄,以均适其力。"对于户籍制度的这种易依附性特征,张庆五(1982)也指出:中国历史上的户籍制度往往和赋税、徭役征发相联系和互补。

魏晋南北朝至隋唐宋元明清各朝大体上沿袭了秦汉时期的户籍制度,只是在户口登记和管理制度、户种划分等方面更加细化和趋于完善①。在户籍制度的沿袭和完善方面,最典型的是金朝的户籍制度②:

"户口。金制,男女二岁以下为黄,十五以下为小,十六为中,十七为丁,六十为老,无夫为寡妻妾,诸笃废疾不为丁。户主推其长充,内有物力者为课役户,无者为不课役户……其为户有数等,有课役户、不课役户、本户、杂户、正户、监户、官户、奴婢户、二税户。有司始以三年一籍,后变为通检(通检,后文解释,即《周礼》大司徒三年一大比,各登其乡之众寡、六畜、车辇、辨物行征之制也),又为推排(复查并重新排比因贫富变动引致的赋役不均)。凡户隶州县者,与隶猛安谋克(三百户为谋克,谋克十为猛安,是一种军事、经济和政治社会组织),其输纳高下又各不同……凡户口

---

① 关于历史时期户籍制度的详细介绍,见王威海(2006)的专著;另外,一些概略介绍见张庆五(1982)、江立华(2002)等的论文。
② 之所以称为"最典型",如著名历史学家何炳棣(2000)先生指出:金史的户口计算和登记原则、程序和机构都非常详细,而且"在此前后还没有哪一部正史能提供(如金史)的年龄分组规定、登记城乡军民的机构、从最基层的县以下单位上报到中央有关部门的程序和期限等方面的更精确的资料"。

计帐,三年一籍。自正月初,州县以里正、主首,猛安谋克则以寨使,诣编户家责手实,具男女老幼年与姓名,生者增之,死者除之。正月二十日以实数报县,二月二十日申州,以十日内达上司,无远近皆以四月二十日到部呈省。凡汉人、渤海人不得充猛安谋克户。猛安谋克之奴婢免为良者,止隶本部为正户。凡没入官良人,隶宫籍监为监户,没入官奴婢,隶太府监为官户。"(《金史·卷46志第二十七·食货一》)

由上可见,在户口的年龄构成、户籍种类、户口登记内容与消除、管理机构及上报时间等方面,金朝都有详细而确切的规定,与《周礼》中的思想也颇有渊源。这些完备的制度安排基本上都指向一个目的——征发赋役。将户籍制度与赋役制度结合起来,是秦汉以后各朝所采取的普遍做法,但也引发了比较严重的问题。《金史·卷46志第二十七·食货一》同样记载了实行户籍制度后的政策困境:

"(户籍)法之初行,唯恐不密,言事者谓其厉民,即命罢之。罢之未久,会计者告用乏,又即举行。其罢也志以便民,而民未见德。其行也志以足用,而用不加饶。一时君臣节用之言不绝告诫。尝自计其国用,数亦浩瀚;若足支历年者,郡县稍遇岁侵,又遽不足,竟莫诘其故焉。"

这是一段非常重要和发人深省的论述。令统治者陷入罢之不能、行之不德两难境地而"莫诘其故"的,竟然是历史时期最为细致和确切的户籍制度。其实,以"便民"为目的的统治者没有认识到,不是户籍制度的"密"(确细)导致了"厉民",而是户籍与赋税的结合使赋税水平的变动直接影响户籍制度的实行。因此,废除户籍的结果只能是"民未见德";而"行以足用"——只是将户籍作为征发赋役的主要工具,则产生"用不加饶"的后果。这完全不是户籍制度本身的问题,而是财政问题产生的危机。所以,即使遭遇不大的自然灾害("稍遇岁侵"),"节用"、"自计国用"等止于表面的政策也无异于杯水车薪。

实际上,户籍制度的实行陷入困境的深层原因在于:在历史发展过程中,与分配土地、征发赋役制度相结合的户籍制度逐渐暴露出很大的弊病,不但引发人民对土地占有和分配不公、税赋过重与不均的不满,而且由于户籍制度与它们的直接连带和依附关系,因而也遭到人们的抵制。因此,即使在严厉的户籍管理政策之下,为逃避较高的田赋和其他赋役,历史时期也经常出现逃避和隐瞒户口登记的现象。这不但引发"流民"等社会问题,而且也顺带造成历史人口统计的困难。户籍制度改革已经不可避免,历史时期也出现了对户籍与赋税制度的重大调整。

(2) 渐变:户籍制度与土地和赋税制度的分离

秦汉以来户籍制度发生的重大转变在于土地和赋役制度与户籍的分离。这意味着户籍制度逐渐脱离附加的经济功能,成为一种比较独立的社会制度。但是这种转变经历了漫长的历史过程。

秦汉时期的"编户齐民"制度,同时也是国家征收赋税和征发徭役、兵役的依据。"编户齐民"主要有田租、算赋和口赋、徭役、兵役四项负担。土地地租和赋役与户籍制度紧密结合是这一时期的主要特征。

魏晋南北朝时期的土地和赋役制度有了重大突破。在土地制度上,北魏首先实行了均田制,具体规定如:

"诸男夫十五以上受露田四十亩,妇人二十亩,奴婢依良丁;牛一头,受田三十亩,限止四牛。所授之田,率倍之;三易之田,再倍之,以供耕作及还受之盈缩。人年及课则受田,老免及身没则还田。奴婢、牛随有无以还受。初受田者,男夫给二十亩,课种桑五十株;桑田皆为世业,身终不还。恒计见口,有盈者无受无还,不足者受种如法,盈者得卖其盈。诸宰民之官,各随近给公田有差,更代相付;卖者坐如律。"(《资治通鉴·卷一百三十六·齐纪二》)①

均田制有利于农民摆脱豪强大族控制,转变为国家编户,保证了政府的赋役来源,所以一直沿用至唐朝。在此基础上,还实行租调制:成年男子每年向官府缴纳一定的谷物,叫作"租";缴纳一定量的绢和布,叫作"调"。隋唐时期发展为租庸调制:庸是指纳绢或布代役。这标志着以实物租赋代替劳役的开始。

唐朝中后期,随着人口的增多,均田制出现授田不足的危机,土地买卖和兼并之风盛行,均田制和租庸调制无法推行。为解决财政困难,780年,唐德宗接受宰相杨炎的建议,实行两税法。杨炎的主张和措施是:

"凡百役之费,一钱之敛,先度其数而赋于人,量出以制入。户无主客,以见居为簿;人无丁中,以贫富为差。不居处而行商者,在所郡县税三十之一,度所与居者均,使无侥利。居人之税,秋夏两征之,俗有不便者正之。其租庸杂徭悉省,而丁额不废,申报出入如旧式。其田亩之税,率以大历十四年垦田之数为准而均征之。夏税无过六月,秋税无过十一月。

---

① 该卷还记载了实行均田制的原因:"民多荫附;荫附者皆无官役,而豪强征敛倍于公赋……岁饥民流,田业多为豪右所占夺;虽桑井难复,宜更均量,使力业相称。又,所争之田,宜限年断,事久难明,悉归今主,以绝诈妄。"可见,人民纷纷逃避赋役而形成流民,而地方豪强占有大量土地并侵夺国家财政,需要对土地产权进行重新划定使均田制的出现成为必然。

逾岁之后,有户增而税减轻,及人散而失均者,进退长吏,而以尚书度支总统焉。"(《旧唐书·卷一百一十八·列传第六十八·杨炎》)①

由上可见,两税法在征税的原则、科目、对象、时间、次数上都做了详细的规定,是赋税制度史上的重大转变。它废除了租庸调制和杂税杂役,简化了征税内容和程序,确定了征税时间,统一了税制,从而保证了国家的财政税收。而其最大突破在于"唯以资产为宗,不以丁身为本"(《资治通鉴·卷二百三十四·唐纪五十》)。从现代税收理论上看,这是一种累进税率,由人头税过渡到资产税,弥补了租庸调制"以丁身为本"的制度缺陷(王劲屹,2007)。两税法对户籍制度影响重大。王威海(2006)认为:"两税法的最大特点是收税原则由以户籍人口为标准改为以土地为标准,这一转变的直接结果是废弃了户籍制度的土地分配功能,户籍制度与土地制度分离;同时户籍制度的赋税徭役征发功能有所减弱,户籍开始与赋役制度相分离。"

宋朝时,王安石变法中的募役法和方田均税法在赋税和土地制度上进行了调整。政府向应服役而不愿服役的人户收取免役钱,雇人服役;并且重新丈量土地,按土地多少、好坏收取赋税。实际上这是纳钱代役和按亩征税原则的进一步深化和细化。

明朝后期实行的"一条鞭法"是赋税制度史上的又一次重大改革。"一条鞭法者,总括一州县之赋役,量地计丁,丁粮毕输於官。一岁之役,官为佥募。力差,则计其工食之费,量为增减;银差,则计其交纳之费,加以增耗。凡额办、派办、京库岁需与存留、供亿诸费,以及土贡方物,悉并为一条,皆计亩征银,折办於官,故谓之一条鞭。立法颇为简便。嘉靖间,数行数止,至万历九年乃尽行之"(《明史·食货二》)。一条鞭法把田赋、徭役和杂税合并起来,折成银两,分摊在田亩上,按田亩数收税。其中,田赋除漕粮仍征实物外,一律征银;原银差及力差也统为征银,并摊进田赋银内征收。一条鞭法实施不久就停止了,但改用银两收税的办法却保留了下来。一条鞭法标志着实物地租逐渐向货币地租演变,赋税种类由繁多到简化的重要演变。

---

① 此节也列举了两税法出台的背景和原因,如:"天下公赋,为人君私藏,有司不得窥其多少,国用不能计其赢缩,殆二十年矣……人户浸溢,堤防不禁……户部徒以空文总其故书,盖得非当时之实……百役并作,人户凋耗,版图空虚,凡富人多丁者,率为官为僧,以色役免;贫人无所入则丁存。故课免于上,而赋增于下。是以天下残瘁,荡为浮人,乡居地著者百不四五,如是者殆三十年。"也就是国家财政困难,户籍与租庸调制的废弛,赋役上的贫富不均等。

清朝时实行的"摊丁入亩"制度则废除了中国历史上长期存在的人头税,促使户籍制度与赋役制度彻底脱钩。《清史稿·食货二》载:"(康熙)五十一年,谕曰:'海宇承平日久,户口日增,地未加广,应以现在丁册定为常额,自后所生人丁,不征收钱粮,编审时,止将实数查明造报。'廷议:'五十年以后,谓之盛世滋生人丁,永不加赋。仍五岁一编审。'……雍正初,令各省将丁口之赋,摊入地亩输纳征解,统谓之'地丁'。"也就是以1712年的人丁数作为征收丁税的固定丁数,以后"滋生人丁,永不加赋",而雍正帝把丁税平均摊入田赋中,征收统一赋税,叫做"地丁银"。

摊丁入亩制度不但标志着自汉唐以来长期实行的人头税的彻底废除,而且标志着税收形式货币化的固定和简化。对于户籍制度的实行而言,既杜绝了历史上长期存在的隐瞒人口的现象,也促进了人口出生率的提高,有利于人口增长和社会经济发展。

两税法、一条鞭法和摊丁入亩等制度变革,使户籍制度渐渐剥离和分化了附加于其上的土地和税赋功能。户籍制度的演化历史显示,户籍制度容易成为各种利益主体依附的对象。因此,分离依附于户籍制度上的其他制度和利益关系,是历史时期户籍制度发展的必然趋势,也是现代户籍制度改革的主要方向。

2)郡县制的反复与行省制的形成

在行政管理制度上,秦汉至唐经历了郡县制与分封制的反复交替。周朝的分封制对历史产生持久的影响,甚至明朝也实行分封制。历史时期的许多著名学者对这两种制度的认识不一(冯天瑜,2006)[①],最终郡县制成为历史的选择。郡县制后来发展为延续至今的行省制度,有力地保证了"编户齐民"体制的运行。

秦帝国将春秋战国以来的郡县制推行到全国,而汉朝则恢复了周代的分封制。对于秦汉至唐朝的郡县制与分封制之间的交替,最为经典的论述见于柳宗元的《封建论》。他充分肯定了郡县制的进步性,指出:"秦有天下,裂都会而为之郡邑,废侯卫而为之守宰,据天下之雄图,都六合之上游,摄制四海,运于掌握之内,此其所以为得也。"所以,秦亡于"酷刑苦役,而万人侧目",其原因为"失在于政,不在于制","咎在人怨,非郡邑之制失也"。而汉朝"矫秦之枉,徇周之制,剖海内而立宗子,封功臣。数年

---

① 冯天瑜(2006)还论述了围绕封建制度的"封土建国"、"封爵建藩"及其引申义"分权"而产生的两派主张——黄宗羲、顾炎武等提出"封建"的正面意义,而柳宗元、王夫之、魏源等对此持否定态度。

之间,奔命扶伤而不暇。困平城,病流矢,陵迟不救者三代。后乃谋臣献画,而离削自守矣。然而封建之始,郡邑居半,时则有叛国而无叛郡。秦制之得,亦以明矣。继汉而帝者,虽百代可知也。"魏晋时期沿袭汉之分封,"魏之承汉也,封爵犹建;晋之承魏也,因循不革",所以历时不长。唐朝时"制州邑,立守宰,此其所以为宜也。然犹桀猾时起,虐害方域者,失不在于州而在于兵,时则有叛将而无叛州。州县之设,固不可革也"。柳宗元雄辩地指出郡县制已经成为历史潮流。

郡县制发展为行省制是地方行政管理制度上的重大变革。金朝时,地方就设行尚书省,但没有成为定制。元朝正式形成行省制度。《元史》记载:"行中书省……掌国庶务,统郡县,镇边鄙,与都省为表里。"可见行省实际上是郡县制的延续和发展。其中,内指山东、山西、河北,称为"腹里",作为中央特区,由中书省直辖,而其余行省是中央政府派驻地方的机构。元朝在中央设中书省作为全国最高行政机构,中书省的省臣被派往地方执政,称行中书省,简称行省。行省的形成经历了一个逐渐演化的过程。固定化、半固定化行省的普遍设置逐步取代大量存在的临时处理军政事务的行省,在确定的辖区疆界范围,行省官兼领军民和不定期迁调,使行省基本脱离了受朝廷临时派遣的旧体制,转变为较正规的地方最高官府(李治安,1997)。所以,行省逐渐成为常设的地方行政机构。行省制的确立,更加巩固了国家统一和强化了中央集权,对后世有巨大的影响。明清沿用此制,并一直保留到今天。

3) 基层组织控制的强化:保甲制

周初形成的乡里制度和思想被以后历代所继承和发扬。战争时期,统治者从农战的观念出发,实行"户籍相伍",以达到充实兵源、保障粮源和社会治安相结合的目的。和平时期,乡里制度的重点转向社会治安和基层控制。商鞅变法形成的什伍连坐制的精神被后来的统治者吸取,制度也大体上沿袭下来。汉朝为乡里制,唐朝形成伍保制,宋朝发展出影响深远的保甲制,其实质都是加强乡里联系与控制。

实际上,西汉乡里制仍然是乡遂制的延续。具体规定和目的为:"在野曰庐,在邑曰里。五家为邻,五邻为里,四里为族,五族为党,五党为州,五州为乡。乡,万二千五百户也。邻长位下士,自此以上,稍登一级,至乡而为卿也。于是里有序而乡有庠。序以明教,庠则行礼而视化焉。春令民毕出在野,冬则毕入于邑……出入相友,守望相助,疾病相救,民是以和睦,而教化齐同,力役生产可得而平也。"(《汉书·食货志上》)这不仅是班固对周代乡遂制的追溯和向往,而且也是汉朝实际制度的反映。

出土汉简证实了乡里制的实行状况及其发挥的职能。其中记载:"自五大夫以下,比地为伍,以辨口为信,居处相察,出入相司。有为盗贼及亡者,辄谒吏、典。田典更挟里门籥,以时开;伏闭门,止行及作田者;其献酒及乘置乘传,以节使,救水火,追盗贼,皆得行,不从律,罚金二两。"(张家山二四七号汉墓竹简整理小组,2001)。

唐时伍保制延续和深化了乡里制度。罗彤华(2005)认为在传统的警政治安功能之上,唐朝伍保制还发挥了财经(征发赋役)、司法功能;而且越到中晚唐,伍保制的防盗禁奸、查核户籍功能越突出。可见基层组织制度与户籍制度的演变是相适应的。

对于这种制度的具体组织形式与管理方式,仍以户籍制度规定最为细致的金朝为例。《金史·卷四十六志第二十七·食货一》记载:

"令民以五家为保。泰和六年,上以旧定保伍法,有司灭裂不行,其令结保,有匿奸细、盗贼者连坐。宰臣谓旧以五家为保,恐人易为计构而难觉察,遂令从唐制,五家为邻、五邻为保,以相检察。京府州县郭下则置坊正,村社则随户众寡为乡置里正,以按比户口,催督赋役,劝课农桑。村社三百户以上则设主首四人,二百户以上三人,五十户以上二人,以下一人,以佐里正禁察非违。置壮丁,以佐主首巡警盗贼。猛安谋克部村寨,五十户以上设寨使一人,掌同主首。寺观则设纲首。凡坊正、里正,以其户十分内取三分,富民均出雇钱,募强干有抵保者充,人不得过百贯,役不得过一年。大定二十九年,章宗尝欲罢坊、里正,复以主首远,入城应代,妨农不便,乃以有物力谨愿者二年一更代。"

可见,金朝延续了伍保制。北宋时期,王安石变法,推行保甲制。《宋史·兵志六》记载:"熙宁初,王安石变募兵而行保甲……十家为一保,选主户有干力者一人为保长;五十家为一大保,选一人为大保长;十大保为一都保,选为众所服者为都保正,又以一人为之副。"也就是五百家设都保正一人,副都保正一人,下有大保长、保长,行掌管户口、社会治安、训练壮勇之职。实际上在思想上仍然是商鞅农战和什伍连坐制的延续。

保甲制为以后历代所遵行,国民党时期甚至也实行保甲制。元代的村社组织,明代的里甲制等发挥的功能与保甲制无异,都是编审户籍入丁、催征赋役,而保甲制更倾向于发挥军事和社会治安功能。随着赋役制度从户籍制度中分离出来,对基层社会的组织和控制强化成为户籍制度演化到后期的一个重要倾向。这种强调社会治安的户籍制度思想至今仍然有深远的影响。

4) 重农抑商政策的延续和变化

秦汉及以后的朝代，大体上都把重农抑商作为既定国策，奉行不误。秦始皇琅邪石刻有"皇帝之功，勤劳本事。上农除末，黔首是富"（《史记·秦始皇本纪》）之句，把重农抑商视为秦朝建立功业和富强的基础。

汉朝的休养生息政策使农业和工商业都得到较大的发展。《史记·货殖列传》载："汉兴，海内为一，开关梁，弛山泽之禁，是以富商大贾周流天下，交易之物莫不通，得其所欲，而徙豪杰诸侯强族于京师。"但由于"用贫求富，农不如工，工不如商，刺绣文不如倚市门。此言末业，贫者之资也"，这导致很多农民弃农经商。汉文帝时，"时民近战国，皆背本趋末"（《汉书·食货志上》）。大臣贡禹则上疏汉元帝指陈这一问题的严重性："民心动摇，商贾求利，东西南北各用智巧，好衣美食，岁有十二之利，而不出租税……故民弃本逐末，耕者不能半。贫民虽赐之田，犹贱卖以贾，穷则起为盗贼。何者？末利深而惑于钱也。是以奸邪不可禁，其原皆起于钱也。"（《汉书·卷七十二·王贡两龚鲍传》）

在商业利润的影响下，农业与商业，以及城市与乡村的矛盾激化，导致贫富差距增大，土地兼并和流民作乱，这些严重威胁到社会经济秩序和政治稳定。正如晁错在《论贵粟疏》中指出："民贫，则奸邪生。贫生于不足，不足生于不农，不农则不地著，不地著则离乡轻家，民如鸟兽，虽有高城深池，严法重刑，犹不能禁也。"所以，汉文帝下诏："农，天下之大本也，民所恃以生也，而民或不务本而事末，故生不遂。朕忧其然，故今兹亲率群臣农以劝之。其赐天下民今年田租之半。"（《汉书·卷四·文帝纪》）农商关系成为关系国家发展前途的重大问题。贾谊、晁错等名臣纷纷上疏论及农业是国家的根本。贾谊的《论积贮疏》再次强调了背本趋末造成的危害以及农本的重要意义：

"古之人曰：'一夫不耕，或受之饥；一女不织，或受之寒。'生之有时，而用之亡度，则物力必屈。古之治天下，至孅至悉也，故其畜积足恃。今背本而趋末，食者甚众，是天下之大残也。淫侈之俗，日日以长，是天下之大贼也。残贼公行，莫之或止；大命将泛，莫之振救。生之者甚少，而靡之者甚多，天下财产，何得不蹶？汉之为汉，几四十年矣，公私之积，犹可哀痛。失时不雨，民且狼顾，岁恶不入，请卖爵子，既闻耳矣，安有为天下阽危者若是而上不惊者！……苟粟多而财有余，何为而不成？以攻则取，以守则固，以战则胜。怀敌附远，何招而不至？今殴民而归之农，皆著于本，使天下各食其力,末技游食之民,转而缘南亩,则畜积足而人乐其所矣。可以为富安天下,而直为此廪廪也!"

晁错在《论贵粟疏》中则直接指出了农商关系问题的难点、实质与解决对策:

"今法律贱商人,商人已富贵矣;尊农夫,农夫已贫贱矣。故俗之所贵,主之所贱也;吏之所卑,法之所尊也。上下相反,好恶乖迕,而欲国富法立,不可得也。方今之务,莫若使民务农而已矣。欲民务农,在于贵粟;贵粟之道,在于使民以粟为赏罚。今募天下入粟县官,得以拜爵,得以除罪。如此,富人有爵,农民有钱,粟有所渫。夫能入粟以受爵,皆有余者也。取于有余,以供上用,则贫民之赋可损,所谓损有余,补不足,令出而民利者也。顺于民心,所补者三:一曰主用足,二曰民赋少,三曰劝农功。"

此后,重农抑商的政策被反复强调并深化。汉武帝时,商人的社会地位降低,商人被归入"市籍",凡有市籍者,不准衣丝乘车,不得携带兵器,子孙不得任官;同时商贾均要交纳加倍的人头税;王莽时期继续执行类似的抑商政策(谢瑞东,2006)。

三国魏晋南北朝时期,重农抑商思想继续强化,商人和商业的地位处于底层。隋唐时期,仍然歧视商业和商人,一些规定如:"食禄之家,不得与下人争利;工商杂类,不得预于士伍。"(《旧唐书·食货志》)在唐朝,商人被课以重税,不能参加科举考试。商人和商业在政治和经济上都受到很大歧视和抑制。

唐朝后期至宋元时期,抑商的程度有所减轻。主要是随着商品经济的发达,对外贸易的活跃,再加上财政的需要,商人阶层逐渐壮大,通过其财富影响力,参与和左右政治决策,商人逐渐在经济、政治上获得一定地位,重要表现如一些商人也可以参加科举(蔡泽琛等,2004)。但是这并没有改变重农抑商的传统思想和制度。

明清时期,仍然坚持崇本抑末的政策。明朝的重农抑商政策经历了从明初的严格实行到中后期的修正,朱元璋有着非常严重的抑商思想(1366年,朱元璋表示:"今日之计,当定赋以节用,则民力不困;崇本而祛末,则国计可以恒舒。");到明朝中后期,随着商品经济的发展,政治上出现了"通商"、"恤商"、"惠商"的思想和政策,商人的政治、社会地位抬升,且出现了官员经商的现象(于少海,2004)。虽然经历较大的转变,但是重农抑商的政策和主导思想并没有改变。清朝名臣靳辅曾指出:"天下之民,求其乐岁有余,凶年有备,全在力农者之多于士工贾。"他还根据社会的生产水平,做出农业和非农业人口大致 7∶3 较为合适的估量(沈定平,1984)。

总体来看,自秦汉至清朝,重农抑商思想和政策不但一直被延续,且在某些朝代被强化。唐朝以来,随着商品经济的快速发展,抑商政策有所转变。商人和商业的地位有较大抬升,商人阶层利用其财富影响力,获得了更大的经济和政治权利。但是,在意识形态和文化上,商人和商业一直被抑制和轻视,乃至歧视,所以,重农抑商的政策一直被延续下来。对农商关系的这种平衡实际上就是对城乡关系的平衡。这是形成历史时期长期城乡融合的一个主要原因。

5.4.2 制度演变的文化效应

从"编户齐民"体制的演变过程可见,秦汉以来大体上延续了春秋战国时期形成的制度体系,但在某些制度上也出现了重要的变化。在长期的历史发展过程中,这些政策或制度形成并固化为一定的思想意识和价值观念,产生了深远的文化影响力。

作为"编户齐民"体制的核心,户口登记和管理制度在秦汉以后被沿袭和细化,直到今天仍然发挥着重要作用。但是,经历两税法到摊丁入亩的改革后,户籍制度才从赋役和土地制度中分离出来。这一方面说明,户籍制度本身存在易受依附且不易剥离的特性,另一方面也显示出户籍制度必然和必须独立的发展趋势。户籍制度的这种易依附、难剥离的特性也造成现今户籍制度改革的困难。

在地方行政管理制度上,秦汉以后基本沿袭了郡县制。行省制只是郡县制的完善。这种制度一直延续至今。在城乡关系上,地方行政起着承上启下的作用:国家的"编户齐民"制度需要它去执行和管理,而基层的乡村和城镇又依靠它进行组织。郡县制和行省制是历史时期城乡融合的重要保障。

在基层组织制度上,一方面,秦汉以后基本沿袭了乡遂制的精神,即主张邻里之间社会、经济、文化等的互助和共生;另一方面,商鞅变法以来,则强调了乡里制度的警政、治安功能,乡里制度向保甲制的过渡反映了这种侧重点转移的特征与趋势。从邻里互助共生到邻里监督连坐的侧重,与不同的时代背景和环境有关。但是,在经济功能从户籍制度中分离出去之后,社会治安功能成为基层组织制度的主要内容。从户籍制度仍然受公安部门管辖这一点就可以看到它对现今社会的重要影响。

在产业政策上,重农抑商政策的长期延续与历史时期的意识形态不无关系。儒家、法家和道家等虽主张不同，但是在重农抑商观点上却基本一致①。汉武帝"罢黜百家，独尊儒术"后，儒家思想成为主流意识形态，更加强了重农抑商政策的推行。出于对重利轻义的商人的厌恶（如白居易《琵琶行》中的"商人重利轻别离"），以及财富增多导致的"不患寡而患不均"现象的担忧，抑制商人和商业就成为儒家意识形态下的必然国策。虽然商品经济的发展对这个制度有所动摇，但是意识形态的强大力量使秦汉至清朝都未摆脱重农抑商政策的影响。这是对商业的阻抑政策，因而就是对城市发展的阻抑政策，造成了农民和商人之间天然的、不对等的经济权力的平衡（如商富农贫，商人容易结伙抬价，而农民分散和不易组织②），这种不对等的平衡往往造成土地兼并和流民问题，进而严重威胁到国家统治秩序和社会的稳定。这是中国"治—乱"历史循环发展特征对意识形态选择的必然结果。但是，这种意识形态客观上促成了城乡融合。

5.4.3 一面临海与对外贸易政策的反复

1) 经济地理中心的转换及其影响

三代时期，中国的政治、文化和经济中心都在黄河流域。春秋战国时期，南方的诸侯国（楚、吴、越等）对江南地区有所开发，长江流域经济开始发展。秦统一六国后，黄河流域和长江流域整合为一个整体。因此，秦的统一不仅具有政治、经济、军事和社会文化上的重大意义，而且具有重要的地理意义。这种统一以经济地理与文化的结合为主要特征。汉朝更进一步拓展了疆域范围。秦汉时期奠定了中国延续至今的基本地理格局。

从经济发展的空间推移来看，秦汉时期，随着中原的铁器传到珠江流域，牛耕、马耕在长江流域广泛使用，南方经济有所发展。魏晋南北朝时期，江南地区得到开发，南北经济开始趋向平衡。陈正祥（1983）论述了中国经济地理和文化中心迁移的关系，他认为南北经济地理和文化中心迁移以永嘉之乱、安史之乱和靖康之难为三个关键节点。在北方游牧民族的侵袭的推力和南方优越的自然地理条件的引力结合之下，中国经济地理和文化中心逐渐南移。北宋灭亡是文化中心转向南方的真正标志。

---

① 儒家思想如孔子的"君子重义，小人重利"之思想，荀子的重农思想；以商鞅、韩非为代表的法家则直接提出重农抑商的主张；老子"不贵难得之货"和"绝巧弃利，见素抱朴，少私寡欲，不盈不积"的思想都是与发展商业和商业精神相抵触的。

② 注意斯密鲜明地指出了商人的这些缺点，并对中国重农思想持赞赏态度。详见第3章相关论述。

经济地理中心的转换可通过南北人口分布变化情况来体现。表5-2显示了自北宋以来,经济地理中心已经转向南方,而且明朝以后延续并稳定了这一态势。胡焕庸(1983)详细统计和分析了中国人口的分布,提出从黑龙江瑷珲到云南腾冲的人口分界线,东南与西北人口比为96∶4;从他提供的1933年各省数据来看,南北人口比大致是7∶3;而从2005年全国人口南北分布来看,也大致维持这一水平①。因此,南宋以来的人口南北分布的特征与近现代基本吻合。

表5-2 中国南北户数增减的演变

时代	北方户数(万)	南方户数(万)	南北对比[南方所占比例(%)]
汉(公元2年)	965	111	10.3
唐(公元742年)	493	257	34.3
宋(公元1080年)	459	830	64.4
明(公元1572年)	344	650	65.4

正如胡焕庸所揭示的东西人口分布的悬殊状况显示,经济地理中心向南方转移的最大影响是:南北矛盾(游牧民族与农耕民族)随着民族融合而逐渐淡化,中华文明在内部趋于稳定和成熟,元朝以后也再没有出现长期的地区分裂局面。但是,随着对外贸易联系的加强,对外关系在沿海地区的深入发展和复杂化,东西矛盾逐渐突出并替代了南北矛盾,成为最重要的区域问题。由于中国一面临海的地理特征,所以,东西矛盾在地理上集中体现为临海地区与其内陆腹地之间的矛盾。这种矛盾,又主要体现在对外贸易政策上。历史时期不断变化的对外贸易政策与一面临海的地理特性之间有着直接而密切的联系。

2) 元朝以前的开放与对外贸易

秦汉时期,随着大一统国家的形成,中国地理格局也基本形成。由于受当时交通运输条件和生产力水平的限制,对外交往主要集中在陆路上,其中以"丝绸之路"的开辟和繁盛最为典型。汉朝时,随着航海业的初步发展和对外联系的加强,又开辟了"海上丝绸之路"。秦汉时期的开放政策,初步形成了通过航海进行贸易和交往的局面。秦汉帝国在当时的世

---

① 各省区的人口数见中华人民共和国国家统计局(2006)。其中,北方包括西北、华北、东北各省区。南北自然地理分界线与行政区界线不尽一致,故取其比例的近似数,能反映大体态势。

界体系中,其经济、政治处于领先地位,文化上具有巨大影响力。在其后的分裂时期,也就是在三国魏晋南北朝时期,造船和航海水平进一步发展,从而直接推动了对外贸易的开展。阿拉伯史学家记载:"中国的商船,从公元3世纪中叶,开始向西,从广州到达槟榔屿,4世纪到锡兰,5世纪到亚丁,终于在波斯和美索不达米亚独占商权。"(孙玉琴,2005)这反映了中国在当时国际贸易中的优势地位。

隋唐时期实行开放和积极的对外贸易政策。孙玉琴(2005)认为:隋唐造船业和科学技术的进一步发展使其具备了发展海外贸易的条件,而唐朝实行的开放和鼓励海外贸易的政策(比如优待外商、尊重外商宗教和习俗、保护外商合法权益等)、市舶制度的设立(市舶是负责进出口货物登记、征税、官营奢侈品、管理外商贸易等)等都促进了海外贸易的发展,出现了一些著名的港口,如广州、明州(宁波)、扬州等。安史之乱后,对外贸易重心出现了由陆路转向海路的倾向。甚至在分裂的五代十国时期,对外贸易仍继续发展。如在原有的港口之外,又发展了杭州、温州、台州、金陵等港口,而且茶叶、陶瓷和铜铁制品成为对外贸易的主要输出商品(杜文玉等,2006)。

宋元时期,政府继续鼓励和扩大对外贸易。黄纯艳(2003)详细论述了宋代海外贸易发展的状况,他认为随着唐宋时期政治重心由长安转移到洛阳、开封,最后直接转移到杭州,消费市场直接面向沿海地区。宋代实行积极鼓励海外贸易的政策(主要如沿袭唐朝的政策并设立市舶司等),另外,由于中国在造船和航海技术、出口产品(丝绸和瓷器)结构方面的突出优势,宋代开创了中国在国际贸易中的主导地位的历史,并基本确立了中国对外贸易的范围。元朝时期,随着其势力范围的扩大,更进一步推动了海外贸易,私人海外贸易也取得了较大的发展;而且,市舶制度得到完善(如修订并出台了历史上第一部系统的对外贸易法规——"整治市舶司勾当")。在经营方式上公私兼有,进出口产品品种极为丰富,贸易国达到140个之多,可见其海上贸易的繁盛(孙玉琴,2005)。

在元朝以前的开放和积极鼓励对外贸易政策的背后,应当看到海外贸易发展存在的不足与脆弱性。黄纯艳(2003)认为:中国古代海外贸易的发展轨迹大体上是一个抛物线,宋元就处在该抛物线的顶部。虽然宋朝积极发展海外贸易,但并未与外交政策结合起来,朝贡贸易也有所限制。元朝曾经出现过几次海禁。而且相对于社会经济的发展,海外贸易发展比较迟缓,占整体国民经济的比例还较低,重农抑商的传统政策并未改变。综合来看,这些因素无疑导致元朝以前对外贸易的繁荣缺乏稳固的基础,这也成为明清时期对外贸易政策的反复的诱因。

3) 明清时期对外贸易政策的反复

明清时期对外贸易政策发生了深刻转变,这种转变对中国近现代发展影响深远。但是深入研究明清时期的对外贸易政策后,我们发现它却并非在历史教科书中所提的"闭关锁国",也不是完全和彻底的海禁政策,而是在开放和封闭之间反复。

明朝的海禁政策具有典型的反复性特征。从1368年朱元璋建立明朝到1627年崇祯败亡的260年间,海禁政策主要经历了"严行—废弛"的"三起三落"循环(表5-3)。其中,海禁政策被废弛的时间总共约有110年,可见并非整体上严行海禁。而且,在官方的严令禁止之下,私人贸易却由暗中发展到不断壮大,最后形成庞大的海商集团,并酿成"倭寇之乱"。

表5-3 明朝海禁政策的反复

年号(时期)	海禁政策实行状况	持续时间(年)	突出表现	原因	结果与影响
洪武至建文	严行	35	朱元璋制定"片板不许下海"的祖训	"海疆不靖"、"诸夷多诈"等	海禁成为祖制,终明未废
永乐	废弛	22	郑和下西洋	怀柔远人	对外交往扩大和贸易发展
洪熙至弘治	严行	72	数次严申海禁	王朝由盛转衰,无力经营西洋	海外贸易被限制,私人贸易暗中发展
正德	废弛	16	抽分制实行	西方殖民者(葡萄牙、西班牙、荷兰)东来	沿海地区和私人贸易发展
嘉靖	严行	45	朱纨禁海	争贡之役	朱纨自杀,海商集团崛起与倭寇之乱
隆庆至崇祯	废弛	78	明穆宗宣布"准贩东西二洋",设立督饷馆	倭寇之乱后果与海内外形势变化	私人贸易合法化,突破朝贡贸易

注:由于同一皇帝也可能变换政策(在明朝的海外贸易政策上,这种现象比较少),所以政策持续时间存在一定的误差,但不超过10年,所以,能反映总体上的变化态势。

明朝海禁政策的反复具有必然性。海禁导致沿海居民生计困难,他们或暗中冒极大风险从事贸易,或投靠海上集团转而为寇,引发海上变乱。明史记载:"闽省土窄人稠,五谷稀少。故边海之民,皆以船为家,以海为田,以贩番为命……一旦禁止,则利源阻塞,生计萧条,情困计穷,势必啸聚……万一乘风揭竿,扬帆海外,无从追捕,死党一成,勾连入寇。"(《明神宗实录·卷二六二》)正如唐枢指出:"严禁商道,不通商人,失其生理,于是转而为寇。寇与商同是人也,市通则寇转为商,市禁则商转为寇。华夷同体,有无相通,实理势之所必然。"①所以,为防止"海疆不靖"而制定的海禁政策竟然成为导致"海疆不靖"的主要原因,这是明初统治者没有想到的。因而,海禁在明朝中后期的废弛就成为历史的必然。

清朝的海禁政策特点与明朝极为相似。清初开放海禁经历了"展界复业"和"开海设关"两个步骤,"海禁"是个逐渐开放的,是清朝内外政策在新的历史条件下逐渐演化的讨程(刘奇俊,1994)。

清初,由于郑成功海上势力的增强和三藩之乱,清朝曾多次下达"禁海令"(五次)和"迁海令"(三次),海禁政策也几度反复(夏秀瑞,1988)。黄启臣(1986)则认为在清代前期的 196 年中,严行海禁的时间总计不过 39 年,其余 157 年海外贸易基本上是开放的。即使在禁海期间,也没有完全断绝与外国的贸易往来。可见,清朝海外贸易政策虽然与明朝一样具有反复性,但总体上还是开放贸易。在三藩平定之后,康熙不但下令开海,"今海内一统,寰宇宁谧,满汉人民相同一体,令出洋贸易,以彰富庶之治,得旨开海贸易"(《清朝文献通考·卷三三·市籴》);而且点出了禁海和开海的原因及作用,如"先因海寇,故海禁不开为是。今海氛廓清,更何所待?……向令开海贸易,谓于闽粤边海民生有益。若此二省,民用充阜,财货流通,民生有益,各省俱有裨益。且出海贸易,非贫民所能,富商大贾,懋迁有无,薄征其税,不致累民,可充闽粤兵饷,以免腹里省分转输协济之劳。腹里省分钱粮有余,小民又获安养,故令开海贸易"(《清实录·圣祖实录·卷一一六》)。但由于"华夷之辨"和重农抑商思想的影响,乾隆时期又出台了限制海外贸易和交流的政策。

统观清初到鸦片战争前这一段历史,中国海外贸易曲折发展,尽管大体上是开海贸易,但统治者并未认识到国际贸易变化的形势及其与地缘政治的关系,更没有认识到这种贸易与地缘政治的发展已成为左右世界

---

① 唐枢《御倭杂著》。注意唐枢是浙江湖州人。

局势的主要力量。在这种被动的和封闭性的思维、视野和决策下,对一面临海带来的经济和地缘政治影响的估计不足,是清朝在鸦片战争中失败的主要原因之一。

5.4.4 一面临海主导对外贸易政策的反复

从经济地理、文化与政治中心的南北推移历史来看,经济地理中心与文化中心南移是一致的,但与政治中心变迁态势却不太一致。实际上,宋朝以来,南方经济文化中心地位的形成和稳定发展已经使南北划分和比较变得相对次要。从一致性的角度来看,元朝以后至今,经济地理、文化和政治中心都转向沿海地区。

沿海地区有发展贸易的天然优势和倾向,在经济和文化上体现为强烈的外向性特征。但是中国一面临海的地理格局导致其面临广阔的内陆腹地,所以在政治和意识形态上又具有稳定的内向性偏好。这种内向性偏好起初是抵消,后来是抵制,最后阻碍了中国文明和技术上优势的发挥。正如马克斯·韦伯(1995)指出:"就航海技术而言,中国帆船的实际航行距离有时也很长,航海技术(罗盘与指南针)也很发达,但是,对于如此之大的内陆版图来说,海上贸易的相对意义就微不足道了。"他还认为中国不发展海军(贸易的必要保障)和中国的传统文化限制了海外贸易。在这两种力量的冲突和抵消之下,中国的对外政策体现出反复多变的特征。海禁政策的反复集中体现了这一矛盾。

明清时期,常有禁海派和开海派的争论和冲突,这种立场划分也显示了沿海地区与内陆地区的矛盾。明朝中期,矛盾的激化以禁海派官员朱纨自杀为标志,这种个人悲剧反映了海外贸易已经是大势所趋的事实。明朝中后期,随着私人贸易的发展,在高额利润的诱惑下,一些官员与海商勾结起来进行贸易。另外,大多数沿海地区的官员(如唐枢、胡宗宪、林富等)已经认识到海禁与倭寇之乱之间的关系,主张开禁。因此,开海派最终占了上风。清朝同样存在两派之争,主张开海贸易的多为沿海地区的官员,禁海的则多为内地官员①。所以,从表面看,"海疆不靖"是明清两朝实行海禁政策的直接原因。实际上,其深层原因在于一面临海形成

---

① 刘栖泠在《〈红楼梦〉四大家族略考》中指出:朝廷大臣和地方督抚对海禁进行过激烈的争论。武英殿大学士纳兰明珠、直隶巡抚李光地等拥护禁海;而福建、广东、浙江、江苏各省官吏则反对禁海。1676年始,福建总督范承谟、江苏巡抚慕天颜、福建巡抚吴兴作以及监察御史李清方、广东巡抚李士桢以及工科给事中丁泰等上疏反映海禁造成的经济衰败和民生困难等问题。

的临海地区与内陆地区的地理差异,引发内向性与外向性的经济、文化与政治观念之间的冲突与消长。在英国完成工业革命和政治革命,并以斯密的自由贸易理论为经济指南,进而进行全球殖民扩张的同时,中国却仍然纠缠在内向性与外向性的争论当中(如"华夷之辨"),并以内向性的文化优势自居(最典型如乾隆皇帝对英国大使马戛尔尼的著名回复①),因而丧失了起点上的优势。

当明清两朝还在开海与禁海政策之间犹疑不定时,西方列强的海外贸易却发生了质的飞跃。著名经济史学家道格拉斯·诺斯和罗伯特·托马斯(1999)对这一过程有出色的论述:

"国际贸易在16世纪和17世纪的扩张也得力于运输商品费用的大幅度下降。无论陆路还是海上,其运输成本都降低了,从而使运输笨重货物的贸易也得到了发展。在这一发展中海上贸易居领先地位。海商将地中海、波罗的海同非、亚大陆和新大陆连接起来。内陆贸易的路线和集市,其绝对数仍增长了,但与临海地区比却下降了。16世纪和17世纪发展起来的大市场通过可通航的水系彼此相连……16世纪初期适于远洋的为小型船。那时贸易不广泛,小船具有往返省时的明显优点;1500年后,波罗的海沿岸的木材贸易的发展则使大船更经济合算。海盗的肃清和减少、国际货物量的增长以及海上保险的发展,共同使较大的船舶在一条条航线上进行货物运输变得比较经济合算。船舶的平均吨位增加很慢。由于上述各方面的发展,1600—1750年海洋运输的生产率每年按0.5%—1%的比率增长,在这一过程中贸易的效率也随之提高。"

技术、制度和外在环境的诸多有利变化已经预示着世界史上海上时代的到来,这是资本主义发展的重要特征。临海—贸易—殖民是资本主义国家发展的连续环节。当时的中国则没有认识到海上时代到来的重要性,更没有把握这个重要的历史机遇,这是造成近代百年屈辱史的主要原因之一。

从更长远的角度来看,中国一面临海引致的内向性与外向性文化之间的消长,决定了历史时期对外贸易政策的反复性。中国的海外贸易不具有强烈的外向性特征,只是面向和满足国内市场。这不但延缓了中国资本主义的发展进程,而且决定了中国现代化历程的曲折和反复。

---

① "天朝物产丰盈,无所不有,原不藉外夷货物以通有无;特因天朝所产茶叶、瓷器、丝巾为西洋各国及尔国必需之物,是以恩加体恤,在澳门开设洋行,俾得日用有资,并沾余润……所有尔使臣恳请……皆不可行"(《清实录·高宗实录·卷一四三五》)。

5.4.5 政策—文化与临海—贸易共同影响下的城乡关系

秦汉至鸦片战争前,随着大一统的中国文化的形成与成熟,统一的意识形态也趋于形成,在汉朝更是确立了以儒家思想为正统的主流意识形态。政策(或制度)既是文化和意识形态的具体体现,又是文化的产物。政策—文化是这样一种循环作用的关系,贸易政策的变化也与文化有着紧密的联系。因此,正如在第3章中已经指出的,政策—文化与临海—贸易两组变量之间也互相影响,它们是历史时期城乡关系形成和改变的主要原因。

在政策—文化方面,以身份平等思想为核心的"编户齐民"体制,打破了原有的城乡对立的制度体系,确立了延续两千多年的城乡融合。制度和文化发展的历史存在延续和变革两个方向——它们都是"历史的选择"。就历史时期影响城乡关系的重要制度来看,户口登记和管理制度、郡县制与行省制、乡里制度、重农抑商的产业政策在历史选择中延续下来,并趋于完善。就历史时期的"编户齐民"体制而言,延续是主流,变革是支流。虽然历经朝代更替,但是只要体制的根本和主体内容未变,历史时期城乡融合的状况就不会有太大的变化。

变革虽然是支流,但是制度变革的重要意义丝毫不亚于其延续性。它既能够让我们在变化中更进一步地认识现象的实质,又预示着未来的发展倾向和趋势。历史时期户籍制度的变革既表明了其具有天然的易被依附的特点,也显示出分离依附于其上的其他制度的必然发展趋势。乡里制度的保甲制发展倾向说明了基层社会控制在后期的强化。这两者仍然是制约现代城乡关系发展的主要因素。

临海—贸易对中国城市化和城乡关系的重要影响在经济地理中心南移之后被凸显出来。通过表5-4,我们可以看出中国城市化的历史演化特征。与人口分布变化、海外贸易政策变化、文化中心变化相对应的是:宋代以后的中国城市化开始趋于停滞,并于明清时期大幅退缩。正如赵冈(2006)指出:"宋代以后城市人口出现一种离心现象,集中的程度减弱,大中型城郡停止扩充,而市镇的数目大量增加,整个城市的人口愈来愈向农村靠拢。"明清时期面向农村市场的市镇和集市的繁荣使农业经济社会的城市化达到了最大限度。在清朝中期剧增的人口压力之下,人地关系矛盾极端尖锐,以城市化停滞为特征的城乡融合已经成为一种经济社会发展的阻碍因素。无论是对外关系还是内部政治,科学技术还是经济体制,其变革已经不可避免。但是,一面临海的地理特征导致国家具有强烈的内向性,使当时的中国不仅没有认识到海外贸易发展是缓解人口压力和发展城市化,进而发展资本主义的唯一路径,而且陷入海禁政策的反复之中。最后,列强的坚船利炮打开国门,中国不得不被动地走上了资本主义城市化以城乡对立为起点的发展道路。

表 5-4 春秋战国以来的中国城市化

时代	城市化率(%)
战国(公元前 300 年)	15.9
西汉(公元 2 年)	17.5
唐(公元 745 年)	20.8
南宋(公元 1200 年)	22
清(公元 1820 年)	6.9
清(公元 1893 年)	7.7
近代(公元 1949 年)	10.6
现代(公元 1957 年)	15.4

5.5 小结

根据居民权利、政府管理与文化精神三个标准,以制度变迁为线索,可将中国城乡关系演化的历史分为三个阶段。其中,夏商周时期形成和确立了以"体国经野"体制为核心的城乡对立,春秋战国至鸦片战争前形成和确立了以"编户齐民"体制为核心的城乡融合,而近现代时期是以"二元结构"体制为核心的城乡再对立时期。

三代时期的城乡对立于夏商时期初步形成,周代则以"体国经野"体制确立了城乡不平等。"体国经野"体制是一套以"体国经野"制度为核心,以层级行政管理制度为工具,通过乡遂制从基层进行组织,并以怀柔致远的政策为联络,从而达到控制人民和稳定社会秩序目的的制度体系。它反映了在等级制思想主导下,伴随着统治阶级与被统治阶级的两极分化、城乡划分与对立制度化的发展特征。"体国经野"体制符合历史发展趋势,适应统治广大地域的需要,并植根于基层组织和控制,因而具有很强的生命力和稳定性。

春秋战国时期战争频发，人口和经济发展逐渐打破了城乡对立体制。在制度和文化上，通过一套以"编户齐民"为主体的制度体系，形成了绵延两千多年的城乡融合。"编户齐民"体制以"编户齐民"制度为核心和主体，以郡县制的行政管理制度、什伍制的基层组织制度为辅助，并最终通过重农抑商的产业政策得以确立。

秦汉以来的"编户齐民"体制，主体上延续了春秋战国时期的制度，但也有重要的变革。其中，户口登记和管理制度、郡县制与行省制、乡里制度、重农抑商的产业政策被继承，并趋于完善。而户籍制度则出现了赋税和土地从户籍中分离出来的重大变化。乡里制度的保甲制的发展倾向说明了基层社会控制在后期的强化。

宋代经济地理中心南移之后，临海—贸易开始对城乡关系产生重要影响。宋代以后的中国在人口分布、贸易政策、文化中心变迁和城市化发展等方面存在向沿海地区转移的共同倾向。但中国一面临海、一面临广阔内陆腹地的地理格局使其政治和意识形态具有稳定的内向性偏好。这种内向性偏好与临海的外向性倾向交互作用，此消彼长，因而使海外贸易政策反复不定。最后，内向性偏好的强烈作用使海外贸易发展迟滞，最终导致城市化发展的滞后，也错过了通过发展海外贸易来变革城乡关系的最佳机遇。

交互作用的政策—文化与临海—贸易两组变量，是导致中国历史时期城乡关系演变的主要原因。

6 中国近现代的城乡关系

鸦片战争既是中国近代史的开端,又是城乡关系进入再对立时期的标志。中国成为半殖民地半封建社会后,城乡关系性质也发生了巨大变化。伴随着资本主义势力的侵入和渗透,传统的农业经济逐渐解体,通商口岸城市畸形发展。虽然乡村人口城市化也随之缓慢增长,但城乡不平等逐渐加剧,城乡差距扩大,城乡二元结构形成。中华人民共和国成立后,以城乡分割的户籍制度为主体的二元结构体制的形成,标志着城乡对立的最终确立。改革开放以来,二元结构体制成为中国协调城乡关系的最大障碍。在市场经济的推动之下,二元结构体制出现了松动和解体的趋向。

6.1 近代城乡对立的形成

随着资本主义列强的军事入侵和经济掠夺,一面临海使贸易和区域发展不均衡,同时人口剧增使人地关系矛盾尤为突出,传统农业社会城乡平衡和融合的状态被打破。在国外贸易发展的带动下,伴随着沿海地区通商口岸城市的率先发展,城乡差别扩大,城市与乡村的不平等加剧。受西方影响的、快速发展的城市与传统的、缓慢变革的农村形成了二元结构。资本主义城市化发展过程中必经的城乡对立阶段,中国也未能避免。

6.1.1 近代城乡关系变化的动力与原因

春秋战国时期,引起城乡对立向城乡融合转折的主要动力是战争和人口增长。近代史中引发城乡融合向城乡对立转变的主要力量仍然是战争和人口增长,一面临海下贸易的非均衡发展也促成了中国近代的城乡对立。

1)战争及其连锁效应

清政府在第一次鸦片战争中的失败,标志着中国进入了半殖民地半封建社会,也是中国近代百年屈辱史的开端。鸦片战争是资本主义贸易发展和殖民拓张的必然结果。但战争的结果使清政府的禁烟运动在道义上的合理性被其在军事与政治上的失败抵消了。内向性的中国不得不被

动地开放国门与列强进行贸易。对于这一过程与因果关系,马克思(1995)曾进行过精辟的分析:

"中国皇帝为了制止自己臣民的自杀行为,下令同时禁止外国人输入和本国人吸食这种毒品,而东印度公司却迅速地把在印度种植鸦片和向中国私卖鸦片变成自己财政系统的不可分割的部分。半野蛮人坚持道德原则,而文明人却以自私自利的原则与之对抗。一个人口几乎占人类三分之一的大帝国,不顾时势,安于现状,人为地隔绝于世并因此竭力以天朝尽善尽美的幻想自欺。这样一个帝国注定最后要在一场殊死的决斗中被打垮:在这场决斗中,陈腐世界的代表是基于道义,而最现代的社会的代表却是为了获得贱买贵卖的特权——这真是任何诗人想也不敢想的一种奇异的对联式悲歌。"

从历史发展的趋势来看,外向性的、崇尚海外贸易和殖民的资本主义国家与内向性的、以传统农业经济社会为主的和封闭的封建帝国之间的较量,后者的失败不但是必然的,而且是彻底的。在接踵而至的一系列反抗资本主义国家侵略的战争中,中国基本上都以战败而告终。军事失败在导致严重的政治和经济危机的同时,还动摇并改变了传统的意识形态观念。战争频仍、变乱丛生、传统经济解体和价值观的巨变交织在一起,成为中国近代史最突出的特征。鸦片战争虽然没有立刻引起改朝换代,但其影响却超过任何改朝换代的事件,它对中国传统经济、社会、政治以及文化的冲击和改变都是根本性的。正如费正清和刘广京(1985)指出:

"中国在19世纪的经历成了一出完全的悲剧,成了一次确是巨大的、史无前例的崩溃和衰落过程。这场悲剧是如此缓慢、无情而又彻底,因而它就愈加痛苦。旧秩序为自卫而战,它缓慢的退却,但始终处于劣势;灾难接踵而至,一次比一次厉害,直到中国对外国人的妄自尊大、北京皇帝的中央集权、占统治地位的儒家正统观念,以及由士大夫所组成的统治上层等事物,一个接一个地被破坏或被摧毁为止。"

列强发动的侵略战争不但使中国沦为半殖民地半封建国家,而且激发了更大的国内矛盾。这些国内矛盾,大则演变成战争(如太平天国运动),小则激发民变,产生了极强的破坏力。杨庆堃曾统计了1836—1911年的民变,其中最高的10年(1856—1865年)竟达2 332起之多(表6-1)。另据统计,仅1909年就发生起义113起,1910年285起(费正清等,1985)。这种频发的内外战争的情况一直延续到中华人民共和国建立之前。

表 6-1　近代史上的民变

年份	1836—1845	1846—1855	1856—1865	1866—1875	1876—1885	1886—1895	1896—1911
事件发生次数(起)	246	933	2 332	909	385	314	653

频繁的战争引发许了多根本性的变化，它们必然对城乡关系产生重要影响，这种影响主要体现在经济上。随着资本主义列强在战争中的胜利，他们的商品大量涌入，加速了中国传统农业经济社会的解体，使之产生根本性的改变。正如毛泽东(1991)指出："外国资本主义对于中国的社会经济起了很大的分解作用，一方面，破坏了中国自给自足的自然经济的基础，破坏了城市的手工业和农民的家庭手工业；又一方面，则促进了中国城乡商品经济的发展。这些情形，不仅对中国封建经济的基础起了解体的作用，同时又给中国资本主义生产的发展造成了某些客观条件和可能。因为自然经济的破坏，给资本主义造成了商品市场，而大量农民和手工业者的破产，又给资本主义造成了劳动力的市场。"

如果抛却战争引发的民族矛盾进行比较，近代史与春秋战国时期的战争频发产生的共同效应是：人口大规模地由乡村向城市流动。战乱和灾荒既是中国农业急剧凋零的时期，也是农业过剩人口涌向城市的高峰时期。而流入城市的人口除了一部分官、商和富户外，绝大多数是贫苦农民(行龙，1992)。究其原因，一方面，战争之后，外国商品的大量涌入使传统农业经济破产，从而使面向农村的、紧密联系城乡的市镇经济趋于萧条，并出现了大量的剩余劳动力。另一方面，在资本主义势力的影响下，沿海、沿江地区的通商口岸城市，尤其是大城市开始发展起来。这些城市聚集了新的特权和利益阶层：军阀、买办、工商业资产阶级和大地主等，他们受资本主义的影响，开始积极发展工商业，因而城市的性质逐渐开始转变，从而为吸纳剩余劳动力在城市就业提供了一定的条件。虽然这些城市畸形发展，但是城市化理论中的"推拉力"原理仍然是解释近代中国城市化演进的主要依据。从资本主义城市化发展的一般规律来看，也是如此。

2）一面临海与贸易发展的非均衡性

西方殖民者发动侵略战争的主要起因和目的是进行贸易。战争的胜利使他们不但获得了殖民地和租界等"据点"，而且得到了大量赔款和扩大通商口岸、关税豁免、兴办工矿业等权利。列强通过贸易对中国人民的压榨和对经济利益的攫取是中国近代落后的主要外因,但另一方面,资本主义工商业在中国的发展也推动了封建经济的解体和近代城市化的发展。

纵观近现代的世界历史,开放和对外贸易发展对经济增长起了重要作用。据著名经济学家麦迪森(1997)统计,世界出口占GDP的比重由1820年的1.0%上升到1992年的13.5%,国际贸易发展在促进专业化生产、消除自然资源限制、降低运输成本、推进技术和制度革新等方面发挥了重要的推动作用,小国比大国获得更大比例的对外贸易利益。

近代以来,中国出口占GDP的比重长期低于世界水平(表6-2),被迫开放通商之后,对外贸易虽有所发展,但仍然非常缓慢,占整体经济比重也远低于其他国家,不但与发达国家存在很大差距,而且与拉美、印度等国相比,也有一定的差距。结合历史发展状况和地理特征来看,中国一面临海、内陆腹地广阔的地理格局,不但造成了明清时期对外贸易政策的反复性,而且使对外贸易的限制性比其他大国更加突出和复杂。

表6-2 1820—1992年商品出口占GDP的百分比(%)

国别＼年份	1820	1870	1913	1929	1950	1973	1992
法国	1.3	4.9	8.2	8.6	7.7	15.4	22.9
德国	—	9.5	15.6	15.6	6.2	23.8	32.6
荷兰	—	17.5	17.8	17.8	12.5	41.7	55.3
英国	3.1	12.0	17.7	17.2	11.4	14.0	21.4
美国	2.0	2.5	3.7	3.6	3.0	5.0	8.2
日本	—	0.2	2.4	3.5	2.3	7.9	12.4
印度	—	2.5	4.7	3.7	2.6	2.0	1.7
拉美	—	9.0	9.5	9.7	6.2	4.6	6.2
中国	—	0.7	1.4	1.7	1.9	1.1	2.3
世界	1.0	5.0	8.7	9.0	7.0	11.2	13.5

注:"—"表示缺数据,出口和GDP按1990年价格计算。

总体来看,五口通商之后,资本主义工商业和贸易发展向沿海地区的集中加重了中国经济社会发展的非均衡性。它对中国城乡关系的影响主要体现为两点:城市化的重心逐渐由江南地区向沿海地区转移;城乡关系由以面向农村市场的市镇为主向市镇和大城市共同发展转化。

对外贸易发展主要促进了沿海港口城市,特别是大城市的发展。1871—1873年,广州、上海两市的对外贸易额就占全国总额的76.8%,其间沿江城市,如汉口也有一定的发展;到1947年,沿江城市对外贸易完全衰落,沿海城市对外贸易额则约为80%,其中上海所占比重约为70%,成为当时最大的国际港口城市之一(表6-3)。在对外贸易和资本主义工商业发展的带动之下,沿海城市带趋于形成。1930年代,上海的人口已超过300万,北京、广州、南京、天津的人口已经超过100万,香港、杭州、汉口、杭州、青岛、沈阳的人口已经超过50万,20万—50万的城市有18个,也多分布在沿海地区,小城市也得到了一定的发展。总体来看,沿海地区城市(147个)占全国城市数(193个)的76.2%,城市网密度(城市数/10万 km^2)达4.96,远高于中西部地区(沈汝生,1937)。

表6-3 近代主要对外贸易港口在对外贸易总值中所占比重(%)

年份 \ 地区	广州	上海	汉口	天津	大连	其他
1871—1873	12.70	64.10	2.70	1.80	—	18.70
1881—1883	11.80	57.10	4.20	3.10	—	23.80
1891—1893	11.60	49.90	2.30	3.10	—	33.10
1901—1903	10.40	53.10	1.80	3.60	—	31.10
1909—1911	9.70	44.20	4.40	4.50	4.90	32.30
1919—1921	7.20	41.40	3.90	7.40	13.10	27.00
1929—1931	5.00	44.80	2.40	8.40	15.00	24.40
19330	6.10	53.40	2.10	10.60		27.80
1947	5.10	69.40	<0.05	5.60		19.85

沿海大城市的发展和城市带的形成改变了中国历史时期城市化面向乡村市场、以中小城镇为主的城乡关系结构,在空间上也显示出城市化中心由江南地区向沿海地区转移的态势。1933年,中国人口约为4.5亿,虽然中小城镇(规模以2 500—10 000人计)人口约1亿,而大中小城市总共约4 600万人(顾朝林等,1999);大城市的发展为现代城市体系和城市空间分布格局的形成奠定了基础。但由于中国沿海地区

城市主要受帝国主义势力支配,民族工商业对外国资本主义的依附性强,"先天不足,后天畸形",所以,城市主要被帝国主义、大资产阶级和买办资产阶级、大地主和官僚所盘踞和主导。不但涌入城市的农民处于社会生活的底层,而且由于城市对其乡村腹地的带动力量有限,所以畸形发展的城市与破败萧条的乡村形成对比强烈的"二元结构"。由于中国近代城市发展建立在对外政策被动改变的基础上,缺乏内部乡村经济发展作为前提,从而使近代城市畸形发展,乡村问题一直是制约近代社会发展的因素(王瑞成,2000)。资本主义城市化历程本身就是城乡对立的过程,在资本主义势力支配和控制下发展起来的殖民地城市和通商口岸城市,更不可能避免和消解城乡对立。而且,一面临海使广阔的内陆腹地乡村难以受沿海城市发展的辐射,庞大的乡村人口基数导致的人地关系矛盾的尖锐化,这两者使城乡二元结构的形成不仅变得必然,而且根深蒂固。

3) 人地关系矛盾的极端尖锐

宋朝以来的中国城市化和城乡关系以面向农村市场的市镇和集市的繁荣为主要特征,这客观上促成了城乡融合。但是在明清时期,尤其是清朝,人口急剧增加使这种城乡关系面临严峻的形势。从表6-4可见,明朝后期(1600年),全国人口已为1.5亿左右;而清朝中期以来,主要在"滋生人丁,永不加赋"和"摊丁入亩"政策的影响下,人口急剧增长,到1794年则突破了3亿,1850年达4.3亿,直至1950年代突破5亿。扣除战乱频繁带来的人口损失,中国人口仍能高速增长,这不能不归因于明清时期形成的庞大人口基数,它是影响中国社会经济发展的主要因素。

表6-4 明清以来的人口状况

年份	1400	1600	1700	1750	1794	1850	1928	1953
人口(万)	6 500	15 000	15 000	18 000	31 300	43 000	44 185	58 300

人口剧增导致人地关系矛盾极端尖锐。从表6-5可见,1873—1933年的61年,人口指数增长迅速,而农田面积指数基本没变,近代人地关系矛盾趋于激化。从更长期的历史来看,这种落差尤为明显。人均占有土地从清初的5.7亩(1亩≈666.7 m^2)甚至下降到1851年的1.7亩,1901年人均才2.1亩(表6-6)。在农业生产技术和亩产量恒定的情况下,人均土地占有量的减少导致传统农业的低效和破产。自顺治至道光年间,耕地面积增加了190万顷(1顷≈$6.7×10^4$ m^2),仅增长34%,而同期人

口增长速度却是耕地面积的 7.8 倍,直接加剧了粮食危机(蒋建平,1987)。这种急剧恶化的人地关系导致乡村和农业凋敝,并产生了大量乡村剩余劳动力,而通商口岸城市发展的基础和吸纳能力都有限,所以,近代人地关系的急剧恶化,不但引发严重的流民问题和民变,而且也促进了城乡二元结构的形成和固化。

表 6-5　1873—1933 年中国农村人口和农田面积变化的指数

年份	1873	1893	1913	1933
人口指数	100	108	117	131
农田面积指数	100	101	101	101

注:1873 年为 100。

表 6-6　清代土地与人口比例变化表

项目　　年份	土地(顷)	人口(万人)	人均土地(亩)
顺治十八年(1661 年)	5 493 576	95 688 260	5.7
康熙二十四年(1685 年)	6 078 430	10 170 896(?)	5.9
雍正二年(1724 年)	7 236 327	12 755 057(?)	5.6
乾隆十八年(1753 年)	7 352 218	183 678 259	4.0
乾隆四十九年(1784 年)	7 605 694	286 321 307	2.6
嘉庆十七年(1812 年)	7 889 256	333 700 560	2.3
道光二年(1822 年)	7 562 012	372 457 539	2.0
咸丰元年(1851 年)	7 562 857	432 164 047	1.7
光绪十三年(1887 年)	9 248 812	401 520 392	2.3
光绪二十七年(1901 年)	9 248 812	426 447 325	2.1

注:数据估算者行龙系根据孙毓棠、张寄谦的论文《清代的垦田与丁口的记录》(清史论丛第一辑)进行计算和整理,问号系笔者所加;对于顺治、康熙、雍正三朝的人口数字,行龙只是简单地根据丁口比例 1∶5 折算,何炳棣已经指出了这种算法的粗疏和不准确;而且康熙、雍正两朝数字与顺治朝相差太大,不符合实情,相比之下,何炳棣对三朝的分析和估计得出的数字更可靠一些(见表 6-4)。总体而言,乾隆以后的人口数字大多无太大疑义。虽然人口和土地估算数字不一,但还是可以明显地看到人均土地急剧减少的趋势。

6.1.2　近代城乡对立的形成

在频繁的内外战争、一面临海的地理特征导致的贸易发展的非均衡和人地关系矛盾的不断激化三种力量的共同作用之下,城乡融合的局面被打破,城乡对立产生。城乡对立的确立,与以往一样,也以旧体制的缓慢瓦解和新体制的逐步建立为主要特征。这是一个渐变的过程。内外环境的根本性变化必然引起体制上的重大变革,虽然制度变革和意识形态调整往往滞后于环境变化,但它们也是环境变化累积效应的必然结果。在制度上,近代城乡对立的形成主要体现为"编户齐民"体制的解体。具体而言,就是保甲制的瓦解与警察制度的建立,现代市镇制度的建立和重商主义的兴起等。

1) "编户齐民"体制的解体

(1) 保甲制度的衰落与警察制度的建立

自唐宋以来,乡里制度就有了侧重于基层控制的倾向。王安石变法力行保甲,确立了保甲制,更是加剧这一态势。清朝时,保甲制已经比较完善,但其严格控制人身自由的特征在内外环境变化,特别是在太平天国与义和团运动的冲击之下,趋于衰败,并于1902年正式废止(表6-7)。之后,警察制度取代了保甲制,负责户籍登记和管理、维护社会治安。从清末户籍管理管辖权的转移可以看出,地方势力的强大已经使中央集权大为削弱。为了应对民变,国民党政府又重行保甲,这固然与当时的国内外环境有关,但政策的反复性显示了严格的基层控制是近现代中国社会的一个重要特征。

表6-7 保甲制与警察制的更替

年份	事件	结果	管辖权
1850	太平天国运动	摧毁了保甲的基层控制体系;"有团练,无保甲";地方势力强大	户部—军队(步兵统领)—地方团练
1898	湖南设保卫局	进行户籍管理和维护治安;是警察制度雏形	"官绅合办"
1902	义和团冲垮保甲制;袁世凯设立巡警局	保甲制正式废止;巡警制度开始在全国推行	—
1905	清政府设立巡警部	警察体制完全建立	业务上受民政部指导
1906	巡警部改为民政部	—	行政上受督抚节制
1907	各省设立巡警道	—	—
1930—1949	国民党政府重行保甲	保甲制并未在全国普遍实行,人口统计失真	内务部、内政部

(2) 市镇制度的建立与发展

伴随着西方势力的侵入与渗透,通商口岸城市增多并取得较大发展,市镇制度逐步建立并趋于完善。相应的,城市化有较大发展,而西方城市规划思想和制度也一起传入,对近代城市产生重大影响。

在城镇设置方面,清末已经出现市镇制度,民国时期得到较大发展。徐勇(2003)认为最早的城乡设置制度是1908年清朝颁布的《城镇乡地方自治章程》,它首次划分了城、镇、乡的范围,如凡府厅州县官府所在地为城,其余市镇村屯集等地人口数满5万以上者为镇,不满5万者为乡,城镇乡均为地方自治体。乡选民中选举产生议事会和乡董,实行议事与行政分立等制度。民国初年,江苏省议会通过《江苏暂行市乡制》,统一市镇。其后,市镇制度不断发展完善(表6-8)。

表6-8 近代市镇制度的建立与发展

年份	颁布法令	主要内容和意义
1908	《城镇乡地方自治章程》	规定城、镇、乡划分的行政和人口标准,推行乡选举和自治;第一次划分城乡,是现代市制的起源
1911	《江苏暂行市乡制》	城、镇统称为市,人口5万设市,不满5万设乡
1912	《市乡组织法》	试图建立西方城市制度
1921	《市自治制》	开创市建制,设立特别市和普通市
1928	《特别市组织法》、《普通市组织法》	在法律上确定现代市制
1930	《市组织法》	取消特别市和普通市,分直辖市和省辖市,提高了设市标准;省辖市为人口30万以上或人口20万以上,其税费每年合计占该地总收入1/2以上

市镇制度改革与城市自治实践相辅相成。在通商口岸城市,由于租界的开辟、华界市区的发展,城市自治运动逐渐开展。其中主要事件如:上海1900年成立闸北工程总局,它已有自治性和一些城区政府职能,1905年,设立上海城厢内外总工程局,后改为上海自治公所,1911年底,又改为上海市政厅,成为隶属上海都督府的正式行政机构;北京1914年成立京师市政公所,将北京划为特别行政区;广州于1918年成立市政公所,1921年改为市政厅,并于1925年正式设立我国第一个市政府,成为我国近代市制形成的标志;上海、武汉也在1927年建市,设立市政委员会或市政府;此后全国城市建置不断扩大,到1949年全国已有207个市(皮明庥,1992)。

市镇制度的建立与推行提高了城市化水平。顾朝林等(1999)引证《中国之行政督察区》资料认为:截至1948年4月全国共有设市城市67个,其中直辖市12个,省辖市50个,专署辖市5个。甚至1943年官方的统计数字显示城市人口已达1.24亿,城市化率为27.19%(薛凤旋等,1986);由于战乱的影响和国民党时期人口普查的困难和混乱,这个数字当然是值得怀疑的[①],但这种估计也能说明城市化在民国时期取得了较大的发展。城市化推进了文化融合与发展,城市中的学校、图书馆、报馆、邮电局的设立对促进现代思想和文化传播起了至关重要的作用。

与市镇制度发展相适应,西方的城市规划思想和理论也开始被应用在通商口岸城市。以上海为例,开埠以后,租界地区和华界地区长期并存,租界地区形成了以建筑营造、区划管理为主的建筑规划管理制度;在国民党统治地区,受欧美等西方国家城市规划思想的影响,开展了有计划的都市计划方案的编制工作(姚凯,2007)。1930—1949年,中国开始较系统地运用西方城市规划理论,1946—1949年的"上海都市计划"就运用有机疏散理论,突破以往只考虑建筑形式的框架,综合考虑功能分区,形成整体性的、综合性的规划体系(孙施文,1995)。

(3) 重商思想的兴起与影响

资本主义经济不但冲垮了传统的农业经济体制,而且动摇并逐渐改变了重农抑商的思想和文化。承接了明清时期开海派的贸易思想,近代思想的先行者魏源提出"师夷长技以制夷",不但提倡向西方学习军事技术,而且极力宣扬其商业精神,并主张以商致富(末富),强调发展工商业和对外贸易。此后,重视发展工商业开始成为一种主要的社会思潮。如洋务派官员大力提倡发展工矿企业,太平天国的《资政新篇》有专门的发展工商业的政策,严复于1900年代初翻译出版了《国富论》,冯桂芬、王韬等极力主张发展工商业,郑观应甚至提出了"商战"的方针,这些都对当时的社会产生重要影响(胡寄窗,1981)。

重视发展工商业的思潮促发了社会变革,早期以洋务运动为典型。洋务派以"自强"和"求富"为目标,大力兴办军工企业,积极发展商业和开展对外贸易。从此,发展工商业成为国家战略。洋务运动标志着重农抑商政策和思想在国家意识形态上的终结。虽然洋务运动以失败告终,但

[①] 何炳棣(2000)曾在详尽和严密的考证和分析后指出:"既缺乏全国性的机构去收集数据,一定不能得到准确的人口数字。我们可以这样说:在国民党20年统治期间,官方认为全国人口总数为4.3亿—4.8亿,完全是揣测的,而不是普查得来。"

发展工商业却成为社会共识和政治策略。民国时期，伴随着民族工商业的发展，"实业救国"成为主要思潮。其中，以张謇、康有为、梁启超等为主要代表，主张大力发展民族工商业以救亡图存。作为末代状元的张謇，自己也兴办企业和教育，产生了较大影响，说明商业和商人不但不被歧视和排斥，而且已经成为国家经济发展和社会进步的重要力量。

在重视工商业的思潮和政策的影响下，近代工商业取得较大发展。据统计，1910年代，中国现代工业占工农业总产值比重为5%左右，加上工场手工业占10.8%；到1936年，现代工业已经占到10.8%，加上工场手工业占20.5%；1912—1936年，工业生产年均增长率为9.4%。对外贸易方面，轻工业品进口的比率从1912年的54.6%下降到1936年的14.3%，重工业品则从同期的13.7%上升到47%；轻工业品对重工业品的出口比率从1926年的9∶1变为1936年的2∶1（罗荣渠，2004）。工商业发展推动了城市化。由于工商业在19世纪末到20世纪初期的快速发展，20世纪前50年的城市化发展速度大大超过19世纪后50年。根据施坚雅（2000）的估计，中国1843年的城市化水平为5.1%，1893年为6.0%，即便有日本侵华和解放战争的巨大影响，1949年的城市化率仍然达到10.6%，说明在工商业和对外贸易发展带动之下，20世纪前50年比19世纪后50年的城市化水平提高很多。

2) 二元结构的形成

在内外战乱频发，人地关系矛盾急剧恶化，一面临海导致对外贸易与工商业集中在沿海地区的影响下，传统的城乡社会经济和文化紧密联系的市镇式城市化已经不能适应经济社会发展的需要。同时，在这些外部因素的冲击和内部因素的影响下，"编户齐民"体制也趋于瓦解。作为资本主义发展必经阶段的城乡对立，对于被动地接受资本主义的中国来讲，就不仅变得必然，而且其程度更加严重，过程也更加复杂多变。

近代城乡关系的制度变革标志着传统城市时代的结束。王瑞成（2000）认为通商口岸城市在城市规划和设计方面完全西化，其文化意义与传统的城乡一致性不同，原有的城墙被拆除后，新市区逐渐与内陆乡村隔绝，使城乡趋于两极化，城乡对立开始形成。通商口岸城市不但无法解决庞大的农村剩余劳动力问题，而且因其发展速度远快于乡村腹地，因而城乡差距和对立问题就显得更加突出和严重。"这个都市社会，却越来越孤立于中国的政治社会之外了；其进步和西化——这必然与其现代化联系在一起，扩大了其与农业社会之间的鸿沟。作为一个广阔的农业帝国，中国怎能为几个少数新兴的沿海城市所统治呢"(费正清等,1994)?

作为描述发展中国家城乡对立状况的专用名词——二元结构,准确地刻画了中国近代史的城乡关系特征,这也成为现代中国所面临的主要问题。正如由第一次城乡对立到融合经历了长期的渐变过程一样,由于内外条件的深刻而复杂的变化,使由融合到对立的城乡关系变化不可能在短期内完成,其影响也不能只是短期效应。因此,虽则中华人民共和国成立后,社会主义的意识形态要求消灭城乡对立,但是一系列制度却反而确立了城乡对立。

6.2 现代城乡对立的确立与变化

1949年中华人民共和国的成立是现代史的开端。从城乡关系演化历史来看,"编户齐民"体制在近代的解体只是标志着持续两千多年的城乡融合的结束以及近代史城乡对立局面的形成。而城乡对立确立的标志是新制度的建立。现代以城乡分割的户籍制度为主体的二元结构体制就是这样的一种新制度体系。改革开放后,随着市场经济的发展,二元结构体制也出现了松动和解体的趋向。

6.2.1 二元结构体制的建立与固化

现代城乡二元结构形成的直接原因是城市偏向政策。城市偏向政策以户籍制度为集中体现。造成城乡分割的户籍制度则首推1958年的《中华人民共和国户口登记条例》(后文简称《条例》)。但是,这个法令的出台有其前因后果和时代背景,在很多方面它继承了历史时期户籍管理的功能和方式,是特定历史环境的产物。而且在此之前,就已经有一些限制城乡迁移的政策,所以这个影响深远的制度的演变方式是渐进的,而不是突发的。

1) 户籍制度的形成

中华人民共和国成立后,基本上沿袭了历史时期的户口登记、管理和迁移制度,并趋于完善。1958年的《条例》详细规定了户口登记范围、程序、簿册、立户标准、主管机关等,形成了延续至今的户籍登记和管理制度。但是,在迁移制度上,却做出了严格限制乡村向城市迁移的规定,背离了1954年宪法关于迁徙自由的精神,城乡对立由此策源。但是,如果从1949—1958年户籍制度演化的整体情况来看,从1953年开始,国家就连续发布了若干限制农民进入城市的政策(表6-9),可见1958年的《条例》是城乡矛盾逐渐激化的起因。

表 6-9 1949—1978 年间城乡关系相关制度演化情况

年份	政策和法令	内容	功能侧重点	发布单位
1951	《城市户口管理暂行条例》	建立统一的城市户口登记和管理制度	获得信息;肃反;社会治安	政务院批转公安部
1953—1958	多个限制农民盲目流入城市的文件	劝阻和制止农民盲目流入城市	控制人口流动	政务院、内务部、劳动部等
1954	第一部《中华人民共和国宪法》	公民有迁徙和居住的自由	自由迁移权	全国人民代表大会
1955	《关于建立经常户口登记制度的指示》	户口由内务部和县民政部门主管;城镇为公安派出所管理,乡是乡政府管理	基层管理	国务院
1956	《户口管理移交通知》	将内务部、各级民政部门的农村户口登记和管理工作移交各级公安部门	机构改革	国务院
1958	《中华人民共和国户口登记条例》	完善户口登记、调查和管理制度;明确区分城乡户籍,并限制其流动	户籍管理;城乡分割	全国人民代表大会
1964	《公安部关于处理户口迁移的规定(草案)》	限制由农村—集镇—城市的迁移;限制小—大—特大城市的迁移	限制人口流入城市	公安部
1975	《中华人民共和国宪法》	删除"公民有迁徙和居住的自由"的条文,迄今未恢复	限制人口流入城市	全国人民代表大会
1977	《公安部关于处理户口迁移的规定》	严格限制"农转非",并将控制市、镇人口作为重要政策	限制人口流入城市	公安部

主要有三个原因促进了新中国成立初期城市人口的快速增长。首先是宽松的政策,无论是于1949年通过的《中国人民政治协商会议共同纲领》,还是于1954年颁布的第一部《中华人民共和国宪法》,都强调了人民(公民)具有居住和迁徙的自由,这无疑从法制上确立和保障了人民自由迁徙的权利;其次是工业化对城市化的拉动,尤其是随着第一个五年计划

重工业化战略的制定和实施，城市相应地被要求实现消费性城市向生产性城市的转变，迫切需要大量的劳动力资源作为支持；最后，也是最重要的是城市生活的巨大吸引力，这集中体现在城乡收入的巨大差别，如在1953年城市国家部门实际工资为522元/年，而农村集体人均收入才约39元/年(表6-10)，促使大量农业剩余人口涌入城市。这种吸引力是如此之大，以至于虽然从1953年开始中央政府就连续发布(至少超过五个)文件，劝阻和限制农民盲目流入城市(见表6-9)，但是人口城市化速度一直在快速增长。据中华人民共和国国家统计局国民经济综合统计司(2000)资料，城市人口由1949年的10.6%上升到1953年的13.3%，是改革开放前城镇人口增长最快的一个阶段；而即使在1953年后，虽然出台了许多限制城市人口增长的政策，城市人口仍然继续增长，1961年的城市化水平达到了19.29%。

表6-10　1952—1980年城乡实际收入差别

年份	国家部门实际年薪(元/年)	农村集体人均收入分配(元/年)
1952	446	—
1953—1957	522	38.8
1958—1962	461	35.8
1963—1965	530	39.2
1966—1970	525	50.1
1971—1975	513	54.4
1976—1980	529	60.2

2) 户籍制度成为利益附着的对象

随着工业化和城市化大发展，人口快速增长给城市带来很大压力，城市建设和服务发展的速度已经跟不上人口增长的速度，而且最重要的是城市居民的口粮问题变得紧张。粮食既要出口换汇以支援工业建设，又要满足城市人口增长引发的需求，因而面临严峻的形势。仅在1953年，粮食购销差额就在100亿斤(1斤=500 g)左右，引起粮价剧烈波动和粮食市场的混乱，所以不得不实行粮食的统购统销制度(张雨林，1989)。李才德(Kirkby,1985)认为"一五计划刺激下掀起的农民进城的浪潮不但很快成为生产性城市的威胁，而且也成为共产党执政权力的威胁"，这并非危言耸听。

城市人口剧增引发的粮食危机以及社会秩序混乱，使户口管理与经济发展和社会稳定紧密联系起来,通过控制户口就可以达到控制粮食供需和稳定社会秩序的目的,因而也就成为政府的必然选择。所以,在一系列的"劝阻"收效甚微之后,直接严格限制城乡居民流动的户籍制度的出台就变得必然。因其本身的易依附性,户籍制度再一次成为被选中的对象。而且为了达到严格控制的目的,最初由国家几大部门共同管理的户籍,最后归口到公安部门进行管理。这种户籍制度具有以下特点:

首先,粮户关系结合。新中国成立初期,获得信息、"肃反"和社会治安是户籍制度的主要功能,后来逐渐与就业、粮食供应等制度挂钩。1953年,政务院就发布了对粮食进行计划收购和供应的命令,以户口簿和粮食供应证为准,形成户粮结合的制度;1955年,国务院发布《农村粮食统购统销暂行办法》和《市镇粮食定量供应暂行办法》两个文件,规定粮食凭城镇户口按人定量供应,农民吃粮自行解决,并规定了粮食转移证、粮票等的管理和使用办法。自此,粮食的统购统销制度就与城镇户口紧密联系在一起。

其次,形成了依附户籍制度的城市福利体系。户籍制度不但成为农产品低价供给城市的依据,而且城市的福利制度也与之挂钩。1958年的《条例》实行后,城市居民在住房、医疗、教育、社会服务以及养老保险等方面均获得远高于乡村的利益,不但农村居民福利很少被包含在内,而且农民和农村集体组织承担了大部分为城市居民提供这些服务的成本。

最后,由户籍制度衍生了一系列相互联系的城乡隔离的经济社会制度。如城乡之间的双重所有制、双重公民身份制、双重交换和分配制度(高珮义,2004),这不但加剧了城乡分割的程度,而且使二元结构成为一套固化的体制。城乡分割的户籍制度出台后,偏向城市的福利制度以及其他经济制度与之挂钩,标志着以户籍制度为主体的二元结构体制基本确立。

3) 户籍制度管理机构的变化

新中国成立之初到1956年,户籍登记和管理工作由内务部、公安部、基层政府的民政部门、统计局等共同协作进行。但为了严格控制城乡人口的迁移以及加强对基层社会的控制,户籍管理开始向公安部门移交。1956年,国务院颁布户口管理移交通知,将内务部、各级民政部门的农村户口登记和管理工作移交各级公安部门。此后至今,公安部门是管理户籍的唯一机构。

户籍管理的统一固然有力地保证了户籍制度的实行,但是由公安部门去管理户籍实际上体现了宋代以来侧重于基层社会控制的户籍管理思想的延续。这种管理体制虽适应当时的社会环境,但是新中国成立初期实行的军事化管理和着重于社会控制的户籍管理理念和制度,非常不利于稳定后经济社会发展的新环境。其弊端,甚至公安部门研究户籍管理的学者也早已觉察并明确指出:

"公安机关兼管户口,握有广泛权力而承担巨大责任,经常因为非公共安全的利害关系,直接与社会各方和广大公众发生冲突,事实上极大妨碍了公安工作。将不直接关联治安状况的户口管理等普通行政工作交给其他部门,一可以集中有限警力搞好本职工作,以确保治安;二可以缓解警民矛盾,争取公众支持;三可以打破人们对警察权利的迷信,防止其随意抓差,避免警察越权管理。"(王太元,1990)

由什么部门进行户籍管理对户籍制度改革具有非常重要的意义。公安部门的主要职能是负责维护公共安全,因而将户籍划归它管,虽然在维护社会治安、保证户籍制度的实行方面有优势,但避免不了它采取强力执行制度的倾向和偏好,所以与户籍制度本身所具有的提供信息和发展趋向管理和服务的职能要求不相匹配。作为一个特殊的职能部门,公安部门管理户籍不可避免地以社会控制为主要目的。从历史发展来看,它既是基层社会控制思想的延续和强化,又是"劝阻式"的限制城乡迁移政策失效下的必然结果。这种户籍制度表现出强烈的刚性。通过由公安部单独管理户籍,二元结构体制有了实施保障,这标志着二元结构体制的全面确立。

综上所述,以户籍制度为主体的二元结构体制不但造成了城乡居民权利的不平等,限制并阻碍了城乡居民的迁移自由,而且形成了城市优越于乡村的文化观念,标志着城乡再对立的全面确立。这种城乡对立的文化产生了极大的负面效应。正如美国著名的中国史研究专家所指出:"在城市和农村之间设立障碍的最终结果是两个独立的,但无疑是不平等的社会的形成。城市和农村之间的工作、社区和文化生活方式有着极大的差异。城里人倾向于把农村看成野蛮的、奇怪的和危险的地方,乡下人绝对低城里人一等。农民承认其生活低城里人一等。"(罗德里克·麦克法夸尔等,1992)

6.2.2 二元结构体制形成的主要原因

1) 重工业化战略与计划经济体制

许多人将户籍制度看作重工业优先发展的战略和计划经济体制的产物。如肖冬连(2005)认为:以户籍制度为主体,以城市福利保障制度、统购统销制度、人民公社制度为辅的一整套的制度安排,服务于重工业优先的赶超型工业化战略、高度集中的计划经济体制的需要,因而制约了城市就业机会的创造和对农村人口的吸纳能力。经济学家从劳动力自由流动对就业以及城市化影响的角度分析了户籍制度的弊端,认为计划经济体制和重工业优先的发展战略是户籍制度产生的根源。如赵耀辉、刘启明(1997)认为户籍制度是计划经济的残余,与市场经济的劳动力自由流动相违背;蔡昉、都阳等(2001)认为户籍制度是劳动力市场上就业保护的制度基础,其改革有赖于一系列配套改革的完成,并指出:

"在所有阻碍劳动力流动的因素中,尚未根本改革的户籍制度是最为基本的制度约束,是妨碍城乡劳动力市场发育的制度根源和义理性所在。首先,户籍制度的存在使绝大多数农村劳动力和他们的家属不能得到城市永久居住的法律认可,他们的迁移预期只能是暂时性的或流动的。其次,所有再就业政策、保障体制和社会服务供给方面对外地人的歧视性对待,都根源于户籍制度,并通过是否具有本地户口而实施。最后,虽然城市偏向政策的许多方面都已经或正在进行改革,但只要户籍制度存在,就存在着政策反复的可能性。"

从产生时间来看,户籍制度有持续两千多年的历史,而计划经济和重工业战略是现代事件,所以不能说户籍制度是计划经济和工业化战略的产物。但是,计划经济体制和重工业化战略的实施确实促使户籍制度形成了偏向城市和限制城乡流动的政策,再加上户籍制度天然具有的易依附性的特点,最终成为分割城乡的载体。

2)意识形态

城乡对立是马克思主义理论关注的焦点话题,而且马克思、恩格斯非常强调在社会主义和共产主义社会消除城乡对立的重要性。毫无疑问,对于深刻体会到城乡对立的危害,以"农村包围城市",最终取得革命胜利而建立中华人民共和国的中国共产党来说,将消除城乡对立作为社会主义国家的意识形态发展目标,并以此制定政策是必然和必需的。正如莫里斯·迈斯纳(2005)所说:"在毛泽东主义中,这种理论上的关心不仅表现为一种乌托邦式的希望,而且也表现为对直接的实际发展问题的关注。"①事实也确实如此。毛泽东(1991)早在《矛盾论》中就指出:

"经济上城市和乡村的矛盾,在资本主义社会里面(那里资产阶级统治的城市残酷地掠夺乡村),在中国的国民党统治区域里面(那里外国帝

---

① 这种理论指马克思主义关于在社会主义消除城乡对立的理论。

国主义和本国买办大资产阶级所统治的城市极野蛮地掠夺乡村),那是极其对抗的矛盾。但在社会主义国家里面,在我们的革命根据地里面,这种对抗的矛盾就变为非对抗的矛盾,而当到达共产主义社会的时候,这种矛盾就会消灭。"

在新中国成立后,中国共产党确实采取了措施消除城乡对立。第一个五年计划时期,农村土地改革的成功和对城市资本主义工商业的改造使以前对立的城乡关系趋于缓和,乡村居民在生活水平、教育、医疗卫生、技术等方面均获得很大的提高。此后,干部下放和知识青年上山下乡导致大量城市人口流入乡村。从表6-11可见,1957—1975年,城市向乡村移入的人数大概有5 500万。这期间固然有大跃进、三年灾害、文化大革命的影响,也与当时意识形态上强调乡村发展和乡村生活对人的锻炼和陶冶不无关系。这种意识形态,被一些西方学者认为是"反城市化"或带有中国传统思想(比如儒家)里重视乡野的乌托邦思想。在意识形态上对农村发展的重视虽然使改革开放前较长时期的城乡差距稳定在一定水平,但是客观上却使城乡分割的户籍制度更加根深蒂固。虽然城乡分割的户籍制度是当时环境的产物,也适应了当时社会管理的需要,但是正如以往依附在户籍制度上难以剥离的其他制度和利益一样,它被继续实行下去并形成了一套牢固的体制,最终导致了现代中国城市化停滞。

表6-11 1953—1975年人口迁移的估计

年份	性质	涉及人数(百万)
1953—1957	农村—城市迁移	8.0
1957—1958	"下放"(干部下乡)	2.6
1958—1964	工人返乡,上山下乡	40.0
1969—1975	上山下乡	12.0
1957—1975	城市向乡村的迁移	54.6

6.2.3 改革开放后二元结构体制的松解

改革开放以后,随着农村联产承包责任制的实行,计划经济体制崩溃,人民公社制度和统购统销制度逐渐解体。二元结构体制也开始出现松动,社会主义市场经济体制的逐步确立需要户籍制度进行相应的变革,但是户籍改革难以取得实质性的突破。户口衍生并形成了具有不同等级的社会身份,因而不但强化了城乡差别,还强化了不同等级城市、城市和农村的不同区位的差别(丁水木,1992)。户籍登记和管理制度依附了许多价值和附加条件,致使统计信息的准确性和可靠性受到极大影响(陆益龙,2000)。剥离依附于户籍制度上的其他利益是户籍制度改革最大的难点。

改革开放后的户籍制度改革同样具有缓慢渐进的特征。其中,重要的政策①如下:

1984年10月,国务院发布《关于农民进入集镇落户问题的通知》,允许农民自理口粮进集镇落户。

1985年7月,公安部颁布了《关于城镇人口管理的暂行规定》,"农转非"内部指标定在每年万分之二;同年9月,开始实施居民身份证制度。

1992年,国务院成立了由办公厅牵头、公安部参加的国务院户籍制度改革文件起草小组,完成《国务院关于户籍制度改革的决定》征求意见稿。户籍制度改革总体方案提出:按农业和非农业划分户口性质不科学;对户口迁移管得过死;户口不应与多种社会福利待遇相挂钩;户籍法规与政策的健全完善工作滞后。

1997年6月,国务院批转了公安部《小城镇户籍管理制度改革试点方案和关于完善农村户籍管理制度的意见》,明确规定:从农村到小城镇务工或者兴办第二、第三产业的人员,小城镇的机关、团体、企业和事业单位聘用的管理人员、专业技术人员,在小城镇购买了商品房或者有合法自建房的居民,以及随其共同居住的直系亲属,可以办理城镇常住户口。

1998年7月,国务院批转了公安部《关于解决当前户口管理工作中几个突出问题的意见》,解决了新生婴儿随父落户、夫妻分居、老人投靠子女以及在城市投资、兴办实业、购买商品房的公民及随其共同居住的直系亲属,凡在城市有合法固定的住房、合法稳定的职业或者生活来源,已居住一定年限并符合当地政府有关规定的,可准予其在该城市落户等几个群众反映强烈的问题。

2001年3月,国务院批转了公安部《关于推进小城镇户籍管理制度改革的意见》,对办理小城镇常住户口的人员,不再实行计划指标管理。

2003年8月,国务院公布了30项便民利民措施,其中有7项与户籍制度有关:新出生婴儿的常住户口登记,随父随母自愿选择;在大中城市落户的高中级专门人才到小城镇或者农村工作的,可以不迁户口;到西部

---

① 主要摘自国务院网站的政府公报,见 http://www.gov.cn;另外参考了刘洋(2005)的博士学位论文。

地区工作的应届大学毕业生,可以根据本人意愿,将户口迁到工作地区,也可以迁回原籍;到西部地区投资、兴办实业的人员以及西部开发建设所需要的各类人才,可以不迁户口,户口迁入西部地区的,如果今后返回原迁出地工作、生活,也可以将户口迁回原迁出地;考取普通高等学校、普通中等专业学校的学生,入学时可以自愿选择是否办理户口迁移手续;取消出国、出境1年以上的人员注销户口的规定(在国外、境外定居的除外);取消被判处徒刑、被决定劳动教养的人员注销户口的规定等。

2006年,国务院出台了一系列与户籍改革相关的文件,如《关于解决农民工问题的若干意见》(后文简称《意见》),放宽了农民工入城落户的条件。根据《意见》,公安机关推出了有关户口管理的便民措施,很多城市开始实行以有合法固定住所为基本落户条件,完善暂住户的户口登记,放宽老年人投靠子女的城市落户条件等制度。同年,《中共中央国务院关于全面加强人口和计划生育工作统筹解决人口问题的决定》提出户籍制度改革的几个重要方面和方向,如逐步改变城乡二元结构,建立城乡统一的人口登记制度,健全出生人口登记和生命统计制度,实行流动人口居住证制度;将流动人口管理服务纳入地方经济社会发展规划,促进流动人口融入城市生活;解决流动人口在就业、就医、定居、子女入托入学等方面的实际困难,逐步将进城务工人员纳入社会保障体系,保护其合法权益。

与此相应,许多地方省市已经开始和进行了户籍制度改革。如2001年底,广东省决定按照实际居住地登记户口的原则,实行城乡户口登记管理一体化。迄今为止,除了北京、深圳、上海等少数大城市户籍管制仍然较严,许多省市已经在户口登记方面放宽了限制。

综合来看,改革开放以后,随着市场经济体制改革的深入,统购统销、人民公社制度逐渐被废止,严格的户籍制度也出现松动,并显示出趋于解体的倾向和趋势。但要实现户籍制度与福利和利益分配制度的分离仍然是非常困难的。这不仅预示着户籍制度改革的不可避免性,而且也说明快速的户籍变革值得警惕①。

6.2.4 二元结构体制的文化效应

作为一个基本上属于中国特有的制度②,1958年后的户籍制度作为

---

① 一个典型的例子是郑州市,户籍管理制度松动后,因城市人口剧增而引发诸多问题,最后被迫停止。

② "世界上只剩下贝宁、朝鲜和中国三个国家用户籍制度限制迁徙"(王太元,1989)。

城乡分割和城市偏向政策的代名词而被人诟病,必须对其改革是共识。随着改革开放后市场经济体制的逐步确立,城市化和经济社会快速发展,一些计划时代特有的、与户籍制度配套的制度,如人民公社制度、统购统销制等在改革中纷纷瓦解并消失,但与此相反的是:户籍制度的改革却陷入一个困境。甚至就立法而言,日本政府早已于1947年公布了《户籍法》(王新华,2003),而我国至今未出现这样的法令。户籍改革本身的历程说明对存在明显弊病的户籍制度进行改革绝非易事。那么,户籍制度为什么这么难以改变?研究中众说纷纭,政策制定者莫衷一是。

研究和政策制定陷入困境的一个主要原因是很多人忽视了中国户籍制度的历史特性,即中国户籍制度经历了两千多年的发展历史。经过历史时期诸多王朝更替和现代社会的剧变之后,户籍制度仍然留存,显示其强大的生命力。这种生命力甚至超越了从奴隶社会到社会主义社会的生产方式和意识形态的巨大变迁。正如王威海(2006)指出:"中国户籍制度不仅影响了中国古代社会的财政行政、阶级阶层结构、职业状况、社会关系。甚至对中国人的婚姻家庭、社会生活、社会风尚乃至于地域文化的风格都产生了不可磨灭的影响。"因此,它是我们考察制度、文化变迁与现代经济发展关系的绝佳媒介。从某种意义上讲,户籍制度是一面镜子,它积淀并反射了诸多社会经济政治面貌,但其自身面貌和性质往往被忽略。

从新中国成立后城乡关系演变的历史来看,对二元结构体制的改革已经成为必然的趋势,而对户籍制度正确的理解是二元结构体制改革的核心和基础。只有在把握其沿革历史的基础上,才能透彻理解户籍制度的本质,进而判断出改革的困难所在与发展趋势。

从户籍制度演变历史来看,中国历史上没有纯粹的户籍制度。户籍制度本质上是一种统治手段,其目的是通过户籍管理进行军事、财政与土地管理和控制,进而实现政治和社会稳定。在功能上,因为户籍制度本身就是与统治者征发赋税徭役,分配和控制土地的功能联系在一起的,所以其天然具有很强的依附性,容易成为利益(集团)依附的对象。在历史发展过程中,经过两税法、一条鞭法和摊丁入亩等制度变革,使户籍制度渐渐剥离和分化了附加于其上的土地和税赋功能,但这经历了一个长期的渐变过程。在发展倾向上,明清以后户籍制度的管理重点已经转向"保甲"的基层社会控制。

1949年后的户籍制度大体上沿袭了历史传统。从其性质来看,户籍制度经过漫长的历史沿革,形成并积累了丰富的经验,发展趋向成熟,但仍然没有摆脱国家统治工具这一性质。新中国成立后的户籍制度,从经济角度来看,它是封闭型经济的必然产物;从权力实行角度来看,根据将户籍管理由起先的几个部门共同管理最终划归受公安部管辖,《中华人民共和国宪法》迄今未恢复公民迁移自由的条文等可以看出,立法、行政、执法的权力分配至今并没有得到清晰确定;从文化角度来看,它既积极继承了古代社会的管理经验,也是由于古代户籍制所形成的等级制、世袭制、行业固化思想下的一种消极的混合产物,反映了自近代以来改革的不彻底性;从演变方式来看,当代户籍制度是快速发展的经济与缓进的社会文化之间矛盾的产物,具有渐进的演变特征。

现代户籍制度因其传统与现代、积极与消极的混合产物性质,导致中国独特的城乡对立局面。这种新旧交融的文化对户籍制度影响最为重要。俞德鹏(1995)认为重工业优先发展战略、计划经济体制及其思维、流动人口管理只是现行户籍制度存在的表层原因,其深层原因在于其受世袭身份制的影响。户籍制度形式虽然发生了巨大变化,某些制度却随着历史和传统文化的延续而被继承下来,它的社会等级性虽没有传统社会那样鲜明,但仍具有社会分割性、二元强化性、等级性、世袭性、可交易性、超稳定性和功能多元性等基本特征(蓝海涛,2000)。

从户籍制度的国际比较来看(表6-12),中国与其他国家在户籍管理的指导原则、功能侧重、主要特点、管理方法上都存在很大差别。结合历史演变情况来看,这种差异实际上反映了文化差别及其影响。

表6-12 中国与发达国家户籍制度的主要区别

比较项目	中国	发达国家
指导原则	治民(侧重于管理)	便民(侧重于登记)
功能侧重	利益和资源分配依据	人口信息采集
主要特点	世袭等级制(子女承袭父母户口)	避免户籍等级和其他社会经济不公
管理方法	行政命令、条块分割	依法管理

综合历史和国际经验来看,需要注意的是:户籍制度改革并不是要取消之,户籍制度发挥的功能是其他制度难以代替的。正如王太元(2005)指出:

"不管在任何国家,只要有如下社会需求,就需要有户籍管理:每个人都有姓名、性别、出生日期、住址等基本身份情况,也都需要知道与自己交往的人的相关情况;每个工厂、学校、机关、团体,都需要了解自己成员的上述基本信息;每个社区都需要市政、交通、通讯、商贸、金融、保险等各种公共服务;每个国家都要选举,都有婚姻、继承、收养等民事法律事务,都要确认人的责任能力和案件的管辖。如果没有户口管理或者类似管理,就无法知道相关人员的身份、住址、亲属关系等基本信息。上述个人活动、群体管理、国家行政、司法行为,就都无法有效展开、顺利施行……以高度信息化为基本特征的未来社会,更要求公共信息的社会化管理。因此,未来中国将依法、科学地改进户籍管理,使其能切实有效地保护合法权益,方便活动交往,服务经济发展,维护公共安全。也就是说,要建设诚信社会、管理信息社会,户籍管理就不仅不会被弱化,甚至'取消',反倒需要发挥更加积极广泛而重要的作用。"

历史时期的户籍制度经历了一个多功能的融合体到功能逐渐被分化出来的演变过程(比如土地、赋役功能逐渐被分化出来),现代化要求户籍制度更应趋向于统计和管理,稳定的社会需要、基层和乡里文化的建设,也就是发挥它本身的职能。从这一点来看,户籍制度的历史优点值得继承。与此并行的是:户籍功能的分化也是一个趋势。从国内外发展状况来看,信息不仅是现代社会户籍制度的基本功能,而且是未来发展的趋势。政府通过户籍管理采集、提供和发布真实的信息,进行社会管理和服务,确定权利和义务,应该是未来户籍制度坚持和侧重的发展方向。

户籍制度乃至二元结构体制改革既是一个分离附加利益的过程,又是一个寻找自身适合发展道路的过程。它建立在将历史经验传承和现代经济社会发展二者整合的基础之上,并不仅仅是一个技术问题。而户籍制度的易依附性是历史时期至今户籍改革的难点,它决定了改革将是一个长期而渐进的过程。

6.3 二元结构体制下的城市化

以户籍制度为主体的二元结构体制的形成,标志着城乡对立的完全确立。它直接导致城乡差距扩大,城市化进程也出现较大波折。改革开放后,城市化快速发展并未解决城乡差距扩大的问题。而且,随着全球化速度和进程的加快,一面临海的地理特征使中国的区域城乡关系更加不平衡。

6.3.1 逐渐扩大的城乡差距

尽管在统计数据的可靠性、名义与实际的城乡收入和消费指标等方面存在不同的认识,因而有不同的计算方法(World Bank,1997;蔡昉等,2000;林燕平,2000;李实等,2007),但绝大多数文献认为中国存在很大的城乡差距,并且呈现逐渐扩大的趋势(Kanbur et al,1999;Sicular et al,2007;蔡昉等,2000;蔡昉,2003;陆铭等,2004;李实等,2007)。即使从国家统计局公布的数字来看,改革开放后城乡居民收入差距扩大的态势也比较明显。

从表征城乡差距的主要指标——城乡收入比来看,城乡收入差距由1978年的2.6倍上升到2011年的3.1倍(图6-1),反映出城乡之间总体差距的拉大。虽然在1980年代因得益于农村改革城乡收入比曾在短期内下降到2.0以下,但1980年代中期后又上升到2.0倍以上。1997年后迅速上升,2002年至今则一直保持在3.0倍以上。中国城乡发展面临严峻的形势。

中国的城乡差距也是一个区域问题。一般而言,东部地区的城镇居民收入和农村居民人均纯收入高于中西部地区,有些地区差距非常之大。从图6-2和图6-3可见,2012年,东部地区城镇居民人均年收入(32 714元)和消费水平(26 185元)均远高于中西部地区,东部地区城镇居民人均年收入比中西部地区要高将近1万元。农民人均纯收入上的地区差距也非常显著。2012年,中国农村居民家庭人均纯收入平均水平为7 917元,但西部地区大都低于这一标准,农民人均纯收入最高的上海(17 804元)约是最低的甘肃(4 507元)的4倍。

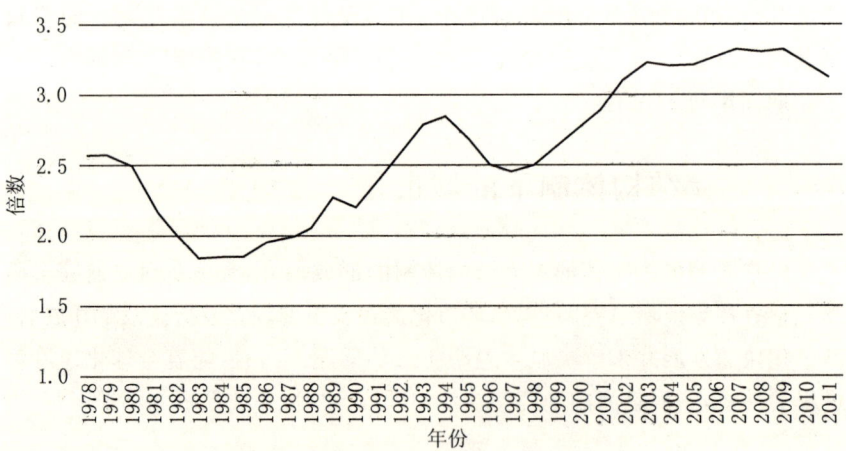

图6-1　1978—2011年城乡收入倍数变化

注:城乡收入倍数＝城镇居民人均可支配收入/农村居民人均纯收入。

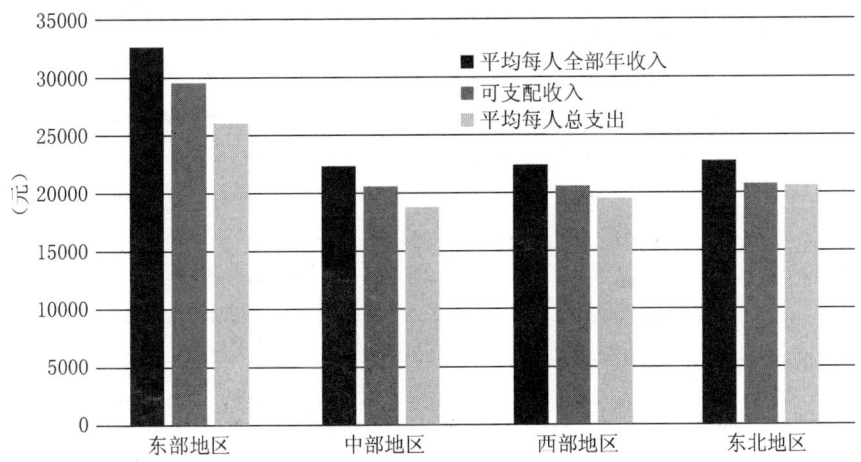

图6-2 2012年东、中、西部及东北地区城镇居民家庭收入和消费比较

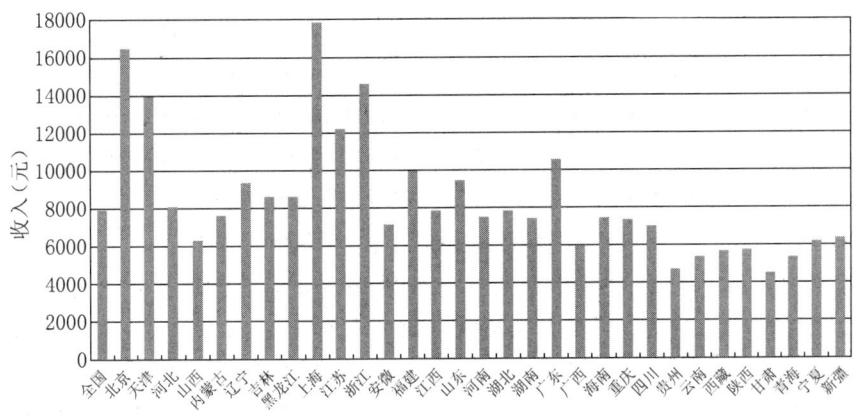

图6-3 2012年各省区农村居民家庭人均纯收入

6.3.2 快速演进的城市化

中国城市化水平由1978年的18%上升至2012年的52.6%,几乎平均每年增长1%(图6-4),引起广泛关注和众多争议。大多数研究文献认为我国城市化滞后于工业化(叶裕民,2006);"工业化与城市化协调发展研究"课题组(2002)反驳了这种观点,他们认为非农产业比重与城市化变动相关性较强;弗里德曼(Friedmann,2006)对中国城市化速度的评价竟然是折断脖子(Breakneck)。陆大道等(2007)认为其是"冒进式城市化"。种种争议表明中国城市化正处于研究、政策制定和实践的困境中(陈明星等,2007)。

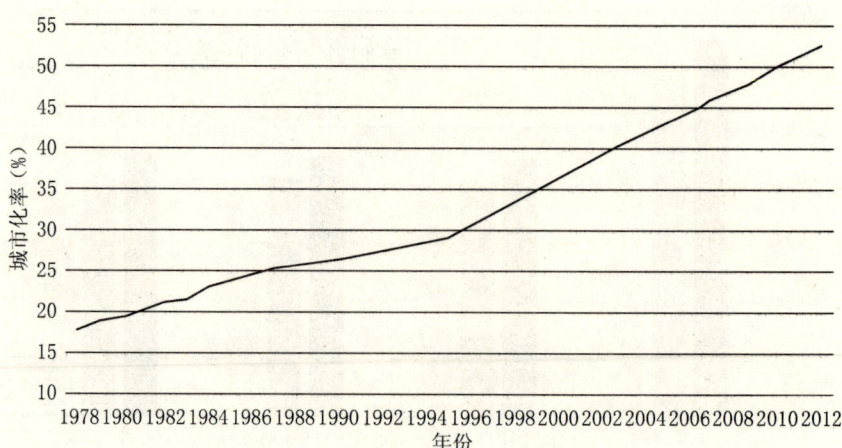

图 6-4　1978—2012 年的中国城市化水平

城市化并不仅仅是城市发展问题，理解城市化应该将其置于城乡关系演变的框架之下。对于大多数发展中国家，尤其中国，这一认识更加重要。1949 年以来（或者更早时期）的中国城市化区别于发达国家的一个主要特征是：中国的城市化是在一个传统农业和农业人口均占很大比重的基础上开展的，1952 年两者所占比重分别为 50.5% 和 87.5%（中华人民共和国国家统计局国民经济综合统计司，2000）。虽然农业在国内生产总值中所占的比重逐渐降低，大量剩余劳动力为城市发展提供了可能，但是高速增长的城市化使两个问题凸显，一是城市的空间拓展和容量扩大需要就业、社会保障、医疗健康、基础设施、治安等条件的相应配备和改善，二是城市发展与其农村腹地发展的速度与比例不平衡。正如西蒙·库兹涅茨（1996）所说："城市化造成的生活条件的变化显然含有各种各样的损失和收益，而在目前衡量经济时却没有把它们包括在内，其中一些得失甚至从未考虑过应当加以计算。"因此，未来城市化的发展趋势必然与协调的城乡关系紧密联系。

从改革开放后城市化演进的整体态势来看，对比图 6-1 和图 6-4 可以发现，城市化快速增长的 11 年（1995—2005 年），大致对应于城乡收入差距迅速扩大的 9 年（1997—2005 年），这应该不是一个偶然的巧合。

6.3.3　城市化与城乡差距的共变特征和趋势

城乡之间的巨大差距在近代就已出现。中华人民共和国成立后，也面临城乡对立的严峻形势。从城市化与城乡差距的共变图中,我们能够清楚地看到自新中国成立后至今的城市化与城乡差距的变化特征和趋势。

1) 周期性变化并伴随波动

从较长期历史来看,中国的城市化与城乡差距演变之间存在着很强的相关性(图6-5)。大体上,随着城市化演进,表征城乡差距的城乡消费比这一指标经历了三个阶段的周期性变化:1952年—1960年代中期,1960年代中期—1980年代中期,1980年代中期—2005年。除了2005年,其余三个起止点对应着城乡消费比曲线的波谷。然而,应该注意的是,第三个阶段的波峰(1995年的城乡消费比为3.8%)远超过其他两个(1959年的3.2%,1977年的3.0%),并且没有消退的迹象。

1995—2005年,城乡消费比一直在波动,它类似于1952—1958年的波动情况。这种波动与当时的制度调整与变革存在一致性。从1953年开始,政府基本上每年都发布劝阻农民入城的政策,直到1958年,《中华人民共和国户口登记条例》的出台,标志着以控制市镇人口增长为基本内容的户籍制度的形成。它成为城乡差距和城市化变化的关键点。自此以后,城乡消费比从1958年的2.5%猝升至1959年的3.2%。城市化水平在以后的年份略有下降,而在1958—1977年的20年间,仅增长了1.35%。从历史发展角度来看,自上而下的户籍管理制度的出台有其历史渊源和时代背景,亦受当时的国内外经济社会环境变化的制约和影响。

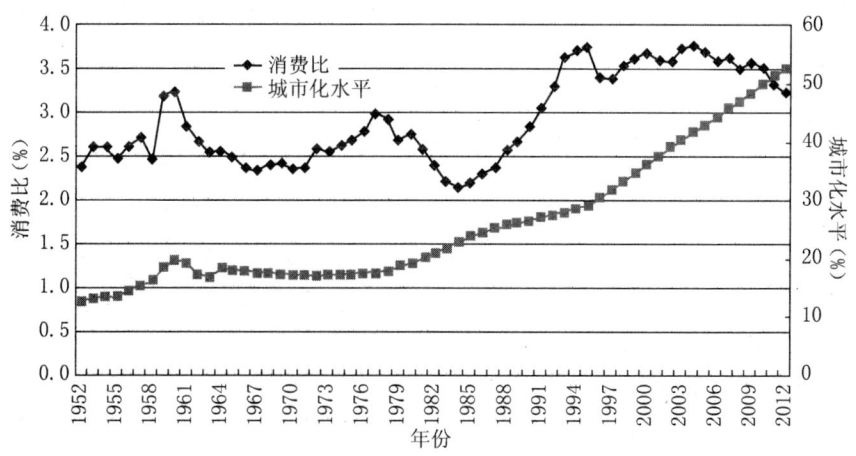

图6-5 1952—2012年的中国城市化水平与城乡消费比

因此,政府的发展战略和政策只是扮演着时空约束条件下必然的角色。值得注意的是:这种发展阶段中的波动可能是制度变革的重要信号,无论这种变革是主要来自政府的自上而下,还是主要来自基层的自下而上。相比1958年出现的重大制度变革,1990年代的户籍制度改革的政策效应并没有像1958年那样强烈。1990年代至今,城乡差距在高位波动的趋势并没有减缓的倾向。快速城市化面临着缓解城乡差距的巨大压力。

2) 城乡差距伴随快速城市化拉大

随着城市化快速发展,中国城乡差距也逐渐扩大。这种共变趋势不是偶然的。从图6-5也可见,城乡消费比与城市化水平曲线的转折点的出现基本上是同时的;而且,振幅变动特征和趋势大多数时候是一致的。改革开放后,城市化过程中的城市偏向政策并没有根本性的改变是城乡差距扩大的主要原因之一。

自从中华人民共和国成立之日起,城市的福利体系也依次建立,提供各种社会服务,包括农产品低价供给、住房、医疗、教育以及养老保险等。而农村福利很少被包括在内。相反,农民和农村集体组织承担了大部分为城市居民提供这些服务的成本。户籍条例出台后,形成的户籍与粮食配给制度、福利制度相结合的二元结构体制更是扩大了城乡差距。因此,罗德里克·麦克法夸尔和费正清(1992)指出:城乡差距在1949年就已存在并且由于城市偏向的政策而逐年扩大。鲁奇等(Lu et al,2001)认为从工业化和现代化的角度看城市化进程,不正常的城乡关系和管理体制必须被纠正。但是从结果看,直到21世纪,城乡消费比不但没有下降,反而上升到2005年的3.7倍,在2012年虽然有所下降,但也还在3倍以上(见图6-5)。

由于二元结构体制的固化效应以及由此而形成的利益集团作用,城市偏向政策很难在短时期内得到纠正;改革开放三十多年以来,相比其他领域的重大变革,二元结构体制变革滞缓。从表6-13可以清楚地看到,1998—2003年,城乡之间在医疗保障方面的巨大差距基本上没有变化,而这只是一个方面。孙菊生、张启良(2005)认为城乡差距有八个方面:居民收入、生活消费、家庭财富、公共服务、社会保障、社会投资、劳动生产率、社会负担等。宋洪远、马永良(2004)利用人类发展指数分析表明,自1990年代以来,城乡收入差距始终是最大的,而且呈现出整体扩大的趋势;城乡教育差距要小于收入的差距,城乡教育上的差距呈现出整体缩小的趋势,差距扩大主要表现在义务教育以后的阶段;城乡人口出生时预期寿命指数间的差距始终是最小的,然而这个差距却在扩大。

表 6-13 城乡居民医疗保障差别

类别	合计		城市		农村	
	2003 年	1998 年	2003 年	1998 年	2003 年	1998 年
基本医保	8.9	—	30.4	—	1.5	—
公费医疗	1.2	4.9	4.0	16.0	0.2	1.2
劳保医疗	1.3	6.2	4.6	22.9	0.1	0.5
合作医疗	8.8	5.6	6.6	2.7	9.5	6.6
其他社保	1.4	5.0	2.2	10.9	1.2	3.0
纯商保	7.6	1.9	5.6	3.3	8.3	1.4
自费	70.3	76.4	44.8	44.1	79.0	87.3

综上所述,中国近 50 年来城市化发展和城乡差距扩大之间有较强的相关性。自 1950 年代以来,随着城市化的推进,城乡差距逐步扩大。尤其在 1990 年后,城乡消费比一直上升并达到 1949 年以来的历史最高点;同时,城市化水平以大约每年 1% 的历史最高速度增长。这并不是偶然。从城市化和城乡消费比的共变趋势来看,伴随城市化演进,城乡消费比经历了三个阶段的周期性变化,并时有波动。作为重要的两个断点,1958 出现了重大的制度变革,1992 的政策效应并没有像 1958 年那样强烈。1990 年代至今,城乡差距在高位波动的趋势并没有减缓的倾向。这意味着,二元结构体制并未实现根本性的改变,忽视农村制度改革和福利提高的快速城市化可能扩大了城乡差距。这与西方城市化伴随着城乡差距缩小的历史经验相反。

6.3.4 一面临海与贸易发展对城乡关系的影响

改革开放后,尤其是 1990 年代以来,随着全球化的演进和中国加入 WTO(世界贸易组织的英文缩写),对外贸易飞速发展,贸易依存度(进出口总额占 GDP 比重)也达到非常高的水平。2007 年,我国 GDP 为 246 619 亿元(折合美元为 32 419 亿美元),而进出口贸易总额为 21 738 亿美元,贸易依存度约为 67.1%;虽然 2012 年外贸依存度降至 47%,但是仍处于较高水平(中华人民共和国国家统计局,2008;2013)。就对外贸易的区域发展状况来看,现代与近代开放相同的结果是:都促进了沿海地区贸易的发展,从而推动了城市化的发展。从新中国成立后城市化与对外贸易发展的静态和动态对比图中,我们可以直观地看到对外贸易和城市化集中于沿海地区发展的态势。

从静态角度看,虽在一些细节上有差异,但总体上城市化水平较高的地区都是对外贸易较为发达的地区(图6-6和图6-7)。在空间格局上,现代城市化和对外贸易发展态势与近代类似,那就是主要集中在沿海地区。2007年全国的对外贸易的区域格局中,广东省占29.2%,江苏、上海分别占16.1%和13%,三者合计占全国的58.3%①,而这三个省市的对外贸易总额在近代史上一直占全国的60%—80%(见表6-3)。近代以来贸易和城市化集中于沿海地区发展的态势并没有太大变化,而两次开放都强化了临海地区的天然优势。

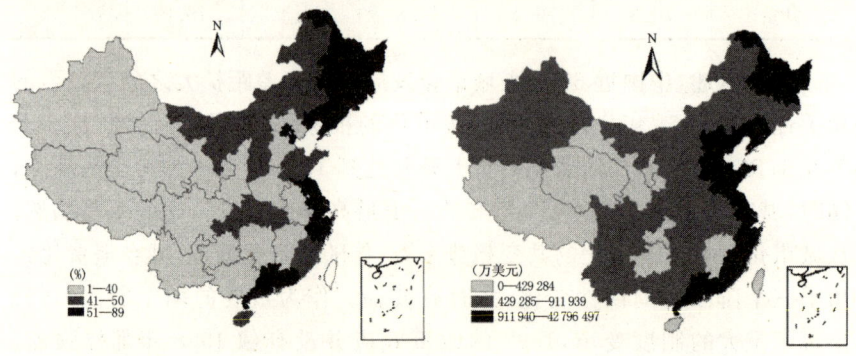

图6-6 2005年的区域城市化水平(左)和对外贸易水平(右)

结合其动态变化来看,新中国成立初期到改革开放前,尽管区域发展政策的重点在东北地区和"三线",但是沿海地区仍然具有较好的城市发展基础,所以,虽然受宏观区域政策和封闭式经济的影响,1953年和1982年的沿海地区城市化水平总体上仍然领先于中西部地区(图6-7至图6-10)。改革开放则极大地促进了沿海地区优势的发挥。这主要表现在其发展速度上。从1982—2005年的地区城市化增长速度上可以看到,沿海地区和与其毗邻的中部地区城市化发展速度最快。而分析1995—2005年地区城市化的发展速度,则可以直观地看到沿海地区已连接并形成了城市化高速发展的地带,其发展速度远快于其他地区,而先前城市化水平较高的东北地区近10年来城市化水平则增幅不大,这与1990年代之后沿海地区能够更多地参与国际分工并进而带动贸易的高速发展有非

---

① 数据来自于海关报告,详见中国海关官方网站,http://www.customs.gov.cn.

常密切的关系。受一面临海的地理格局影响,开放及优惠政策在促进沿海地区贸易和城市化发展的同时,也导致了区域城市化发展的不均衡。赵群毅、周一星等(2005)也认为:1980年代城市化发展速度较快的省区主要集中于东部沿海和东北三省,总体上表现为"东高西低"的格局;而1990年代城市化发展速度较快的省区则明显集中于东南沿海地区。

综合来看,无论是城市化的发展速度,还是城市化的水平,沿海地区都占有优势。改革开放后,这种趋势在不断强化。沿海地区不但城市化水平、发展速度都处于领先,而且也是城乡协调发展的地区。曾磊(2005)通过构建城乡关联度指标体系分析了区域城乡关系发展状况,结果显示,沿海地区在城乡关系密切度、关联度上比中西部地区高;尤其是1990年代以来,形成了沿海地区城市化高速发展的格局。这些都充分说明了临海—贸易这一组变量结合对城乡关系产生的重大影响。

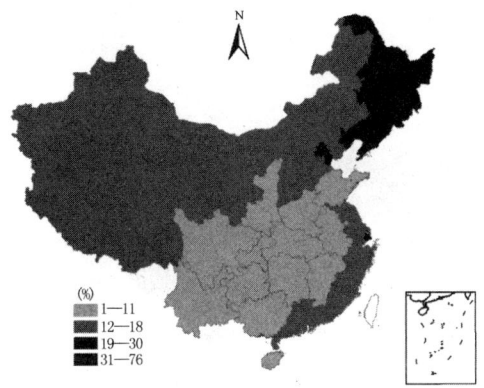

图6-7　1953年的区域城市化水平

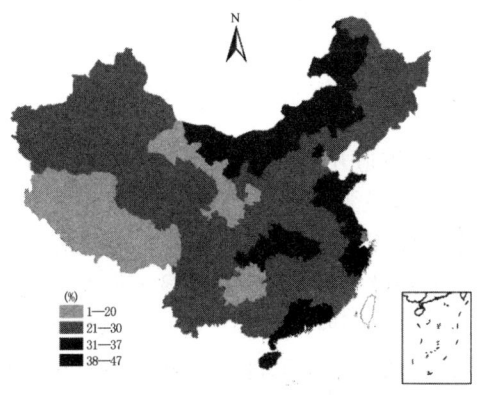

图6-8　1953—2005年区域城市化发展速度

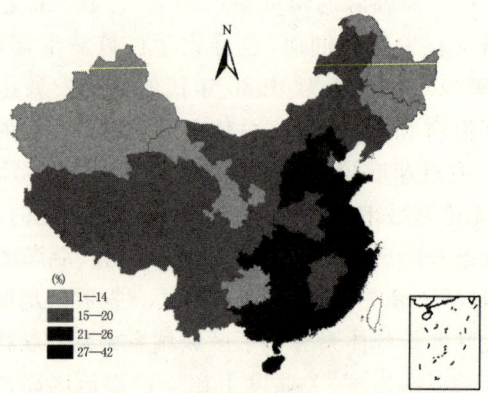

图 6-9　1982—2005 年区域城市化发展速度

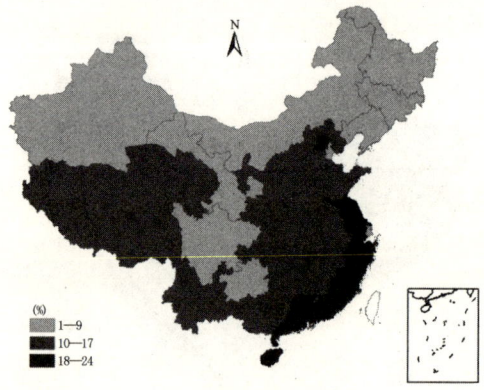

图 6-10　1995—2005 年区域城市化发展速度

6.4　小结

鸦片战争后,中国被迫开放,对外贸易得到发展。但是一面临海和广阔乡村腹地并存的地理特征,导致贸易和区域发展不均衡。沿海地区通商口岸城市的率先发展,改变了中国历史时期城市化面向乡村市场、以中小城镇为主的城乡关系结构,在空间上也显示出城市化中心由江南地区向沿海地区转移的态势。同时由于频繁的内外战争和人口剧增使人地矛盾尖锐,传统农业社会城乡平衡和融合的状态被打破。伴随着城市与乡村的不平等加剧,城乡差别扩大。受西方影响的、快速发展的城市与传统的、缓慢变革的农村形成了二元结构。在制度上,近代城乡对立既是"编户齐民"体制逐渐解体的过程,也是警察制度、现代市镇制度、重商主义文化逐渐建立和兴起的过程。

中华人民共和国成立后,在封闭性经济、计划经济和重工业化战略以及意识形态的共同影响之下,逐渐形成了以城乡分割的户籍制度为主体,统购统销制度、城乡差别的福利制度和其他经济制度为辅的二元结构体制。它不但造成了城乡居民权利的不平等,而且严格限制城乡居民之间的迁移,并最终形成了城市优越于乡村的文化观念,标志着城乡再对立的全面确立。改革开放后,随着市场经济的发展,二元结构体制也出现了松动和解体的趋向。二元结构体制改革是一个分离附加利益的过程,应该建立在将历史经验传承和现代经济社会发展二者整合的基础之上。而户籍制度的易依附性是历史时期至今户籍改革的难点。

二元结构体制导致城乡差距扩大,城市化进程出现很大的波折。城市化与城乡差距变动有比较一致的周期性波动特征。改革开放后,一面临海的地理特征与贸易发展的结合加重了中国城乡关系的区域不平衡。

二元结构体制的形成与演变历史集中反映了现代化进程中经济发展与社会文化演进之间的复杂关系。它在中国体现为一个矛盾:市场经济以及与此相伴随的全球化、城市化、工业化和信息化的快速演进与传统制度和文化的缓慢与渐进式变革的矛盾。由于中国现代化起步时所面临的制约条件非常大,制度和文化方面的缓慢改变一方面为快速城市化、工业化提供了缓冲地带,使改革适应和符合渐进式的方法;另一方面,这种传统文化牢固地依附在户籍制度上,成为改革的瓶颈。

7 结论

在梳理城乡关系思想和理论的基础上,本书提出解释城乡关系发展的一个理论——斯密框架,并通过中国城乡关系长期历史演变进行实证。这个理论框架旨在解释城市和乡村的关系如何发源、形成和发展,在此过程中又受到何种力量的制约,以及影响城乡关系演变的主要原因。

7.1 斯密框架是理解中国城乡关系长期历史发展的钥匙

被人为分割成社会、经济、空间、文化等不同层面和单个要素影响下的城乡关系问题,实际上是有机联系的。要把握这涉及诸多因素交织的城乡关系史,历史与逻辑结合的方法论无疑是最佳选择。本书提出的斯密框架贯彻了这一方法论基调,在综合分析城乡关系学说史的基础之上,通过梳理、凝练、深化和拓展斯密的城乡关系理论,形成一个系统理论框架,并进行了历史验证。

斯密框架首先设定了城乡关系的起点——自然顺序,然后指出了改变自然顺序的主要因素。自然顺序是指农业—工业—商业的发展顺序以及在此影响下的农村—城镇发展次序,而政策—文化和临海—贸易两组变量结合导致反自然顺序的演变。

城乡关系发源的历史表明,从乡村到城市的起源与演化建立在农业形成与发展的基础之上,符合自然顺序。此时期的城乡关系主要受地理环境的制约,中国独有的两大流域和一面临海的地理特征是形塑其城乡关系的主要因素。

随着历史的发展与进步,人力逐渐突破自然限制,一系列制度的创立及其形成的文化开始对城乡关系产生重大影响。据此可将中国城乡关系分为三个阶段:三代时期以"体国经野"体制为核心的城乡对立,春秋战国至鸦片战争前以"编户齐民"体制为核心的城乡融合,近现代以"二元结构"体制为核心的城乡再对立。其中,政策—文化始终是影响中国城乡关系演变的主要线索,临海—贸易则随着秦的统一而逐渐对城乡关系历史产生深刻影响。近现代形成和确立的城乡二元结构也是政策—文化和临海—贸易交互作用和影响的结果。

7.2 形成新的城乡融合制度与文化是中国实现现代化的关键

城乡关系是中国文化发展的一个指示器。在政策—文化和临海—贸易两组力量作用之下,中国自明清以来的国家发展战略(尤其是对外贸易战略和城市化战略)具有反复性的特点:不彻底、不连续且易中断。这表明成熟的城乡关系战略并未形成。城市化只是表现在人口和经济结构的转换上,而不是文化的整合和提升。

中国对现代化道路的探索与城乡关系的变迁之间有着紧密联系。城市化和城乡关系变革本身就是现代化的一个主要内容。近现代逐渐固化的二元结构体制集中反映了中国现代化进程中的矛盾:技术与生产方式的快速演进与相应的制度、文化的缓慢变革。这预示了城乡关系变革的艰难。

调控区域城乡发展不均衡的制度也同样重要。临海性和其他自然条件导致的先天差异可以部分地通过政策调整得到抵消和控制。因此,应将中西部地区制度改革试点与政策优惠视为与资金投入、基础设施建设、生态环境保护等同样重要的一个方面;对于城市化和涉及城乡关系的政策所惠及的空间次序上,应转变改革开放后形成的沿海—内陆次序的路径依赖;将中西部地区的城乡关系制度改革试点由个别城市(比如成都、重庆)推广到大多数城市,并通过中央财政转移支付等手段,着力推动中西部地区的城市化。

综合来看,由城乡对立走向城乡融合是历史发展的必然趋势,也是社会主义现代化的必然要求。使这个趋势成为现实,却受多种因素左右,但主要取决于制度变革和文化整合的进程。二元结构体制将会被彻底改变。但是从历史经验来看,这可能仍然是一个较为缓慢的过程。因为二元结构体制改革不是一个简单的技术问题(如不是单纯地是否废止户籍制度),不能"头痛医头,脚痛医脚",必须有一个全面的、长期的文化战略为目的和指向。

7.3 历史研究的启示

城乡关系历史是一个连续的过程。城市与乡村对人的影响与塑造以及对人们的反作用,不仅体现在物质生活形式上,更体现于文化和精神之中。但对后者的忽视是当前人们的通病。我们这个时代,个人、国家乃至世界,文化问题的严重性丝毫不亚于自然环境、经济、社会和政治等问题。在对城乡关系演变的理论回顾和历史探讨中,笔者特别强调了文化的演变逻辑及其作用。

学者不可能也不应该对他所处的时代无动于衷。因此,当我们怀揣对现今有所启示的信念,去追寻历史留下的珍贵遗产时,我们听到了"文化"的厚重回音。在城乡关系思想史上,无论古今中外,无论是孔子、老子、陶渊明以至毛泽东,还是柏拉图、莫尔以至斯密、马克思、韦伯与芒福德,他们无不强调文化的重要(甚至决定)作用。他们之中的大多数对乡村在生活与文化上的意义都做出了相似的阐发,这是城乡关系研究的宝贵财富。城乡平等和融合是人类共同的文化理想,而它曾经是中国长期的文化传统和价值观念。新时代使命的完成建立在深刻认识和传承这种文化的基础之上,并依赖于我们对其精神的发扬。而回到本书的定义,作为一种"通过人的活动形成和维系"的城乡关系,这种"人的活动"的侧重点更应该是文化,而不是其他。归根结底是文化!

中国城乡关系文化以制度为集中体现,有城乡对立的经验教训,也传承城乡融合的人文精神。这种文化对未来城乡关系发展的最大警示是:如果没有对人本身价值和目的的反思与创造,我们所建造的城市和乡村,无论是作为居所还是聚落,将是束缚我们的容器(正如马克思所指出的资本主义社会人有被异化为城市或乡村动物的危险),而不是真正提升我们生活的空间。因此,当以发展的趋势为理由,将"人"转化为"人口"、"劳动力"等概念,并以它们为中心构建理论时,我们不但在现实生活中面临被城市"化"的压迫力,而且在理论思维上走入狭隘的单一范式的死胡同,并最终在道德精神上失去根基和皈依。如果缺少制度变革的支撑和文化精神的维系,城市化就像缺少支柱的大厦和丧失航向的巨轮,无论多么巨大,甚至正因为其巨大,倾颓的后果就更加严重。

城乡关系演变的历史与中国历史和文化的变迁基本一致。与城乡对立—融合—再对立三阶段相对应,中国文化也经历了确立—成熟—离散的过程。近代以来的一百多年,在资本主义的影响和冲击下,中国经历了前所未有的诸多变革,但制度和文化的整合至今尚未形成新的框架。我们时代的核心任务就是构建它。

中国城乡关系变迁的整个历史说明:在历史与当下、自然与人力、西方与中国、城市与乡村发展之间寻找平衡和结合点,从而凝合为新的制度和文化体系,是解决当代中国城乡关系问题的根本出路。

参考文献

·中文文献·

阿·德芒戎.1993.人文地理学问题[M].葛以德,译.北京:商务印书馆:8.

阿尔夫雷德·赫特纳.1983.地理学——它的历史、性质和方法[M].王兰生,译.北京:商务印书馆.

阿兰·斯科特.2005.经济地理学:伟大的半个世纪[M]//克拉克,等.牛津经济地理学手册.刘卫东,等,译.北京:商务印书馆.

阿努钦.1994.地理学的理论问题[M].李德美,等,译.北京:商务印书馆:8-10,25-48.

阿瑟·奥沙利文.2003.城市经济学[M].苏晓燕,常荆莎,等,译.北京:中信出版社.

阿瑟·刘易斯.1989.二元经济论[M].施炜,谢兵,等,译.北京:北京经济学院出版社:8-9.

阿瑟·刘易斯.1998.经济增长理论[M].周师铭,等,译.北京:商务印书馆.

埃德加·胡佛.1990.区域经济学导论[M].王翼龙,译.北京:商务印书馆.

安成邦,陈发虎.2000.大地湾遗址及其文化地位[J].兰州大学学报(社会科学版),28(2):105-109.

安虎森.2004.区域经济学通论[M].北京:经济科学出版社.

安娜·玛尔科娃.2003.文化学[M].王亚民,等,译.兰州:敦煌文艺出版社:9.

安南.2004.联合国秘书长安南世界人居日献辞[EB/OL].(2004-10-4)[2013-12-12].http://www.upo-planning.org.

奥奇.2004.增强城乡联系对可持续发展和增加就业的积极作用——来自东部和中部非洲的经验[EB/OL].(2004-10-4)[2013-12-12].http://www.upo-planning.org.

柏拉图.2003.理想国[M],郭斌和,等,译.北京:商务印书馆.

保罗·克拉瓦尔.2007.地理学思想史[M].郑胜华,等,译.北京:北京大学出版社:252-254.

保罗·克鲁格曼.2000.地理和贸易[M].张兆杰,译.北京:北京大学出版社,中国人民大学出版社.

保罗·克鲁格曼.2002.发展、地理学与经济理论[M].蔡荣,译.北京:北京大学出版社,中国人民大学出版社.

保罗·克鲁格曼.2005."新经济地理学"在哪里[M]//克拉克,等.牛津经济地理学手册.刘卫东,等,译.北京:商务印书馆:49-60.

本杰明·史华兹.2005.寻求富强:严复与西方[M].叶凤美,译.南京:江苏人民出版社:86.

本斯.2004.欧洲的城乡关系[EB/OL].(2004-10-4)[2013-12-12].http://www.upo-planning.org.

彼得·迪肯.2007.全球性转变——重塑21世纪的全球经济地图[M].刘卫东,等,译.北京:商务印书馆.

蔡昉,都阳,等.2001.户籍制度与劳动力市场保护[J].经济研究,(12):41-49.

蔡昉,杨涛.2000.城乡收入差距的政治经济学[J].中国社会科学,(4):11-22.

蔡昉.2003.城乡收入差距与制度变革的临界点[J].中国社会科学,(5):16-25.

蔡昉.2006."工业反哺农业、城市支持农村"的经济学分析[J].中国农村经济,(1):11-17.

蔡昉.2007.中国经济面临的转折及其对发展和改革的挑战[J].中国社会科学,(3):4-12.

蔡运龙,叶超,陈彦光,等.2011.地理学方法论[M].北京:科学出版社.

蔡泽琛,赵波.2004.重农抑商思想的历史演变——以唐宋时期为中心的讨论[J].求索,(11):235-237.

晁中辰.2005.明代海禁与海外贸易[M].北京:人民出版社.

陈淳.1998.城市起源之研究[J].文物世界,(2):58-64.

陈广汉.2000.刘易斯的经济思想研究[M].广州:中山大学出版社.

陈明生.2005.马克思主义经典作家论城乡统筹发展[J].当代经济研究,(3):13-16.

陈明星,叶超,付承伟.2007.我国城市化水平研究的回顾与思考[J].城市规划学刊,(6):54-59.

陈明星,叶超.2011.健康城市化:新的发展理念及其政策含义[J].人文地理,(2):56-61.

陈文华.2005.中国原始农业的起源和发展[J].农业考古,(1):8-15.

陈正祥.1983.中国文化地理[M].北京:三联书店:2.

大卫·哈维.2006.希望的空间[M].胡大平,译.南京:南京大学出版社.

戴维·兰德斯.2007.国富国穷[M].门洪华,等,译.北京:新华出版社.

道格拉斯·诺思.1994.经济史中的结构与变迁[M].陈郁,等,译.上海:上海三联书店,上海人民出版社.

道格拉斯·诺斯,罗伯特·托马斯.1999.西方世界的兴起[M].厉以平,等,译.北京:华夏出版社:170-171.

丁水木.1992.现行户籍制度的功能及其改革走向[J].社会学研究,(6):100-104.

杜能.1986.孤立国农业和国民经济的关系[M].吴衡康,译.北京:商务印书馆:

19-20,329.

杜文玉,周加胜.2006.五代十国时期商业贸易的特点及其局限性[J].中国历史地理论丛,(3):55-63.

杜正胜.1979.中国上古史论文选集[M].台北:华世出版社.

杜正胜.1990.编户齐民:传统政治社会结构之形式[M].台北:联经出版事业公司.

杜正胜.1994."编户齐民论"的剖析[J].清华学报,24(2):163-189.

杜志雄,张兴华.2006.世界农村发展与城乡关系演变趋势及政策分析[J].调研世界,(7):7-8.

段娟,等.2006.近十五年国内外城乡互动发展研究述评[J].地理科学进展,25(4):118-128.

恩代格瓦(Elijah Ndegwa).2004.城乡联系方法的概念、实践及有关问题[EB/OL].(2004-10-4)[2013-12-12].http://www.upo-planning.org.

恩格斯.1975.论住宅问题[M]//马克思,恩格斯.马克思恩格斯全集:第18卷.北京:人民出版社:313-314.

恩格斯.1995.共产主义原理[M]//马克思,恩格斯.马克思恩格斯选集:第1卷.北京:人民出版社:243.

菲斯泰尔·德·古朗士.2006.古代城市:希腊罗马宗教、法律和制度研究[M].吴晓群,译.上海:上海人民出版社:162.

费孝通.2001.江村经济——中国农民的生活[M].北京:商务印书馆.

费正清,等.1994.剑桥中华民国史:1912—1949年(上卷)[M].刘敬坤,等,译.北京:中国社会科学出版社:13,750,854.

费正清,刘广京.1985.剑桥中国晚清史:1800—1911(上卷)[M].中国社会科学院历史研究所编译室,译.北京:中国社会科学出版社.

费正清,刘广京.1985.剑桥中国晚清史:1800—1911(下卷)[M].中国社会科学院历史研究所编译室,译.北京:中国社会科学出版社:3-4,41,580.

冯诚,谭飞,张燕.2002.华夏文明史到底几千年——解读大地湾奇迹[N].中国民族报,2002-12-10(8).

冯海发.1989.结构变革的历史顺序[J].当代经济科学,(3):43.

冯天瑜.2006.清人对"封建"的两种评议[N].光明日报,2006-02-14.

富永健一.2004.日本的现代化与社会变迁[M].李国庆,刘畅,译.北京:商务印书馆:319-320.

高江涛.2007.陶寺遗址聚落形态的初步考察[J].中原文物,(3):13-20.

高敏.1987.秦汉的户籍制度[J].求索,(1):72-81.

高珮义.2004.中外城市化比较研究[M].天津:南开大学出版社:76-80.

歌德.1982.歌德诗集[M].钱春绮,译.上海:上海译文出版社.

"工业化与城市化协调发展研究"课题组.2002.工业化与城市化关系的经济学分析[J].中国社会科学,(2):44-55.

顾朝林,等.1999.中国城市地理[M].北京:商务印书馆:74,84-86.

韩俊杰.2004.郑州难以承受人口激增压力,部分户籍新政策叫停[N].中国青年报,2004-09-15.

杭州良渚遗址管理区管理委员会.2007.与良渚古城同时代的文明古国都在干啥和良渚文明中还有哪些不解之谜[EB/OL].(2007-12-14)[2013-12-12].http://www.lzsite.gov.cn.

何炳棣.2000.明初以降人口及其相关问题[M].葛剑雄,译.北京:三联书店:101,362-363.

何驽,等.2004.山西襄汾陶寺城址发现大型史前观象祭祀与宫殿遗迹[N].中国文物报,2004-02-20.

赫希曼.1991.经济发展战略[M].曹征海,潘照东,译.北京:经济科学出版社:166-167.

黑格尔.2006.历史哲学[M].王造时,译.上海:上海书店出版社:211-212.

侯毅.2004.从陶寺城址的考古新发现看我国古代文明的形成[J].中原文物,(5):13-19.

胡必亮,马昂主.1993.城乡联系理论与中国的城乡联系[J].经济学家,(4):98-109.

胡焕庸.1983.论中国人口之分布[M].上海:华东师范大学出版社:52-190.

胡寄窗.1962.中国经济思想史(上)[M].上海:上海人民出版社:51.

胡寄窗.1981.中国经济思想史简编[M].北京:中国社会科学出版社.

胡培兆.2002.当辨《原富》与《国富论》[J].学术月刊.(9):63-66.

胡兆量.2000.中国区域发展导论[M].北京:北京大学出版社:119-154.

黄纯艳.2003.宋代海外贸易[M].北京:社会科学文献出版社:4-14.

黄启臣.1986.清代前期海外贸易的发展[J].历史研究,(4):151-170.

黄怡.2006.为人的城市——第8届亚洲城市规划院校联合会国际大会议题综述[J].城市规划学刊,(2):28-37.

惠特曼.1987.草叶集(上)[M].楚图南,李野光,译.北京:人民文学出版社:20.

霍华德.2000.明日的田园城市[M].金经元,译.北京:商务印书馆:8-9.

吉尔伯特·罗兹曼,等.1998.中国的现代化[M].国家社会科学基金"比较现代化"课题组,译.南京:江苏人民出版社.

冀朝鼎.1981.中国历史上的基本经济区与水利事业的发展[M].朱诗鳌,译.北京:中国社会科学出版社:15.

贾根良.1998.报酬递增经济学:回顾与展望[J].南开经济研究,(6):29-34.

简·雅各布斯.2005.美国大城市的死与生[M].金衡山,译.南京:译林出版社.

简·雅各布斯.2007.城市经济[M].项婷婷,译.北京:中信出版社:1-35.

江立华.2002.我国户籍制度的历史考察[J].西北人口,(1):10-13.

蒋建平.1987.清前期人口迅增的原因及其对社会经济发展的影响[J].北京大学学报(哲学社会科学版),(6):72-79.

杰弗里·帕克.2007.城邦——从古希腊到当代[M].石衡潭,译.济南:山东画报出版社:1-9.

杰弗里·萨克斯.2002.对新的经济发展社会学的几点看法[M]//塞缪尔·亨廷顿,劳伦斯·哈里森.文化的重要作用.程克雄,译.北京:新华出版社:78.

金冲及.1998.周恩来传[M].北京:中央文献出版社:1674,1685,1791,2117.

金观涛,刘青峰.2010.兴盛与危机:论中国社会超稳定结构[M].北京:法律出版社.

金经元.2000.译序[M]//霍华德.明日的田园城市.金经元,译.北京:商务印书馆:6.

凯文·林奇.2001.城市意象[M].方益萍,等,译.北京:华夏出版社.

康德.1988.自然科学的形而上学基础[M].邓晓芒,译.北京:三联书店:170.

科斯,阿尔钦,等.1994.财产权利与制度变迁——产权学派与新制度学派译文集[M].刘守英,等,译.上海:上海三联书店,上海人民出版社.

科特金.2010.全球城市史[M].王旭,等,译.北京:社会科学文献出版社.

克拉克,等.2005.牛津经济地理学手册[M].刘卫东,等,译.北京:商务印书馆.

孔昭宸,刘长江,等.2003.中国考古遗址植物遗存与原始农业[J].中原文物,(2):4-9.

蓝海涛.2000.我国户籍管理制度的历史渊源及国际比较[J].人口与经济,(1):37-40.

郎树德.2002.大地湾遗址的发现和初步研究[J].甘肃社会科学,(5):136-139.

郎树德.2002.大地湾遗址房屋遗存的初步研究[J].考古与文物,(5):12-17

李盖茨,张庭伟.2007.为中国规划师的西方城市规划文献导读[J].城市规划学刊,(4):17-38.

李久昌.2007.偃师二里头遗址的都城空间结构及其特征[J].中国历史地理论丛,(4):49-59.

李仁贵.2003.24位诺贝尔奖大师解读经济学与人生[M].北京:经济日报出版社:165.

李实,罗楚亮.2007.中国城乡居民收入差距的重新估计[J].北京大学学报(哲学社会科学版),(2):111-120.

李小建.1999.经济地理学[M].北京:高等教育出版社:223.

李治安.1997.元代行省制起源与演化述论[J].南开学报,(2):59-67.

厉以平,蔡磊.1999.经济增长与制度因素[M]//道格拉斯·诺斯,罗伯特·托马斯.西方世界的兴起.厉以平,等,译.北京:华夏出版社:2.

梁方仲.2008.中国历代户口、田地、田赋统计[M].北京:中华书局:11-12.

梁庚尧,刘淑芬.2005.城市与乡村[M].北京:中国大百科全书出版社.

林燕平.2000.中国地区国民收入差距实证研究[M].北京:北京大学出版社.

林毅夫,蔡昉,李周.2002.中国的奇迹:发展战略与经济改革[M].上海:上海三联书店,上海人民出版社.

刘奇俊.1994.清初开放海禁考略[J].福建师范大学学报(哲学社会科学版),(3):123-125.

刘卫东,陆大道.2004.经济地理学研究进展[J].中国科学院院刊,19(1):35-39.

刘卫东,甄峰.2004.信息化对社会经济空间组织的影响研究[J].地理学报,S1:67-76.

刘兴林.2004.史前农业的发展与文明的起源[J].农业考古,(3):70-73.

刘洋.2005.中国城乡关系管理制度研究[D]:[博士学位论文].北京:中国科学院研究生院:59-62.

刘泽华.2006.专制权力支配下的小农.[EB/OL].(2006-10-04)[2008-07-01].http://economy.guoxue.com.

刘铮,李竞能.1985.人口理论教程[M].北京:中国人民大学出版社:251.

陆大道,薛凤旋,等.1997.1997中国区域发展报告[M].北京:商务印书馆.

陆大道,姚士谋,等.2007.2006中国区域发展报告[M].北京:商务印书馆.

陆大道.1995.区域发展及其空间结构[M].北京:科学出版社.

陆大道.2003.中国区域发展的理论与实践[M].北京:科学出版社.

陆铭,陈钊.2004.城市化、城市倾向的经济政策与城乡收入差距[J].经济研究,(6):50-58.

陆益龙.2000.粘附与剥离:基层户籍管理中的问题与对策[J].人口研究,24(3):69-73.

路遇.2004.新中国人口五十年[M].北京:中国人口出版社.

罗德里克·麦克法夸尔,费正清.1992.剑桥中华人民共和国史:1966—1982(下)[M].俞金戈,等,译.北京:中国社会科学出版社:663.

罗荣渠.2004.现代化新论——世界与中国的现代化进程(增订本)[M].北京:商务印书馆:263-265.

罗斯托.2001.经济增长的阶段:非共产党宣言[M].郭熙保,等,译.北京:中国社会科学出版社.

罗彤华.2005.唐代的伍保制[M]//梁庚尧,刘淑芬.城市与乡村.北京:中国大百科全书出版社:88-117.

马尔萨斯.1992.人口原理[M].朱泱,等,译.北京:商务印书馆.

马克思,恩格斯.1972.马克思恩格斯全集:第3卷[M].北京:人民出版社:23-25,57.

马克思,恩格斯.1997.共产党宣言[M].北京:人民出版社:40,49.

马克思.1975.资本论:第三卷[M].北京:人民出版社:371,733.

马克思.1975.资本论:第一卷[M].北京:人民出版社:8,11,390-391,551-553,703-707,787,804.

马克思.1979.政治经济学批判[M]//马克思,恩格斯.马克思恩格斯全集:第46卷上.北京:人民出版社:480.

马克思.1995.《政治经济学批判》序言[M]//马克思,恩格斯.马克思恩格斯选集:第2卷.北京:人民出版社:38,103.

马克思.1995.鸦片贸易史[M]//马克思,恩格斯.马克思恩格斯选集:第1卷.北京:人民出版社:713-720.

马克斯·韦伯,1998.社会科学方法论[M].杨富斌,译.北京:华夏出版社:12,22.

马克斯·韦伯.1995.儒教与道教[M].王容芬,译.北京:商务印书馆:61.

马克斯·韦伯.1997.民族国家与经济政策[M].甘阳,译.北京:三联书店.

马克斯·韦伯.2004.韦伯作品集:经济与历史支配的类型[M].康乐,等,译.南宁:广西师范大学出版社:198-228.

马凌诺斯基.2002.文化论[M].费孝通,译.北京:华夏出版社.

马歇尔.1991.经济学原理(下)[M].陈良璧,译.北京:商务印书馆:402-406.

马远军,张小林,等.2006.国外城乡关系研究动向及其启示[J].经济问题探索,(1):45-50.

马正林.1998.中国城市历史地理[M].济南:山东教育出版社.

迈克·克朗.2005.文化地理学[M].杨淑华,等,译.南京:南京大学出版社:2.

麦迪森.1997.世界经济二百年回顾[M].李德伟,等,译.北京:改革出版社:15.

麦金德.1985.历史的地理枢纽[M].林尔蔚,陈江,译.北京:商务印书馆:36.

芒福德.2005.城市发展史——起源、演变与前景[M].宋俊岭,等,译.北京:中国建筑工业出版社:1,10-12,13-15,28,31,345-347,357,527-537.

毛泽东.1977.毛泽东选集:第5卷[M].北京:人民出版社.

毛泽东.1991.毛泽东选集:第1卷[M].北京:人民出版社:336-337.

毛泽东.1991.毛泽东选集:第2卷[M].北京:人民出版社:626.

缪尔达尔.1992.亚洲的戏剧——对一些国家贫困问题的研究[M].谭立文,张卫东,译.北京:北京经济学院出版社:11-12.

莫里尔.1989.地理学理论化的紧迫性[J].马建华,译.地理译报,(3):17-22.

莫里斯·迈斯纳.2005.马克思主义、毛泽东主义与乌托邦主义[M].张宁,等,译.北京:中国人民大学出版社:1-2,23.

牟复礼.2000.元末明初时期南京的变迁[M]//施坚雅.中华帝国晚期的城市.叶光庭,等,译.北京:中华书局:112-175.

奈特·毕乃德.1996.现代化与近代初期的中国[M]//西里尔·E.布莱克.比较现代化.杨豫,等,译.上海:上海译文出版社:212-213.

佩鲁.1988.增长极概念[J].经济学译丛,(9):46-49.

皮雷纳.2006.中世纪的城市[M].陈国樑,译.北京:商务印书馆:1-16.

皮明庥.1992.洋务运动与中国城市化、城市近代化[J].文史哲,(5):3-14.

普洛格,贝茨.1988.文化演进与人类行为[M].吴爱明,邓勇,译.沈阳:辽宁人民出版社:111-112.

钱穆.1994.中国文化史导论[M].北京:商务印书馆:1-7.

钱纳里,等.1989.发展的型式:1950—1970[M].李小青,等,译.北京:中国财政经济出版社.

钱耀鹏.2000.略论中国史前农业的发展及其特点[J].农业考古,(1):104-111.

钱耀鹏.2003.略论史前聚落的萌芽与发生[J].中原文物,(5):8-13.

乔晓春.1999.户口管理的国际惯例[J].21世纪,(5):14.

乔治·斯蒂格勒.1990.经济学家和说教者[M].贝多广,等,译.上海:上海三联书店.

塞缪尔·亨廷顿,等.1993.现代化:理论与历史经验的再探讨[M]//罗荣渠.当代学术思潮译丛.上海:上海译文出版社.

塞缪尔·亨廷顿,劳伦斯·哈里森.2002.文化的重要作用[M].程克雄,译.北京:新华出版社.

塞缪尔·亨廷顿.1998.文明的冲突与世界秩序的重建[M].周琪,等,译.北京:新华出版社:23-42,421.

塞缪尔·亨廷顿.2002.前言:文化的作用[M]//塞缪尔·亨廷顿,劳伦斯·哈里森.文化的重要作用.程克雄,译.北京:新华出版社:3.

塞缪尔·亨廷顿.2008.变化社会中的政治秩序[M].王冠华,等,译.上海:上海人民出版社:25-35,55-60.

沈滨,叶超.2007.兰州市城乡二元结构变迁实证分析[J].开发研究,(6):113-116.

沈定平.1984.论中国封建社会"强本抑末"政策产生的原因[J].天津社会科学,(3):53-60.

沈汝生.1937.中国都市之分布[J].地理学报,4(1):915-937

施蒂格勒.1989.产业组织和政府管制[M].潘振民,译.上海:三联书店:22-37.

施坚雅.2000.中华帝国晚期的城市[M].叶光庭,等,译.北京:中华书局:241-297.

什洛莫·阿维内里.1993.马克思与现代化[M]//罗荣渠.现代化理论与历史经

验的再探讨.上海:上海译文出版社:10.

史建群.1986.《周礼》乡遂组织探原[J].郑州大学学报(哲学社会科学版),(2):51-57.

史建群.1986.简论中国古代城市布局规划的形成[J].中原文物,(2):91-94.

斯塔夫里阿诺斯.2006.全球通史:从史前史到21世纪[M].7版.吴象婴,等,译.北京:北京大学出版社:2,26,17-44.

宋洪远,马永良.2004.使用人类发展指数对中国城乡差距的一种估计[J].经济研究,(11):4-15.

宋镇豪.2003.夏商城邑的建制要素[M]//中国文物学会.商承祚教授百年诞辰纪念文集.北京:文物出版社.149-168.

苏秉琦,殷玮璋.1981.关于考古学文化的区系类型问题[J].文物,(5):10-17.

苏秉琦.1991.关于重建中国史前史的思考[J].考古,(12):1109-1119.

苏秉琦.1991.重建中国古史的远古时代——《中国通史》第二卷序言[J].史学史研究,(3):3-11.

速水佑次郎,弗农·拉坦.2000.农业发展的国际分析(修订扩充版)[M].郭熙保,等,译.北京:中国社会科学出版社:23-24.

孙菊生,张启良.2005.我国城乡发展八大差距及其变化趋势[J].统计研究,(7):61-65.

孙施文.1995.近代上海城市规划史论[J].城市规划汇刊,(2):10-22.

孙玉琴.2005.中国对外贸易史教程[M].北京:对外经济贸易大学出版社:50,70-79,112-138.

谭崇台.2000.发展经济学[M].太原:山西经济出版社:283.

托马斯·莫尔.1982.乌托邦[M].戴镏龄,译.北京:商务印书馆:3,50-65,74-79,119,134,149.

瓦罗.1981.论农业[M].王家绶,译.北京:商务印书馆:27.

万广华,陆铭,陈钊.2005.全球化与地区间收入差距:来自中国的证据[J].中国社会科学,(3):17-26.

汪德华.2005.中国城市规划史纲[M].南京:东南大学出版社:26.

王恩涌.1989.文化地理学导论(人·地·文化)[M].北京:高等教育出版社.

王恩涌.2010.王恩涌文化地理随笔[M].北京:商务印书馆:10.

王华,陈烈.2006.西方城乡发展理论研究进展[J].经济地理,(3):463-468.

王惠苑.2005.从郑州商城的城市兴建特点看商朝早期的社会分化[J].殷都学刊,(2):35-38.

王劲屹.2007.从租庸调到两税法制度变迁的经济分析——新制度经济学视角[EB/OL].(2007-10-04)[2008-07-01].http://economy.guoxue.com.

王梦奎.2004.中国现代化进程中的两大难题:城乡差距和地区差距[J].农业经

济问题,(5):4-12.

王瑞成.2000.中国城市史论稿[M].成都:四川大学出版社:25,46-47,186.

王太元.1989.宪法应重新确认迁徙自由[J].中国人民公安大学学报,(1):52-58.

王太元.1990.户口管理体制改革刍议[J].中国人民公安大学学报,(3):29-33.

王太元.2005.户籍改革:剥离附着利益[J].瞭望,(20):34-35.

王威海.2006.中国户籍制度——历史与政治的分析[M].上海:上海文化出版社:50,321.

王新华.2003.日本户籍法[M].北京:中国人民公安大学出版社.

王亚南.1972.改订译本序言[M]//亚当·斯密.国民财富的性质及其原因的研究.郭大力,等,译.北京:商务印书馆:7.

王振亮.2000.城乡空间融合论[M].上海:复旦大学出版社.

王震中.2005.中国文明起源研究的现状与思考[M]//陕西省文物局等.中国史前考古学研究.西安:三秦出版社.

温家宝.2007.十届人大五次会议政府工作报告[N].人民日报,2007-03-18.

沃尔特·克里斯塔勒.1998.德国南部中心地原理[M].常正文,等,译.北京:商务印书馆:11-12.

吴承明.2007.中国经济史[EB/OL].(2007-10-04)[2008-07-01].http://economy.guoxue.com/article.php/4645.

吴耀利.2000.中国史前农业在世界史前农业中的地位[J].农业考古,(3):93-99.

吴易风.1986.评杜能的《孤立国》[M]//杜能.孤立国农业和国民经济的关系.吴衡康,译.北京:商务印书馆:7-21.

西奥多·舒尔茨.1999.改造传统农业[M].梁小民,译.北京:商务印书馆.

西奥多·舒尔茨.2001.报酬递增的源泉[M].姚志勇,等,译.北京:北京大学出版社.

西里尔·布莱克,等.1983.日本和俄国的现代化[M].周师铭,等,译.北京:商务印书馆.

西里尔·布莱克.1996.比较现代化[M].杨豫,等,译.上海:上海译文出版社.

西蒙·库兹涅茨.1996.现代的经济增长:发现和思考[M]//西里尔·布莱克.比较现代化.杨豫,等,译.上海:上海译文出版社:270-278.

奚兆永.2003.关于严译《原富》一书的几个问题——与胡培兆同志商榷[J].学术月刊,(9):25-30.

夏安桃,许学强,薛德升.2003.中国城乡协调发展研究综述[J].人文地理,(5):56-60.

夏秀瑞.1988.清代前期的海外贸易政策[J].广东社会科学,(2):87-92.

肖冬连.2005.中国二元社会结构形成的历史考察[J].中共党史研究,(1):21-31.

谢瑞东.2006.秦汉"重农抑商"的历史原因及其影响[J].农业考古,(6):24-27.

辛田.2007.名籍、户籍、编户齐民——试论春秋战国时期户籍制度的起源[J].人口与经济,(3):54-77.

行龙.1992.人口问题与近代社会[M].北京:人民出版社:146.

休谟.1982.人性论[M].关文运,译.北京:商务印书馆.

徐勇.2003.乡村治理与中国政治[M].北京:中国社会科学出版社:154.

许宏,陈国梁,赵海涛.2004.二里头遗址聚落形态的初步考察[J].考古,(11):23-31.

许倬云.2005.周代都市的发展与商业的发达[M]//梁庚尧,刘淑芬.城市与乡村.北京:中国大百科全书出版社:1-26.

许倬云.2006.万古江河:中国历史文化的转折与开展[M].上海:上海文艺出版社:13,17,36-37,42,46,62,66.

薛凤旋,等.1986.中国的大都市[M].香港:商务印书馆香港分馆:7.

薛凤旋.2010.中国城市及其文明的演变[M].北京:世界图书出版公司:132,190,319.

亚当·斯密.1972.国民财富的性质及其原因的研究[M].郭大力,王亚南,译.北京:商务印书馆:7.

严文明.1999.文明起源研究的回顾与思考[J].文物,(10):27-34.

严中平,等.1955.中国近代经济史统计资料选辑[M].北京:科学出版社.

杨宽.1980.战国史[M].上海:上海人民出版社:97.

杨宽.1993.中国古代都城制度史研究[M].上海:上海古籍出版社,10.

杨吾扬,梁进社.1997.高等经济地理学[M].北京:北京大学出版社.

姚凯.2007.近代上海城市规划管理思想的形成及其影响[J].城市规划,(2):77-83.

叶超,蔡运龙.2009.地理学方法论变革的案例剖析——重新审视《地理学中的例外论》之争[J].地理学报,64(9):1134-1142.

叶超,蔡运龙.2010.地理学方法论演变与价值判断[J].地理研究,29(5):947-958.

叶超,曹志冬.2008.城乡关系的自然顺序及其演变——亚当·斯密的城乡关系理论解析[J].经济地理,28(1):79-82.

叶超,柴彦威,张小林.2011."空间的生产"理论、研究进展及其对中国城市研究的启示[J].经济地理,31(3):409-413.

叶超,陈明星.2008.国外城乡关系理论演变及其启示[J].中国人口·资源与环境,18(1):34-39.

叶超,陈明星.2012.中国城乡关系的文化地理特质[J].人文地理,27(6):31-35.

叶超.2009.城市规划中的乌托邦思想探源[J].城市发展研究,16(8):59-63.

叶超.2010.人文地理学野外考察的指南,方法论与方法结合研究的探索——评周尚意主编的《人文地理学野外方法》[J].人文地理,25(6):158-160.

叶裕民.2006.中国城市化之路[M].北京:商务印书馆.

于凯.2006.战国秦汉之际的小农与国家[J].社会科学战线,(1):146-153.

于少海.2004.明代重农抑商政策的演变[J].东华理工学院学报(社会科学版),(1):39-42.

余介方.2003.从史前城址看中国文明的起源[J].中原文物,(4):39-45.

俞德鹏.1995.论现行户籍制度与城乡关系的改革[J].中国农村经济,(2):34-36.

袁广阔.2002.郑州商城:外郭城的重大发现[J].寻根,(2):41-45.

约翰·弗里德曼,等.2005.美好城市:为乌托邦式的思考辩护[J].国外城市规划,20(5):21-27.

约翰斯顿,等.2004.人文地理学词典[M].柴彦威,等,译.北京:商务印书馆:768-769.

约翰斯顿.1999.地理学与地理学家[M].唐晓峰,等,译.北京:商务印书馆.

约翰斯顿.2000.哲学与人文地理学[M].蔡运龙,江涛,译.北京:商务印书馆:7.

曾磊.2005.中国城乡关系关联发展的系统及综合评价[D].[博士学位论文].北京:中国科学院.

张光直.1985.关于中国初期"城市"这个概念[J].文物,(2):63-89.

张光直.1986.考古学专题六讲[M].北京:文物出版社:74-93.

张光直.2004.论"中国文明的起源"[J].文物,(1):73-82.

张家山二四七号汉墓竹简整理小组.2001.张家山汉墓竹简(二四七号墓)[M].北京:文物出版社:175.

张建军.2004.《管子·轻重》重农抑商思想特色[J].山西师大学报(社会科学版),(2):50-55.

张庆五.1982.我国历代户籍制度概略[J].人口与经济,(5):44-47.

张善余.1997.中国人口地理[M].北京:商务印书馆:57.

张文.2004.中国城市的起源[J].地图,(2):1-2.

张文忠.2000.经济区位论[M].北京:科学出版社:18-45,62.

张雨林.1989.我国城乡关系的历史考察(上)[J].中国农村经济,(9):3-10.

张志伟.2006.世界性视野中的"中国模式"——现代中国学之政治研究的方法论问题[J].中国人民大学学报,(3):108-113.

赵冈,陈钟毅.2006.中国经济制度史论[M].北京:新星出版社:31.

赵冈.2006.中国城市发展史论集[M].北京:新星出版社:39,185.

赵群毅,周一星,等.2005.近20年来我国城市化发展速度的省区间比较——基于"五普"口径的修正[J].经济地理,(5):632-637.

赵耀辉,刘启明.1997.中国城乡迁移的历史研究:1949—1985[J].中国人口科学,(2):26-35.

中共中央文献研究室.1997.周恩来年谱(上卷)[M].北京:中央文献出版社.

中国科学院《中国自然地理》编辑委员会.1985.中国自然地理·总论[M].北京:科学出版社.

中国科学院国情分析研究小组.1996.城市与乡村——中国城乡矛盾与协调发展研究[M].北京:科学出版社.

中国社会科学院考古研究所二里头工作队.2005.河南偃师市二里头遗址中心区的考古新发现[J].考古,(7):15-20

中国社会科学院考古研究所山西工作队,临汾地区文化局.1983.1978—1980山西襄汾陶寺墓地发掘简报[J].考古,(1):30-42.

中华人民共和国财政部《中国农民负担史》编辑委员会.1991.中国农民负担史第一卷[M].北京:中国财政经济出版社:19.

中华人民共和国国家统计局.2006.中国统计年鉴·2006[M].北京:中国统计出版社.

中华人民共和国国家统计局.2008.中国统计年鉴·2008[M].北京:中国统计出版社.

中华人民共和国国家统计局.2012.中国统计年鉴·2012[M].北京:中国统计出版社.

中华人民共和国国家统计局.2013.中国统计年鉴·2013[M].北京:中国统计出版社

中华人民共和国国家统计局国民经济综合统计司.2000.新中国五十年统计资料汇编(1949—1999)[M].北京:中国统计出版社.

周一星.1995.城市地理学[M].北京:商务印书馆:31.

·英文文献·

Adell G. 1999. Theories and models of the peri-urban interface: a changing conceptual landscape[EB/OL]. (1999-05-01)[2013-12-10]. http://www.ucl.ac.uk.

Barnes T. 2000. Inventing Anglo-American economic geography, 1889-1960[M]//Sheppard E, Barnes T. Companion to Economic Geography. Oxford: Blackwell: 11-26.

Barnes T. 2001. In the beginning was economic geography: a science studies approach to disciplinary history[J]. Progress in Human Geography, 25(4): 521-544.

Childe G. 1950. The urban revolution[J]. Town Planning Review, 21(1): 3-17.

Crang M. 2009. Metholodogy[M]//Gregory D, Johnson R, Pratt G, et al. The Dictionary of Human Geography. 5th ed. Oxford: Wiley-Blackwell: 457-459.

Douglass M. 1998. A regional network strategy for reciprocal rural-urban linkages—an agenda for policy research with reference to Indonesia[J]. Third World Planning Review, 20(1):211-218.

European Commission. 1999. European spatial development perspective[EB/OL]. (1999-05-01)[2013-12-10]. http://www.upo-planning.org.

Friedmann J. 2006. Four theses in the study of China's urbanization[J]. International Journal of Urban and Regional Research, 30(2):440-451.

Fujita M, Krugman P, Venables J. 1999. The Spatial Economy: Cities, Regions and International Trade[M]. Cambridge, Mass: MIT Press: 27.

Gallup J, Sachs J, Mellinger A. 1999. Climate, water navigability and economic development[EB/OL]. (1999-01-01)[2008-05-01]. http://www.cid.harvard.edu/cidwp/024.html.

Gallup J, Sachs J, Mellinger A. 1999. Geography and economic development[J]. International Regional Science Review, 22(2): 179-232.

Glacken C. 1967. Traces on the Rhodian Shore: Nature and Culture in Western Thought from Ancient Times to the End of the Eighteenth Century[M]. Berkeley: University of California Press: 32-33.

Graham S. 1998. The end of geography or the explosion of place? Conceptualizing space, place and information technology[J]. Progress in Human Geography, 22(2): 165-185.

Harvey D. 1969. Explanation in Geography[M]. London: Edward Arnold, Ltd.

Harvey D. 2000. Space of Hope[M]. Edinburgh: Edinburgh University Press: 257.

Howard E. 1984. Garden Cities of Tomorrow[M]. Cambridge, Mass: MIT Press: 47-48.

Jensen. 2002. Information and Communication Technologies (ICTs) in Africa—a Status Report[R]. UN ICT Task Force, Bridging the Digital Divide in the 21st Century, Third Task Force Meeting, United Nations Headquarters.

Johnston R, Taylor P, Watts M. 2002. Geography/globalization[M]//Johnston R, Taylor P, Watts M. Geographies of Global Change: Remapping the World. Oxford: Wiley-Blackwell: 1-17.

Kanbur R, Zhang X. 1999. Which regional inequality? The evolution of rural-urban and inland-coastal inequality in China from 1983 to 1995[J]. Journal of Comparative Economics, 27(4): 686-701.

Kirkby R. 1985. Urbanization in China: Towns and Country in a Developing Economy 1949-2000 AD[M]. London: Croom Helm: 48.

Krugman P, Elizondo R. 1996. Trade policy and the third world metropolis[J]. Journal of Development Economics, 49(1):137-150.

Lin G C S. 2000. State, capital, and space in China in an age of volatile globalization[J]. Environment and Planning A, 32(3):455-471.

Lin G C S. 2002. The growth and structural change of Chinese cities: a contextual and geographic analysis[J]. Cities, 19(5):299-316.

Lipton M. 1977. Why Poor People Stay Poor: Urban Bias in World Development [M]. London: Maurice T Smith.

Lu Q, et al. 2001. An overview on the urban-rural interaction in the past 50 years in China[J]. Chinese Geographical Science, 11(3): 193-200.

McGee T G. 1989. Urbanisasi or kotadesasi? Evolving patterns of urbanization in Asia[J]//Costa, et al. Urbanization in Asia: Spatial Dimensions and Policy Issues. Honolulu: University of Hawaii Press: 93-108.

McGee T G. 1991. The emergence of desakota regions in Asia: expanding a hypothesis[M]//Ginsburg K, McGee. The Extended Metropolis: Settlement Transition in Asia. Honolulu: University of Hawaii Press.

Morrill R. 1987. A theoretical imperative[J]. Annals of the Association of American Geographers, 77(4): 535-541.

Mumford L. 1984. The garden city and modern planning[M]//Howard E. Garden Cities of Tomorrow. Cambridge, Mass: MIT Press: 29-40.

Osborn F J. 1984. Preface by F J Osborn[M]//Howard E. Garden Cities of Tomorrow. Cambridge, Mass: MIT Press: 21, 140.

Preston D. 1975. Rural-urban and inter-settlement interaction: theory and analytical structure[J]. Area, 7(3):171-174.

Pringle. 1998. The slow birth of agriculture [J]. Science, 282 (5393): 1446-1450.

Schaefer F. 1953. Exceptionalism in geography: a methodological examination [J]. Annals of the Association of American Geographers, 43(3): 226-249.

Scott A. 2000. Economic geography: the great half-century [M]//Clark G, Feldman M, Gertler M. The Oxford Handbook of Economic Geography. Oxford: Oxford University Press.

Sicular T, et al. 2007. The urban-rural income gap and inequality in China[J]. Review of Income and Wealth, 53(1):93-126.

Smith A. 1985. An Inquiry into the Nature and Causes of the Wealth of Nations[M]. New York: Random House.

Tacoli C. 1998. Rural-urban interactions: a guide to the literature[J]. Environment and Urbanization, 10(1):147-166.

Tacoli C. 1998. Bridging the Divide: Rural-Urban Interactions and Livelihood Strategies[R]. Gatekeeper Series No. 77, IIED, UK.

Todaro M. 1996. Economic Development[M]. 6th ed. New York: Addison-Wesley Publishing Company.

Unwin T. 1989. Urban-rural interaction in developing countries: a theoretical perspective[M]//Poter, Unwin. The Geography of Urban-rural Interaction in Developing Countries. London: Routledge.

Ward S. 1992. The Garden City: Past, Present and Future[M]. London: E & FN Spon.

Wei S, Wu Y. 2001. Globalization and inequality: evidence from within china [EB/OL]. (2001-01-01)[2008-05-01]. http://www.nber.org.

World Bank. 1997. Growing Apart: Rural-Urban and Coastal-Interior gaps[M]. Washington D C: The World Bank: 15-25.

Ye C, Cao Z, Chen M. 2008. An empirical research of urbanization and urban-rural gap in China: 1952-2005[J], Ecological Economy, 4(4):403-409.

Yeung H. 2003. Practicing new economic geographies: a methodological examination[J]. Annals of the Association of American Geographers, 93(2):442-462.

图片来源

图 1-1 源自:中华人民共和国国家统计局国民经济综合统计司.2000.新中国五十年统计资料汇编(1949—1999)[M].北京:中国统计出版社;中华人民共和国国家统计局.2012.中国统计年鉴 2012[M].北京:中国统计出版社.

图 1-2 源自:笔者绘制.

图 3-1 至图 3-5 源自:笔者绘制.

图 6-1 至图 6-3 源自:中华人民共和国国家统计局.2012.中国统计年鉴 2012[M].北京:中国统计出版社;笔者计算整理绘制.

图 6-4 源自:中华人民共和国国家统计局.2013.中国统计年鉴 2013[M].北京:中国统计出版社.

图 6-5 源自:中华人民共和国国家统计局国民经济综合统计司.2000.新中国五十年统计资料汇编(1949—1999)[M].北京:中国统计出版社;中华人民共和国国家统计局.2012.中国统计年鉴 2012[M].北京:中国统计出版社.

图 6-6 至图 6-10 源自:中华人民共和国国家统计局国民经济综合统计司.2000.新中国五十年统计资料汇编(1949—1999)[M].北京:中国统计出版社;中华人民共和国国家统计局.2006.中国统计年鉴 2006[M].北京:中国统计出版社;笔者计算整理绘制.

表格来源

表4-1 源自:笔者绘制.

表5-1 源自:张善余.1997.中国人口地理[M].北京:商务印书馆:57;许倬云.2005.周代都市的发展与商业的发达[M]//梁庚尧,刘淑芬.城市与乡村.北京:中国大百科全书出版社:1-26;赵冈.2006.中国城市发展史论集[M].北京:新星出版社:43,58.

表5-2 源自:陈正祥.1983.中国文化地理[M].北京:三联书店:10.

表5-3 源自:笔者根据"晁中辰.2005.明代海禁与海外贸易[M].北京:人民出版社"整理绘制.

表5-4 源自:赵冈.2006.中国城市发展史论集[M].北京:新星出版社:84.

表6-1 源自:费正清,刘广京.1985.剑桥中国晚清史:1800—1911(下卷)[M].中国社会科学院历史研究所编译室,译.北京:中国社会科学出版社:580.

表6-2 源自:麦迪森.1997.世界经济二百年回顾[M].李德伟,等,译.北京:改革出版社:16.

表6-3 源自:严中平,等.1955.中国近代经济史统计资料选辑[M].北京:科学出版社:69.

表6-4 源自:何炳棣.2000.明初以降人口及其相关问题[M].葛剑雄,译.北京:三联书店:101,324-330.

表6-5 源自:费正清,刘广京.1985.剑桥中国晚清史:1800—1911(下卷)[M].中国社会科学院历史研究所编译室,译.北京:中国社会科学出版社:5.

表6-6 源自:行龙.1992.人口问题与近代社会[M].北京:人民出版社:48;何炳棣.2000.明初以降人口及其相关问题[M].葛剑雄,译.北京:三联书店:28-41.

表6-7 源自:笔者根据"王威海.2006.中国户籍制度——历史与政治的分析[M].上海:上海文化出版社:221-225;何炳棣.2000.明初以降人口及其相关问题[M].葛剑雄,译.北京:三联书店:77-113"整理绘制.

表6-8 源自:顾朝林,等.1999.中国城市地理[M].北京:商务印书馆:84-86.

表6-9 源自:笔者根据"路遇.2004.新中国人口五十年[M].北京:中国人口出版社:1 142-1 206"整理绘制.

表6-10 源自:罗德里克·麦克法夸尔,费正清.1992.剑桥中华人民共和国史:1966—1982(下)[M].俞金戈,等,译.北京:中国社会科学出版社:496.

表6-11 源自:薛凤旋,等.1986.中国的大都市[M].香港:商务印书馆香港分馆:12.

表6-12 源自:笔者根据"乔晓春.1999.户口管理的国际惯例[J].21世纪,(5):

14"整理绘制.

表6-13源自:中华人民共和国卫生部.2006.中国卫生统计年鉴2006[M].北京:中国协和医科大学出版社.

后记

在当代,文化价值的缺失和哲学精神的贫乏已成为社会生活和学术研究中最致命的问题。本书试图通过对城乡关系的研究指出它的重要性和紧迫性。我希望人们重视我提出的问题和命题甚于我给出的解释和答案,因为根本性的问题几乎唯一,答案却千变万化。我的这种独特认识也许归因于生活态度与价值观。对一些人而言,"成功"意味着取得好结果,而我则把它看作发现、坚持和实践自己真实想法的一个过程。诚如歌德所指示:"把坚定不移者化为精神,把精神产物保存得坚定不移。"①无论学术研究,还是现实生活,发现并坚持自己的精神维系点是最要紧的。

本书完成之际,特向以下关心、帮助和支持过我的人表示最诚挚的谢意:

我的博士生导师陆大道先生,在治学上,他以"务实、简练、勤奋"来教导我,我将铭记于心;在处世上,他身体力行,言传身教,谆谆告诫,诲人不倦;在生活上,他对我关心照顾,体察体谅,令我感动;更重要的是他宽容我执拗和刨根究底的个性,包容我独特的思想,并在出现争议时,尊重、支持和鼓励我继续探究。我由衷地向他表示感谢和敬意。我的博士后合作导师北京大学蔡运龙教授,在从我论文选题、写作、答辩至本书出版的过程中,数度屈尊邀约相谈,给予了我很多帮助和指导,其学术风度,道德文章,为我所钦敬。中国科学院地理所鲁奇研究员,以其在城乡关系问题上的丰厚积累,不但为我提供了资料方面的帮助,而且其真知灼见,令我获益匪浅。我向他们致以深深的谢意。

中国科学院地理所樊杰研究员、刘卫东研究员、金凤君研究员、刘彦随研究员、张雷研究员、董锁成研究员、张文忠研究员、蔡建明研究员、张林秀研究员、北京大学王恩涌教授、唐晓峰教授、柴彦威教授,南京师范大学汤茂林教授,广西大学张林教授等或赠与书稿,或就论文提出了许多建议,促使我深入思考和完善论证,我深表感谢。另外,马润潮教授、姚洋教授、文贯中教授、弗里德曼(John Friedmann)教授、巴恩斯(Trevor Barnes)教授、刘志高博士、王华博士等在电子邮件中就相关问题提出了建议,在此一并致谢。

---

① 歌德.1982.歌德诗集[M].钱春绮,译.上海:上海译文出版社.

感谢中国科学院地理所研究生部的老师,特别是王淑强老师所做的管理和督促工作。马定国、张华、段进军、陈明星、付承伟等师兄弟以及学友秦向东、曹志冬等在学习和生活上给予了帮助,我向他们也表示感谢。

非常感谢东南大学出版社的资深编辑徐步政和编辑孙惠玉对本书策划出版所做的巨大努力。他们对学术出版的执着和热情令人感动。当本书的修订工作因为我的教学研究以及其他杂事一再延宕之时,他们也给予了宽谅。我很高兴能与他们有这一次以及计划中的其他一些合作。

我最想,也最应该感谢我的家人。我的父母和哥嫂始终全力支持和资助我完成学业,并且给予我很多关心与帮助;我的岳父、岳母帮我照料妻子和孩子,费心费力,使我无后顾之忧。我的妻子与我共同走过了这段非常艰辛的路,她独自承担了养育孩子的繁重而琐碎的家庭事务,她还是我始终不渝的倾听者和很有见地的评判者。倘能与另一个人共享你的命运,谢已多余。还有我们的孩子,他无拘无束的快乐与天真常常感染着我,诗人荷尔德林说:"我们只有宛若儿童。"也许,他清澈的双眸和无知的言语才真正蕴示着真理和希望。

回顾这本书的诞生,下面这段诗歌反映了我的全部心情:
"你真正的歌并不在你的歌里,
没有特别的曲调可唱,也不为自己而唱,
但是从那整体终于产生着,上升和飘浮着,
一个圆满而完整的幻象。"①

叶超
2013 年 12 月 26 日

---

① 笔者在"惠特曼.1987.草叶集(上)[M].楚图南,李野光,译.北京:人民文学出版社:20"上对文字略改.